Hesse/Schrader

**Testtraining
Öffentlicher Dienst**

Hesse/Schrader

Testtraining
Öffentlicher Dienst

Einstellungs- und Eignungstests
erfolgreich bestehen

Für die Ausbildung und den Aufstieg im technischen Dienst
und im nichttechnischen Dienst (Verwaltung)

Die Autoren

Jürgen Hesse,
Diplom-Psychologe und geschäftsführender Gesellschafter im *Büro für Berufsstrategie,* Berlin.

Hans Christian Schrader,
Diplom-Psychologe in Baden-Württemberg.

Dr. Carsten Roelecke,
Leiter Personalentwicklung bei der Polizei Bremen.

Anschrift Hesse/Schrader

Hesse/Schrader
Büro für Berufsstrategie
Oranienburger Straße 4–5
10178 Berlin
Tel. 030/28 88 57-0
Fax 030/28 88 57-36
info@hesseschrader.com
www.hesseschrader.com

> Unter **www.testtraining-forum.de** – der neuen Plattform für den Austausch mit anderen Bewerberinnen und Bewerbern – finden Sie auch die Zusatzmaterialien zu diesem Buch.
>
> Zugangscode: Dienst2015

ISBN 978-3-8490-0822-2

© 2017 Stark Verlag GmbH
www.berufundkarriere.de
1. Auflage 2015

Das Werk und alle seine Bestandteile sind urheberrechtlich geschützt. Jede vollständige oder teilweise Vervielfältigung, Verbreitung und Veröffentlichung bedarf der ausdrücklichen Genehmigung des Verlages. Dies gilt insbesondere für Vierfältigungen, Mikroverfilmungen sowie die Speicherung und Verarbeitung in elektronischen Systemen.

Inhalt

Einleitung	**11**
Facebook und andere soziale Netzwerke	13
Informationen zu Ausbildungsmöglichkeiten bei verschiedenen Städten und der deutschen Rentenversicherung Mitteldeutschland	**14**
Landeshauptstadt Erfurt	14
Stadt Essen	17
Freie und Hansestadt Hamburg	19
Stadt Ingolstadt	22
Hansestadt Lübeck	24
Landeshauptstadt Magdeburg	27
Stadt Oldenburg	29
Landeshauptstadt Wiesbaden	31
Stadt Wuppertal	33
Deutsche Rentenversicherung Mitteldeutschland	34
Die schriftliche Bewerbung	**37**
Zusammenstellung der Unterlagen	37
Lebenslauf	39
Foto	40
Anschreiben	40
Die „Dritte Seite"	43
Anlagen: Kopien von Zeugnissen und Praktikums-/ Beschäftigungsnachweisen	44
Versand	44
Allgemeine Tipps	46
Stellensuche und Bewerbung über das Internet	47
Per E-Mail, Online-Formular oder per Post – die richtige Versandart wählen	51
Auswahl- und Eignungstestverfahren	**52**
Testvorbereitung	52
Basis- und Allgemeinwissen	53

[M] Staat/Politik	54
[M] Gesellschaft/Wirtschaft	56
[M] Geschichte	57
[M] Geografie/Geologie	59
[T] Biologie/Zoologie	61
[T] Mensch/Gesundheit/Medizin	62
[T] Technik/Physik	63
[M] Mathematik	64
[T] Chemie	65
[M] Kunst/Architektur	66
[N] Musik	66
[N] Literatur/Theater	67
[N] Religion	68
[N] Philosophie/Ethik	68
[N] Psychologie/Pädagogik/Soziologie	69
[M] Sport und Spiel	70
[T] Astronomie	70
[M] Persönlichkeiten	71
[M] Erfindungen/Entdeckungen	72
[M] Wichtige Ereignisse	73
[M] Internet/Computer/Medien	74
[M] Symbole/Zeichen	76

Deutsch 77

[M] Richtige Schreibweise	77
[M] Textkorrektur	79
[M] Zeichensetzung	80
[N] Orthografie/Grammatik	81
[N] Text- und Sprachverständnis	82
[M] Ausdrucksfähigkeit, Wortschatz, Fremdwörter	87

Mathematik 90

[M] Grundrechenarten	91
[M] Kopfrechnen	91
[M] Dreisatz	92
[M] Prozentrechnung	94
[M] Zinsrechnung	96
[M] Währungsrechnung	97
[M] Durchschnittsrechnung	98
[M] Verteilungsrechnung	100
[M] Mischungsrechnung	101
[M] Schätzaufgaben	103

| T | Maße und Gewichte 104
| T | Gleichungen 107
| T | Flächen- und Raumberechnung 110
| N/T | Dezimal- und Bruchrechnung 112
| N/T | Zahlenmatrizen 113

Logik und Abstraktion 115
| N/T | Tatsache oder Meinung 115
| N/T | Unmöglichkeiten 116
| N/T | Schlussfolgerungen – Teil 1 118
| N/T | Schlussfolgerungen – Teil 2 120
| N/T | Schlussfolgerungen – Teil 3 121
| N | Gemeinsamkeiten 124
| N | Wortanalogien 125
| N/T | Sprachanalogien 126
| T | Visuelle Analogien 128
| N/T | Synonyme 130
| N | Sprichwörter 131
| N/T | Zahlenreihen fortsetzen 132
| N/T | Figurenreihen fortsetzen 133
| N/T | Buchstabenreihen fortsetzen 136
| N/T | Figuren- und Symbolmatrix fortsetzen 138
| N/T | Schaubilder und Diagramme auswerten 140
| N/T | Symbolrechnung 145
| N/T | Flussdiagramme 146
| N | Wörter erkennen 151
| N | Plausible Erklärungen 151
| N/T | Dominosteine 153
| N/T | Zugehörigkeiten 155

Kurzzeitgedächtnis und Merkfähigkeit 158
| N/T | Schriftlicher Bericht 158
| N/T | Zahlen merken 160
| N/T | Geometrische Figuren und Zahlen merken 161
| N/T | Zahlenpaare merken 162
| N/T | Einzelheiten merken 164
| N/T | Namen, Personen und Fakten merken 165
| N/T | Stadtplantest 168
| N/T | Richtig erinnern und identifizieren 171
| T | Situative Aufmerksamkeit 173

Bearbeitungsgeschwindigkeit und Konzentration 175
   [M/T] a, b, q-Text 175
   [M/T] Zwei d/b/q-Text 177
   [M/T] Fehler in Gesichtern erkennen 178
   [M/T] Rechenarten einfügen – Teil 1 179
   [M/T] Rechenarten einfügen – Teil 2 180
   [M/T] Speed-Rechnen – Teil 1 181
   [M/T] Speed-Rechnen – Teil 2 182
   [T] Muster vergleichen 184
   [T] Mosaiken prüfen 186
   [M/T] Zahlenverbindungstest 188
Einfallsgeschwindigkeit und Kreativität 189
   [M/T] Telefonnummern erstellen 190
   [M/T] Eigenschaften benennen 191
   [N] Sätze bilden 192
   [N] Wörter finden 193
   [N] Wortergänzung 195
   [M/T] Zahlenmuster aufstellen 196
Ordnung und Sorgfalt 197
   [N] Sortierungen 198
   [N] Post, Porto und Tarife 200
   [T] Codes 202
Technisches Verständnis 203
   [M/T] Technische Bildaufgaben 203
   [M/T] Technische Textaufgaben 204
Räumliches Vorstellungsvermögen 206
   [M/T] Abwicklungen 206
   [M/T] Würfelrotation 208
   [T] Spiegelbilder 210
   [T] Figuren-Wiedererkennungstest 212
Englisch und weitere Fremdsprachenkenntnisse 213
   [M/T] Vokabeltest 213
   [M/T] Orthografie & Grammatik 213
   Weitere Fremdsprachenkenntnisse 214

Persönlichkeit, Charaktereigenschaften und Sozialverhalten 215
  Assessment Center 215
  Gruppendiskussionen 221
  Rollenspiele 225
  Präsentationen 226
  Postkorbübungen 229

Interview	233
Körpersprache	236
Kleidung	237
Abschlussgespräche	238
Persönlichkeitstests	239
Der 12-Persönlichkeitsfaktorentest	240
Allgemeine Anforderungen in Persönlichkeitstests	257
Der Berufsbezogene-Persönlichkeitsmerkmale-Test	259
Biografische Fragebögen	274
Vorstellungsgespräche	276
Erfahrungsberichte	**287**
Anhang	**289**
Testwissen Mathematik kompakt	289
Testwissen Physik kompakt	292
Öffentlicher Dienst – Arbeitgeber im Porträt	**297**
Stadt Erfurt	298
Stadt Essen	300
Stadt Hamburg	301
Stadt Ingolstadt	302
Hansestadt Lübeck	304
Stadt Magedeburg	305
Stadt Oldenburg	306
Stadt Wiesbaden	307
Stadt Wuppertal	308
Deutsche Rentenversicherung Mitteldeutschland	309

Einleitung

Liebe Leserin, lieber Leser,

in Zeiten unsicherer Arbeitsplätze wird der Öffentliche Dienst in Bund und Ländern für immer mehr Bewerberinnen und Bewerber als Ausbildungsplatz- und Arbeitgeber attraktiv. Mit diesem Buch aus unserer „Testtraining"-Reihe informieren wir Sie umfassend über die Anforderungen der Bewerbungsverfahren im technischen und nichttechnischen Dienst (in der Verwaltung) und erklären Ihnen, worauf es bei Bewerbung und Auswahlverfahren ankommt. Nutzen Sie diese Chance und bereiten Sie sich gezielt auf die Eignungs- und Einstellungstests vor.

Arbeitgeber erwarten von Bewerberinnen und Bewerbern, dass sich diese bereits vorab mit dem gewünschten Ausbildungs- und Arbeitsplatz intensiv beschäftigen. Aus diesem Grund empfehlen wir Ihnen, sich ausführlich mit Ihren zukünftigen Aufgaben und insbesondere mit den Anforderungen im Bewerberauswahlverfahren auseinanderzusetzen. Arbeiten Sie dieses Buch gründlich durch, üben Sie und recherchieren Sie auch im Internet nach aktuellen Informationen über das Auswahlprozedere. Um Kontaktaufnahme und Erfahrungsaustausch mit anderen Bewerberinnen und Bewerbern zu vereinfachen, können Sie sich kostenlos in unserem Forum unter www.testtraining-forum.de registrieren und dieses für **www.** sich nutzen.

Den Aufbau dieses Buches haben wir in verschiedene Teilbereiche untergliedert:
- Nach der Einleitung folgen wichtige Hinweise zur Nutzung von **sozialen Netzwerken** in Zusammenhang mit Ihrer Bewerbung im Öffentlichen Dienst.
- Anschließend wird das **Ausbildungsangebot** verschiedener Städte von unterschiedlicher Größe und geografischer Lage sowie einer Rentenversicherung vorgestellt. Auch zum Ablauf der **Bewerbungsverfahren** einiger Städte erfahren Sie hier Interessantes.
- Weiter geht es mit dem Kapitel, in dem Sie erfahren, wie optimale **Bewerbungsunterlagen** aussehen.
- Im nächsten Buchteil stellen wir Ihnen eine Vielzahl aktueller **Testverfahren** vor, die häufig Bestandteil von schriftlichen Auswahl- und Eignungstests sind. Wir erklären anhand von Beispielen, wie die Aufgaben funktionieren. Durch

www.

die Übungsaufgaben können Sie testen, ob Sie das Prinzip der Aufgabe verstanden haben. Unter www.testtraining-forum.de finden Sie zu vielen Aufgaben hilfreiche Lösungserklärungen. Wer ausgiebig trainieren möchte (und das ist dringend zu empfehlen), findet zahlreiche Aufgaben mit vielen ausführlichen Lösungen in den **Prüfungsbögen für den technischen** bzw. den **Prüfungsbögen für den nichttechnischen Dienst**, die zu diesem Buch erhältlich sind.

Im Inhaltsverzeichnis dieses Buches machen wir durch die Symbole [T] und [N] oder [%] kenntlich, welche Aufgaben für den technischen bzw. den nichttechnischen Dienst oder alle beide besonders relevant sind. Wenn etwas mit [N] gekennzeichnet ist, bedeutet dies allerdings nicht, dass diese Aufgaben bei einem Einstellungstest im technischen Dienst niemals abgefragt werden und Sie sie ignorieren können, sondern lediglich, dass der Aufgabentyp für Bewerber/-innen im nichttechnischen Dienst besonders wichtig ist (umgekehrt gilt dasselbe).

- Im letzten Kapitel geht es um Persönlichkeit, Charactereigenschaften und Sozialverhalten, um **Assessment Center, Persönlichkeitstests** und **Vorstellungsgespräche**.
- Auf den letzten Buchseiten finden Sie **Porträts** einiger Arbeitgeber im **Öffentlichen Dienst** – vielleicht ist Ihr Wunscharbeitgeber dabei?!
- **Erfahrungsberichte** finden Sie in unserem oben bereits erwähnten Forum.
- Ein Plus: Im Anhang finden Sie **Testwissen Mathematik** und **Testwissen Physik** – wichtige Formeln und Regeln zum Lernen.
- Bewerberinnen und Bewerber, die sich bei Polizei und Feuerwehr bewerben und einen Sporttest ablegen und sich einer ärztlichen Untersuchung unterziehen müssen, empfehlen wir das entsprechende Kapitel bzw. die Erfahrungsberichte in unserem Buch *Testtraining Polizei und Feuerwehr*.

Und zum Schluss noch ein wichtiger Hinweis zur Bearbeitungszeit: Sie werden merken, dass in den vorgegebenen Bearbeitungszeiten alle Aufgaben unmöglich zu schaffen sind. Daran sollen Sie sich schon einmal hier und jetzt gewöhnen. Es sollte Sie dann im entscheidenden Moment nicht allzu sehr verunsichern. Lösen Sie zu Übungszwecken trotzdem auch die restlichen Aufgaben, die Sie in der Kürze der Zeit nicht geschafft haben!

Für die Arbeit mit diesem Buch und überhaupt bei der Berufswahl viel Erfolg wünschen Ihnen

Facebook und andere soziale Netzwerke

Viele Menschen sind bei Facebook und anderen sozialen Netzwerken mit einem eigenen Profil vertreten. Oftmals bilden sich sogar Gruppen, deren Mitglieder sich gemeinsam auf die Eignungs- und Auswahlverfahren bei Bund und Ländern vorbereiten. Während jedoch der freizügige Umgang mit persönlichen Daten, insbesondere Fotos, Namen von Freunden, gern besuchten Orten oder gar dem kompletten Lebenslauf in der Freizeit dem Einzelnen selbst obliegt, hat die Öffentliche Verwaltung ein Interesse, die persönlichen Daten ihrer zukünftigen Mitarbeiterinnen und Mitarbeiter, also Ihre Daten, zu schützen. Nicht jeder, der sich für den Staat interessiert, begeistert sich wirklich dafür. Generell muss unterstellt werden, dass auch Personen des links- oder rechtsextremen Spektrums, vielleicht auch fanatisch-religiöse Gruppierungen, versuchen, an persönliche Daten von Staatsbediensteten zu gelangen. Dies geschieht, um gegebenenfalls Druck ausüben zu können, bestimmte Diensthandlungen zu tun oder zu unterlassen. Auch lassen sich z. B. mittels Gesichtserkennungssoftware Demonstrationsteilnehmer identifizieren – was einen Einsatz bei bestimmten öffentlich-rechtlichen Tätigkeiten ausschließen würde.

Viele Verwaltungen empfehlen deshalb ihren Beschäftigten bereits, auf einen Internetauftritt in sozialen Netzwerken zu verzichten oder diesen zumindest ausschließlich für die engsten Freunde freizuschalten. Generell gilt: Je mehr Daten Sie im Netz von sich bekannt geben, desto enger werden Ihre späteren beruflichen „Verwendungsmöglichkeiten". Bedenken Sie bitte, dass Daten, die erst einmal ins Internet eingestellt wurden, nicht mehr von Ihnen kontrollierbar sind. Hinzu kommt: Auch Personalverantwortliche schauen gerne in solche Netzwerke und beziehen das dort abgelegte Profil in ihren Auswahlprozess mit ein. Deshalb unsere Empfehlung: Verzichten Sie auf Facebook, Google+, Twitter & Co oder schränken Sie zumindest Ihr sichtbares Profil nur auf den allernötigsten Familien- und Freundeskreis ein.

Informationen zu Ausbildungsmöglichkeiten bei verschiedenen Städten und der deutschen Rentenversicherung Mitteldeutschland

Das Ausbildungs- und Studienangebot im Öffentlichen Dienst ist sehr breit gefächert. Damit Sie einen Einblick in diese Vielfalt gewinnen können, wird auf den folgenden Seiten das Ausbildungsangebot verschiedener Städte von unterschiedlicher Größe und geografischer Lage sowie einer Rentenversicherung vorgestellt. Auch zum Ablauf der Bewerbungsverfahren einiger Städte erfahren Sie hier interessante Details.

Natürlich gibt es darüber hinaus eine Vielzahl an anderen Städten und weiteren Arbeitgebern, die Ausbildungsplätze im Öffentlichen Dienst anbieten – die folgenden Ausführungen erheben keinen Anspruch auf Vollständigkeit, aber um sich einen Eindruck von den Möglichkeiten und Anforderungen zu verschaffen, kann diese Übersicht dienen.

Beachten Sie zusätzlich das Kapitel „Öffentlicher Dienst – Arbeitgeber im Porträt" im letzten Teil des Buches.

Autoren und Verlag bedanken sich bei den Behörden für die zur Verfügung gestellten Informationen.

Landeshauptstadt Erfurt

Ausbildungsangebot

Die Stadtverwaltung Erfurt bietet mit 27 verschiedenen Ausbildungsberufen ein vielfältiges Ausbildungsangebot. Dazu ist zu sagen, dass die Stadtverwaltung Erfurt bedarfsorientiert ausbildet und sich als Ziel gesetzt hat, alle Auszubildenden nach der Ausbildung in ein Beschäftigungsverhältnis zu übernehmen. Aus diesem Grund können nicht in jedem Jahr alle Ausbildungsberufe angeboten werden. Berufe, die regelmäßig ausgeschrieben werden, sind entsprechend gekennzeichnet.

Beamtenlaufbahn
Beamter/Beamtin im gehobenen feuerwehrtechnischen Dienst*,
Beamter/Beamtin im gehobenen nichttechnischen Verwaltungsdienst*,
Beamter/Beamtin im mittleren feuerwehrtechnischen Dienst*,
Beamter/Beamtin im mittleren nichttechnischen Verwaltungsdienst*

Verwaltungsausbildungen
Fachangestellte/-r für Medien- und Informationsdienste (Fachrichtung Bibliothek)*,
Kaufmann/-frau für Büromanagement*,
Verwaltungsfachangestellte/-r (Fachrichtung Kommunalverwaltung)*

Handwerkliche, technische und dienstleistungsorientierte Ausbildungen
Bestattungsfachkraft,
Elektroniker/-in für Betriebstechnik*,
Fachkraft für Abwassertechnik,
Fachkraft für Hygieneüberwachung,
Fachkraft für Veranstaltungstechnik,
Forstwirt/-in,
Gärtner/-in (Fachrichtung Garten und Landschaftsbau),*
Hygienekontrolleur/-in,
Immobilienkaufmann/-frau,
Industriekaufmann/-frau,
IT-System-Elektroniker/-in*,
Kanalbauer/-in*,
Straßenbauer/-in*,
Systeminformatiker/-in,
Tierpfleger/-in (Fachrichtung Zootierpflege)*

Duales Studium
Bachelor of Arts (B. A.) Management in öffentlichen Unternehmen und Einrichtungen*,
Bachelor of Arts (B. A.) Öffentliche Betriebswirtschaft/Public Management*,
Bachelor of Arts (B. A.) Soziale Dienste*,
Bachelor of Arts (B. A.) Wohnungs- und Immobilienwirtschaft,
Bachelor of Engineering (B. Eng.) Informations- und Kommunikationstechnologien

* Ausbildungsberufe, welche regelmäßig angeboten werden

Zum Bewerbungsverfahren

- Von August bis September sind auf der Internetseite www.erfurt.de unter der Rubrik Stellenangebote sowie über die Bundesagentur für Arbeit die Stellenausschreibungen für Ausbildungs- und Studienplätze für das darauffolgende Jahr ausgeschrieben.
- Ab November finden für die meisten Ausbildungsberufe Eignungstests statt, diese sind unterschiedlich.
- Möchte eine Bewerberin/ein Bewerber ein duales Studium absolvieren, muss er einen Allgemeinwissenstest, Verwaltungstest und Englischtest sowie eine Postkorbübung absolvieren; Kaufleute für Büromanagement absolvieren einen Allgemeinwissenstest, Verwaltungstest, eine Postkorbübung und ein Diktat.
- Bewerberinnen und Bewerber, die sich für den Beruf des Gärtners interessieren, müssen ein Praktikum im Garten- und Friedhofsamt absolvieren und anschließend einen schriftlichen Test.
- Wer sich als Zootierpfleger/-in bewirbt, muss vorher ein mindestens zweiwöchiges Praktikum in einem Zoo- oder Tierpark nachweisen, ein schriftlicher Test erfolgt im Anschluss sowie ein praktischer Test im Thüringer Zoopark Erfurt.
- Von Januar bis März laufen die Vorstellungsgespräche.
- Bei den Beamtenlaufbahnen (außer Feuerwehr), Verwaltungsausbildungen und dualen Studiengängen findet zusätzlich eine Gruppenaufgabe und ein Rollenspiel statt.

Weiterführende Informationen für die Bewerberinnen und Bewerber

Personal- und Organisationsamt
Abteilung Personalwirtschaft/Abrechnung
Ausbildung
Meister-Eckehart-Straße 2
99084 Erfurt

Telefon: +49 361/655-20 00
Telefax: +49 361/655-21 59
E-Mail: ausbildung@erfurt.de
Internet: www.erfurt.de/ausbildung

Stadt Essen

Ausbildungs- und Studienangebot

Die Stadt Essen bietet ein umfangreiches und vielfältiges Ausbildungs- und Studienangebot an. Die Ausbildung zur/zum Verwaltungsfachangestellten und der Studiengang Bachelor of Laws bilden dabei den Schwerpunkt aufgrund der Anzahl der Ausbildungs- bzw. Studienplätze. Daneben bietet die Stadt Essen aber auch zahlreiche weitere Ausbildungen und Studiengänge in technischen Fachrichtungen an.

Die nachfolgende Übersicht enthält alle grundsätzlich bei der Stadt Essen angebotenen Ausbildungs- und Studienplätze. Es sind weitere Studiengänge in Planung. Die aktuellen Angebote für das kommende Einstellungsjahr werden auf der Seite www.essen.de/ausbildung veröffentlicht.

Studiengänge
- Kommunaler Verwaltungsdienst
  Fachhochschule für öffentliche Verwaltung in Gelsenkirchen
  Dauer: 3 Jahre
  Abschluss: Bachelor of Laws
- Bauingenieurwesen
  Ruhr-Universität in Bochum
  Dauer: 3 Jahre
  Abschluss: Bachelor of Science
- Raumplanung
  Technische Universität in Dortmund
  Dauer: 4 Jahre
  Abschluss: Bachelor of Science
- Vermessung/Geoinformatik
  Hochschule Bochum
  Dauer: 3,5 Jahre
  Abschluss: Bachelor of Engineering

Ausbildungen
- Verwaltungsfachangestellte/-r
- Fachkraft im Gastgewerbe
- Medizinische/-r Fachangestellte/-r
- Zahnmedizinische/-r Fachangestellte/-r
- Hauswirtschafter/-in

- Kaufmann/-frau für Büromanagement
- Bauzeichner/-in
- Technische/-r Systemplaner/-in
- Vermessungstechniker/-in
- Medientechnologe/-technologin Druckverarbeitung
- Elektroniker/-in
- Informationselektroniker/-in
- Industriemechaniker/-in
- Fachangestellte/-r für Bäderbetriebe
- Tischler/-in
- Straßenwärter/-in
- Gärtner/-in
- Forstwirt/-in
- Tierpfleger/-in
- Fachinformatiker/-in
- IT-Systemelektroniker/-in
- Fachangestellte/-r für Medien- und Informationsdienste
- Veranstaltungskauffrau/-mann
- Fachkraft für Veranstaltungstechnik
- Kombi-Ausbildung Tischler/-in / Brandmeisteranwärter/-in

Ausbildung bei der Feuerwehr Essen
- Ausbildung zum/zur Brandmeisteranwärter/-in bzw. zum/zur Brandoberinspektoranwärter/-in bei der Feuerwehr Essen

Auf der Seite www.essen.de/ausbildung und den dort folgenden Seiten sind ausführliche Informationen zu jeder der Ausbildungen enthalten.

Zum Bewerbungsverfahren

Das Bewerbungsverfahren beginnt mit der Ausschreibung der Ausbildungs- und Studienplätze ca. mit Beginn der Sommerferien. Es besteht die Möglichkeit, sich entweder online über ein Bewerbungsformular oder auf dem herkömmlichen Postweg zu bewerben.

Die Bewerbungsfrist endet in der Regel am 31. 10. des Vorjahres. Bei Bedarf wird diese Frist jedoch auch verlängert.

Für den Verwaltungsbereich und die technischen Studiengänge folgt dann ein computergestützter Eignungstest. Dieser Test wird im stadteigenen Studieninstitut absolviert.

Nach den Ergebnissen der Tests werden die Bewerber/-innen daraufhin zu einem Videointerview eingeladen, das den Bewerberinnen und Bewerbern ermöglicht, neben der Leistung im Test mit Persönlichkeit zu überzeugen. Als letzter Schritt findet ein Vorstellungsgespräch statt, das aus einer Gruppenaufgabe und einem Einzelgespräch besteht.

Nach Möglichkeit erhalten die Bewerber/-innen sofort im Anschluss an die Gespräche eine Rückmeldung. Die schriftliche Einstellungszusage wird dann nur kurze Zeit später versandt.

Weiterführende Informationen für die Bewerberinnen und Bewerber

Auf den stadteigenen Internetseiten www.essen.de/ausbildung (und nachfolgende Seiten) sind alle wesentlichen Informationen rund um das Thema Ausbildung und Studium bei der Stadt Essen enthalten. Es besteht jederzeit die Möglichkeit, sich auch persönlich oder telefonisch an die Kolleginnen aus dem Einstellungssachgebiet zu wenden. Die Telefonnummern sind auf nahezu jeder der angesprochenen Seiten zu finden.

Freie und Hansestadt Hamburg

Zentrum für Aus- und Fortbildung

Die Verwaltung der Freien und Hansestadt Hamburg beschäftigt als größter Arbeitgeber bzw. Dienstherr der Metropolregion rund 70 000 Mitarbeiterinnen und Mitarbeiter und erbringt eine Vielzahl von Dienstleistungen für rund 1,8 Millionen Bürgerinnen und Bürger. Das Zentrum für Aus- und Fortbildung (ZAF) des Personalamtes der Freien und Hansestadt Hamburg agiert hierbei als zentraler Dienstleister in allen Fragen der Fortbildung und in übergreifenden Fragen der Ausbildung. Darüber hinaus nimmt das ZAF für alle Hamburger Behörden und Ämter für die Allgemeine Verwaltung der Fachrichtung Allgemeine Dienste jährlich rund 120 Einstellungen von Auszubildenden sowie Studierenden (Ausbildung zur/zum Verwaltungsfachangestellten, Ausbildung zur/zum Regierungssekretärin/Regierungssekretär; Studium zur/zum Regierungsinspektorin/Regierungsinspektor <Bachelor-Studium Public Management>) vor und führt die Auswahlverfahren durch.

Zum Bewerbungsverfahren

Das insgesamt dreistufige Auswahlverfahren soll Ihnen im Folgenden vorgestellt werden:

Stufe 1: Vorauswahl nach Bewerbungseingang im Zentrum für Aus- und Fortbildung

Vor dem Hintergrund der hohen Zahl eingehender Bewerbungen (online über ein Webformular bzw. postalisch) wird unter den Bewerberinnen und Bewerbern auf der Grundlage der eingereichten Unterlagen zunächst eine Vorauswahl getroffen. Diese orientiert sich an Anforderungsmerkmalen, die anhand der schriftlichen Unterlagen zuverlässig erfasst werden können.

Jede eingehende Bewerbung wird einer formalen Bewertung unterzogen. Hierbei werden Aspekte wie z. B. Bewerbungsform, Schulnoten, Fehlzeiten, Berufsmotivation, Engagement, interkulturelle Kompetenzen, gegebenenfalls auch nachschulische Leistungen bewertet. Bei der Besetzung der Ausbildungsplätze sind Schulabgängerinnen und Schulabgänger primäre Zielgruppe. Ihre Schulnoten in Deutsch, Mathematik, Politik/Gemeinschaftskunde und Englisch bzw. einer anderen Fremdsprache müssen für die Ausbildungen ein mindestens befriedigendes Notenspektrum, für den Studiengang möglichst ein gutes Notenspektrum zeigen, um in das weitere Auswahlverfahren aufgenommen zu werden.

Nach positiver Vorauswahlentscheidung erfolgt die Einladung zu einem psychologischen Eignungstest.

Stufe 2: Eignungstest im Zentrum für Aus- und Fortbildung (1. Tag)

Der Eignungstest ist im Kern ein sogenannter „Intelligenztest" (Leistungstest), der eine Eignungsprognose über den im Falle der Einstellung zu erwartenden schulischen bzw. fachtheoretischen Ausbildungserfolg ermöglicht. Alle Bewerberinnen und Bewerber eines Einstellungsjahres werden an einem festen berufsspezifischen Anforderungsprofil gemessen. Gegenwärtig werden im Eignungstest unter Berücksichtigung unterschiedlicher Anspruchsebenen folgende Anforderungsmerkmale erfasst:

- Allgemeines Wissen,
- Interkulturelles Wissen,
- Sprachkompetenz,
- Rechenfertigkeit,
- Urteilsvermögen,

- Merkfähigkeit und
- Konzentrationsfähigkeit.

Der Eignungstest findet an PCs statt und dauert maximal zweieinhalb Stunden. Die im Eignungstest geeigneten Bewerberinnen und Bewerber werden in der Reihenfolge ihrer Eignung ausgewählt und zu einem zweiten Auswahltag ins Zentrum für Aus- und Fortbildung eingeladen, dem Vorstellungstermin.

Stufe 3: Vorstellungstermin im Zentrum für Aus- und Fortbildung (2. Tag)
Der Vorstellungstermin findet für drei eingeladene Bewerberinnen und Bewerber vor einem Beobachtungsgremium aus drei Personen statt. In der ersten Übung halten die Bewerberinnen und Bewerber vor dem Gremium und den anderen Bewerbern ein Kurzreferat und beantworten gegebenenfalls entstehende Fragen. Die anderen Bewerber beziehen Stellung zur jeweils vorgestellten Fragestellung und geben dem Vortragenden ein Feedback.

Als zweite Übung folgt ein persönliches Einzelinterview, für das die Bewerberinnen und Bewerber einen Vortrag über ihre Person und ihre berufliche Motivation halten. Anschließend werden durch das Gremium Fragen hierzu gestellt (strukturiertes Einzelinterview).

Nach den zwei Übungen wird vom Beobachtungsgremium noch am gleichen Tag entschieden, ob die Bewerberin bzw. der Bewerber einen Ausbildungs- bzw. Studienplatz erhält.

Weiterführende Informationen für die Bewerberinnen und Bewerber

Nähere Informationen zu den Ausbildungen bzw. dem Studiengang und zu den Auswahlverfahren finden Sie unter www.hamburg.de/ausbildung-verwaltung. Nutzen Sie auch die Chance, bereits vor einer Bewerbung die hamburgische Verwaltung anonym und interaktiv in einem Online-Self-Assessment unter www.cyou-startlearning.hamburg.de zu erleben.

Stadt Ingolstadt

Ingolstadt, im Herzen Bayerns gelegen, ist mit seinen rund 130 000 Einwohnern das Oberzentrum der Region 10. Die Stadt ist geprägt von einer dynamischen Entwicklung, die durch innovative Unternehmen gefördert wird. Ausgezeichnete Bildungsmöglichkeiten und attraktive Kultur- und Freizeitmöglichkeiten runden das Gesamtbild ab.

Die Stadt Ingolstadt ist ein moderner und bürgernaher Dienstleister mit Mitarbeiterinnen und Mitarbeitern in den verschiedensten Berufsgruppen. Ihre Beschäftigten schätzen die Stadtverwaltung als familienfreundlichen Arbeitgeber, der ihnen neben einem sicheren Arbeitsplatz auch interessante Aufgabenfelder bietet.

Egal ob das Arbeiten im Büro, der Umgang mit Menschen, technische Zusammenhänge oder die Verbundenheit mit der Natur – bei der Stadt Ingolstadt ist für jeden etwas dabei. Sie bietet Ihnen vielfältige Möglichkeiten für Ihren Berufseinstieg in rund 15 Berufen.

Ausbildungsangebot und Bewerbungsverfahren

Ausbildung in der Verwaltung

Als Mitarbeiter/-in in der Kommunalverwaltung unterstützen Sie die Ingolstädter Bürgerinnen und Bürger in den behördlichen Aspekten aller Lebenslagen, z. B. bei Geburten oder Eheschließungen, bei Bauvorhaben, bei finanziellen Schwierigkeiten oder bei der Erteilung von Aufenthaltsgenehmigungen für ausländische Staatsangehörige. Auch bei der Anmeldung von Kraftfahrzeugen oder der Ausstellung von Führerscheinen, Personalausweisen und Reisepässen sind Sie tätig. Sie sind an der Organisation, Planung oder Genehmigung kultureller Veranstaltungen wie beispielsweise dem Bürgerfest oder der Nacht der Museen beteiligt.

In der Verwaltung bietet die Stadt drei verschiedene Ausbildungsberufe an:
- Verwaltungsfachangestellte/-r
- Verwaltungswirt/-in (Beamter/Beamtin der zweiten Qualifikationsebene)
- Diplom-Verwaltungswirt/-in (Beamter/Beamtin der dritten Qualifikationsebene)

Bewerbungsverfahren

Für eine Ausbildung zur/zum Verwaltungsfachangestellten bewerben Sie sich direkt (E-Mail oder schriftlich) bei der Stadt Ingolstadt. Haben Sie Interesse an einer Ausbildung in der Beamtenlaufbahn, ist zunächst die Anmeldung zum bayernweiten Auswahlverfahren beim Bayerischen Landespersonalausschuss (www.lpa.bayern.de) erforderlich.

Das Auswahlverfahren ist zweistufig aufgebaut. Nach der Teilnahme an einem schriftlichen Einstellungstest folgt ein strukturiertes Interview mit Assessment-Center-Elementen.

Ausbildung im gewerblichen und technischen Bereich

In den gewerblichen und technischen Berufen sind Sie in einem der 40 Fachämter eingesetzt.

Die Fachinformatiker/-innen ermöglichen die tägliche Büroarbeit durch die PC-Betreuung und schnelle Behebung technischer Probleme, betreuen die PCs der Ingolstädter Schulen, halten die Telefonanlage am Laufen und integrieren moderne mobile Geräte.

Als Gärtner/-in vermehren, kultivieren, ernten und pflegen Sie die Beet- und Balkonpflanzen, Schnittblumen und Topfpflanzen für die städtischen Grünanlagen.

Die Bauzeichner/-innen sind aktiv bei den größten Bauprojekten der Region beteiligt, wie zum Beispiel bei dem Bau weiterer Kindertagesstätten oder bei der Planung von Straßenneu- und Straßenausbaumaßnahmen im Stadtgebiet.

Die Maßschneider/-innen, Raumausstatter/-innen und Fachkräfte für Veranstaltungstechnik sind am Theater Ingolstadt tätig und fertigen die Kostüme für die Schauspieler/-innen an, stellen die Utensilien für ein ansprechendes Bühnenbild her und sorgen für gute Ton- und Lichtverhältnisse.

Die Aufgaben der Fachangestellten für Medien- und Informationsdienste liegen im Bereich Benutzungs- und Auskunftsdienst und bei der Beschaffung und Katalogisierung von Medien. Sie übernehmen außerdem Aufgaben in der Öffentlichkeitsarbeit an den verschiedenen Standorten der Stadtbücherei.

Als Forstwirte/Forstwirtinnen sind Sie das ganze Jahr an der frischen Luft. Sie machen die Holzernte, sind an der Anpflanzung junger Bäume und der Pflege des städtischen Waldes beteiligt.

Die Kfz-Mechatroniker/-innen sind bei der Berufsfeuerwehr der Stadt Ingolstadt tätig und reparieren und warten Einsatzfahrzeuge, Anhänger und diverse Pumpen.

Die Straßenwärter/-innen sind im Straßentrupp tätig und kontrollieren die Ingolstädter Verkehrswege auf Schäden, warten sie und setzten sie instand. Sie beseitigen Verschmutzungen, reparieren Fahrbahndecken, sichern Baustellen ab und stellen Verkehrsschilder auf.

Bewerbungsverfahren

Die Bewerbung richten Sie bitte direkt an die Stadt Ingolstadt (E-Mail oder schriftlich) mit den üblichen Bewerbungsunterlagen.

Das Auswahlverfahren erfolgt über ein strukturiertes Interview, dem bei einzelnen Berufen ein schriftlicher oder praktischer Einstellungstest vorangestellt ist.

Weiterführende Informationen für die Bewerberinnen und Bewerber

Stadt Ingolstadt
Personalamt
Rathausplatz 4
85049 Ingolstadt
www.ingolstadt.de/ausbildung
ausbildung@ingolstadt.de

Ansprechpartnerinnen
Kerstin Waldinger, Tel.: 08 41 / 305-10 70
Sandra Schäfers, Tel.: 08 41 / 305-12 27

Hansestadt Lübeck

Ausbildungsangebot

Als einer der größten Ausbildungsbetriebe in Schleswig-Holstein bildet die Hansestadt Lübeck derzeit in 20 verschiedenen Ausbildungsberufen aus, insgesamt befinden sich zurzeit 190 junge Menschen in einer Ausbildung. Die Auszubildenden bei der Stadt Lübeck erwartet:
- eine qualifizierte und interessante Ausbildung in den verschiedensten Tätigkeitsbereichen,
- die Betreuung durch engagierte Ausbilder/-innen,
- die Einbindung in den Betrieb bereits während der Ausbildung
- und die Zahlung eines attraktiven Ausbildungsentgeltes.

Verwaltungsberufe
- Bachelor of Arts „Allgemeine Verwaltung/Public Administration" (Stadtinspektor/-in)
- Verwaltungsfachangestellte/-r
- Fachangestellte/-r für Medien- und Informationsdienste

Feuerwehrberufe
- Oberbrandinspektor/-in
- Brandmeister/-in

Technische und gewerbliche Berufe
- Altenpfleger/-in
- Bauzeichner/-in
- Chemielaborant/-in
- Elektroniker/-in (Betriebstechnik)
- Fachinformatiker/-in für Systemintegration
- Forstwirt/-in
- Gärtner/-in – Fachrichtung Friedhofsgärtnerei
- Gärtner/-in – Fachrichtung Garten- und Landschaftsbau
- Hauswirtschafter/-in
- Industriemechaniker/-in (Instandhaltung)
- Kfz-Mechatronikerin – Nutzfahrzeugtechnik
- Fachkraft für Kreislauf- und Abfallwirtschaft
- Fachkraft für Abwassertechnik
- Fachkraft für Lagerlogistik
- Wasserbauer/-in

Weitere Informationen über die jeweiligen Ausbildungsberufe und Bewerbungsfristen sind zu entnehmen unter www.ausbildung.luebeck.de sowie unter www.berufe-sh.de.

Zum Bewerbungsverfahren

Sie bewerben sich bei der Hansestadt Lübeck mit den üblichen Unterlagen schriftlich oder per E-Mail. Nach der Auswertung der Bewerbungsunterlagen werden die geeigneten Bewerber/-innen zu einem schriftlichen Eignungstest eingeladen. Zur besseren Erkennbarkeit der Eignung werden Testkombinationen aus Berufsanfänger/-innentest, Test zur persönlichen und sozialen Kompetenz, Aufsätze und Mathematiktests angewandt. In den handwerklich orientierten

Berufen werden die Tests kombiniert mit praktischen Übungen, indem einfache für das Berufsbild übliche Aufgaben bearbeitet und verrichtet werden.

Nach den Testverfahren können die verbleibenden geeigneten Bewerber/-innen im Rahmen eines persönlichen Vorstellungsgesprächs abschließend von sich überzeugen. Innerhalb des strukturierten Interviews wird ein Eindruck über wichtige Motive und Persönlichkeitswerte der Bewerber/-innen gewonnen. Die Gespräche werden teilweise angereichert mit AC-Bausteinen wie z. B. Rollenspiel, Präsentationen und Gruppendiskussionen, um damit Eindrücke über Teamfähigkeit, Kommunikationsfähigkeit, Kompromiss- und Kooperationsfähigkeit sowie Durchsetzungsfähigkeit der Bewerber/-innen gewinnen zu können.

Das Auswahlgremium besteht aus der Ausbildungsleitung und weiteren Vertretern/Vertreterinnen des Personal- und Organisationsservice, gegebenenfalls Ausbildern/Ausbilderinnen der für den jeweiligen Ausbildungsberuf verantwortlichen Bereiche und Betriebe, dem Frauenbüro, der Schwerbehindertenvertretung, dem Personalrat und der Jugendausbildungsvertretung. Die Auswahlentscheidung wird innerhalb des Gremiums einvernehmlich getroffen.

Weiterführende Informationen für die Bewerberinnen und Bewerber

Telefonische Auskunft erhalten Sie unter:
Tel.: 04 51/122-11 74 (Frau Caro)
Tel.: 04 51/122-11 25 (Frau Ohlow)

E-Mails richten Sie bitte an: personal-und-organisationsservice@luebeck.de.

Ihre Bewerbung um einen Ausbildungs- oder Praktikumsplatz senden Sie bitte an die
Hansestadt Lübeck
Der Bürgermeister
Personal- und Organisationsservice
Fischstr. 2–6
23539 Lübeck

Bitte verzichten Sie auf Klarsichthüllen, Mappen und Hefter.

Landeshauptstadt Magdeburg

„Die wertvollste Investition überhaupt ist die in den Menschen."
Jean-Jacques Rousseau

Die kreisfreie Stadt Magdeburg liegt als Landeshauptstadt von Sachsen-Anhalt zentral in der Mitte Deutschlands. Die Elbmetropole ist mit 1 200 Jahren eine der ältesten Städte in den östlichen Bundesländern. Als Wirtschafts- und Bildungsstandort bietet Magdeburg jungen Menschen viele Möglichkeiten für den zukünftigen Lebensweg.

Die Landeshauptstadt Magdeburg als Arbeitgeber im Öffentlichen Dienst bietet in ihren Ämtern, Fachbereichen und Eigenbetrieben eine breite Palette an Ausbildungsberufen im technischen und nichttechnischen Bereich an.

Ausbildungsangebot

Für folgende Berufe können sich interessierte Jugendliche bewerben:
- Verwaltungsfachangestellte/-r; Fachrichtung Kommunalverwaltung
- Fachangestellte/-r für Medien- und Informationsdienste; Fachrichtung Bibliothek
- Tierpfleger/-in; Fachrichtung Tierheim und -pensionen
- Fachangestellte/-r für Bäderbetriebe
- Fachkraft für Kreislauf- und Abfallwirtschaft
- Gärtner/-in; Fachrichtung Garten- und Landschaftsbau
- Straßenwärter/-in
- Vermessungstechniker/-in

Nach Bedarf werden Stadtsekretär-Anwärter/-innen der Laufbahngruppe I des nichttechnischen Verwaltungsdienstes ausgebildet. Der Vorbereitungsdienst dauert 2 Jahre und gliedert sich in die fachtheoretische Ausbildung und den berufsbegleitenden Unterricht am Studieninstitut für kommunale Verwaltung Sachsen-Anhalt e.V. in Magdeburg.

Die Ausbildung dauert 3 Jahre einheitlich für alle Ausbildungsberufe. Sie besteht aus theoretischen und praktischen Ausbildungsabschnitten. Die praktische Ausbildung erfolgt in den Ämtern, Fachbereichen und Eigenbetrieben der Landeshauptstadt Magdeburg. Die theoretische Ausbildung findet in berufsbildenden Schulen statt. Die Standorte sind hier unterschiedlich je nach Ausbildungsberuf. Ausführliche Informationen erhalten Sie auf der Internetseite www.magdeburg.de.

Nach der Hälfte der Ausbildungszeit wird eine Zwischenprüfung und am Ende der Ausbildung eine Abschlussprüfung absolviert.

Zum Bewerbungsverfahren

Bewerben kann sich, wer einen guten Realschulabschluss oder einen gleichwertigen Bildungsstand nachweisen kann. Für die Berufe Gärtner/-in und Fachkraft für Kreislauf- und Abfallwirtschaft ist ein Hauptschulabschluss erforderlich. Eine gute Allgemeinbildung, Engagement, Verantwortungsbewusstsein und selbstständiges Arbeiten wird vorausgesetzt. Die Bewerber sollten zudem kooperativ und kommunikativ sein und ein freundliches Auftreten haben.

Nach Eingang der Bewerbungen findet ein Auswahlverfahren statt.

Die Bewerbung, bevorzugt in einer Klemmmappe mit transparentem Vorderdeckel, sollte folgende Unterlagen beinhalten:
- formloses Bewerbungsschreiben,
- tabellarischer Lebenslauf,
- Kopie des letzten Zeugnisses,
- adressierter und ausreichend frankierter Rückumschlag (A4-Format),
- Praktikumsnachweise.

Bewerber/-innen, welche die erforderlichen Voraussetzungen erfüllen, werden zu einem Eignungstest eingeladen. Den Eignungstest führt im Auftrag der Landeshauptstadt Magdeburg die DGP, Deutsche Gesellschaft für Personalwesen e.V., durch.

(Wer gut vorbereitet sein möchte, kann sich im Vorfeld auf der Internetseite www.dgp.de über den Aufbau und die Inhalte des Tests informieren. Unter Downloads, „Bewerberbroschüre – Bewerber/-innen fragen ... die DGP antwortet", sind Beispielaufgaben und viele hilfreiche Tipps zu finden.)

Die Testergebnisse der Auswertung werden den zuständigen Mitarbeitern/Mitarbeiterinnen im Fachbereich Personal- und Organisationsservice, Team Aus- und Fortbildung, zur Verfügung gestellt. Es folgt die nächste Stufe des Auswahlverfahrens. Anhand der Testergebnisse werden die Bewerber/-innen ausgewählt, die zum Vorstellungsgespräch und somit der letzten Stufe des Auswahlverfahrens eingeladen werden.

Jeder Bewerber, jede Bewerberin, die eine Einladung zum Vorstellungsgespräch erhält, sollte sich darauf gut vorbereiten. Es werden Fragen zur Verwaltung, in Bezug auf den Ausbildungsberuf und zum Allgemeinwissen gestellt.

Weiterführende Informationen für die Bewerberinnen und Bewerber

- Wurde Ihr Interesse an einer Ausbildung bei der Landeshauptstadt Magdeburg geweckt?
- Sie sind an detaillierten Informationen zu einem oder mehreren der Ausbildungsberufe interessiert?
- Oder haben Sie Fragen?

Dann nehmen Sie Kontakt auf!
Infos unter www.magdeburg.de

Kontakt
Landeshauptstadt Magdeburg
-Der Oberbürgermeister-
Personal- und Organisationsservice
Julius-Bremer-Straße 8–10
39104 Magdeburg

Ansprechpartnerinnen
Doreen Röglin, Ausbildungsleiterin
Tel.: 03 91/540 26 47, E-Mail: doreen.roeglin@pa.magdeburg.de

Ute Wiese, Teamleiterin Aus- und Fortbildung
Tel.: 03 91/540 29 16, E-Mail: ute.wiese@pa.magdeburg.de

Stadt Oldenburg

Ausbildungsangebot

Studienmöglichkeiten
- Bachelor of Arts „Allgemeine Verwaltung" oder „Verwaltungsbetriebswirtschaft"
- Bachelor of Arts „Öffentliche Verwaltung"
- Bachelor of Science „Wirtschaftsinformatik" mit integrierter IHK-Ausbildung

Ausbildungsmöglichkeiten
- Bauzeichner/-in
- Fachangestellte/-r für Medien- und Informationsdienste Fachrichtung Archiv

- Fachangestellte/-r für Medien- und Informationsdienste Fachrichtung Bibliothek
- Fachinformatiker/-in – Fachrichtung Systemintegration
- Fachkraft für Kreislauf- und Abfallwirtschaft
- Gärtner/-in im Garten- und Landschaftsbau
- Kauffrau/-mann für Büromanagement
- Kauffrau/-mann für Dialogmarketing
- Kfz-Mechatroniker
- Straßenbauer/-in
- Veranstaltungskauffrau/-mann
- Vermessungstechniker/-in
- Verwaltungsfachangestellte/-r
- Verwaltungswirt/-in

Zum Bewerbungsverfahren

Zunächst reichen Sie Ihre schriftliche Bewerbung oder die Online-Bewerbung zum genannten Stichtag (im Herbst) ein. Nach der ersten Vorauswahl durchlaufen Sie ein Auswahlverfahren. Das besteht aus einem schriftlichen Einstellungstest, in dem unterschiedliche Teilbereiche abgefragt werden, und einem mündlichen Vorstellungsgespräch. Wenn Sie erfolgreich sind, dann steht einer Ausbildung bei der Stadt Oldenburg nichts mehr im Wege.

Weiterführende Informationen für die Bewerberinnen und Bewerber

Internetadresse
http://www.oldenburg.de/startseite/wirtschaft/arbeitgebermarke/ausbildung.html

Ansprechpartner
Daniel Ganseforth, Tel.: 04 41/235 22 05
E-Mail: daniel.ganseforth@stadt-oldenburg.de

Annett Güldenpfennig, Tel.: 04 41/235 22 03
E-Mail: annett.gueldenpfennig@stadt-oldenburg.de

Landeshauptstadt Wiesbaden

Die Stadtverwaltung Wiesbaden ist einer der größten Ausbildungsbetriebe in dieser Region. Gemeinsam mit ihren Eigenbetrieben bildet sie in über 20 verschiedenen Ausbildungsberufen aus.

Nicht in jedem Jahr werden alle Ausbildungsberufe angeboten. Das Ausbildungsplatzangebot wird für den Ausbildungsbeginn zum 1. September jeweils rechtzeitig unter www.wiesbaden.de/ausbildung veröffentlicht.

Ausbildungsangebot

Voraussetzung: Hauptschulabschluss
- Bauzeichner/-in
- Elektroniker/-in der Fachrichtung Energie- und Gebäudetechnik
- Fachangestellte/-r für Bäderbetriebe
- Fachangestellte/-r für Medien- und Informationsdienste der Fachrichtung Bibliothek
- Fachkraft für Abwassertechnik
- Fachkraft für Kreislauf- und Abfallwirtschaft
- Forstwirt/-in
- Gärtner/-in der Fachrichtung Garten- und Landschaftsbau
- Hauswirtschafter/-in
- Industriemechaniker/-in
- Kaufleute für Büromanagement
- Kfz-Mechatroniker der Fachrichtung Nutzfahrzeugtechnik
- Straßenwärter/-in

Voraussetzung: Realschule
- Fachinformatiker/-in der Fachrichtung Systemintegration
- Tierpfleger/-in (sowie ein nachgewiesenes Praktikum im Bereich Zoo/Tierpark/Tierheim)
- Vermessungstechniker/-in
- Verwaltungsfachangestellte/-r

Voraussetzung: Hochschulreife / Fachhochschulreife
- Bachelor of Arts Allgemeine Verwaltung
- Immobilienkaufleute

Die Nachwuchskräfte der Stadtverwaltung erhalten neben einer fundierten fachlichen Ausbildung auch Unterstützung in der persönlichen Entwicklung. Hierfür wurde ein passgenaues Seminarangebot entwickelt, das auf die Bedürfnisse und Wünsche der Auszubildenden abgestimmt ist. Die Nachwuchskräfte lernen kundenfreundliches Kommunizieren, erfolgreiche Lernmethoden, wirkungsvoll zu präsentieren und vieles mehr. Ebenso umfasst die Ausbildung Engagement in sozialen Projekten, eine gemeinsame Klausurfahrt und den Besuch einer Partnerstadt. Darüber hinaus bietet die Stadtverwaltung ein Job-Ticket sowie die Möglichkeit, verschiedene Fitnessstudios und Wiesbadener Schwimmbäder kostenfrei zu nutzen.

Zum Bewerbungsverfahren

Bewerben Sie sich online auf https://onlinebewerbung.wiesbaden.de

Vor dem Hintergrund der interkulturellen Öffnung der Verwaltung sind Bewerbungen von Interessentinnen und Interessenten mit Migrationshintergrund erwünscht.

So geht's dann weiter:
Sie erhalten zunächst eine automatische Eingangsbestätigung. Danach gibt es dann (wenn die Voraussetzungen erfüllt sind) einen schriftlichen Eignungstest. War der erfolgreich, kommt eine Einladung zu einem Vorstellungsgespräch, in dem man sich gegenseitig besser kennenlernen kann. Passt von der Motivation über die Ausstrahlung bis zur richtigen Einstellung alles gut zusammen, kommt bald danach die Zusage.

Weiterführende Informationen für die Bewerberinnen und Bewerber

Weitere Infos zu allen Ausbildungsberufen erhalten Sie auf
   www.wiesbaden.de/ausbildung
   oder am Telefon bei Sabine Berz (06 11 / 31-33 73),
   Sylvia Becker (06 11 / 31-21 87)
   oder per E-Mail unter ausbildung@wiesbaden.de

Stadt Wuppertal

Ausbildungsangebot

Die Stadt Wuppertal bietet ca. 50 Ausbildungsplätze in vielen verschiedenen Berufen mit guten Zukunftsperspektiven:

- Bachelor of Laws (FH) und Bachelor of Arts (FH) im gehobenen nichttechnischen Dienst
  Einstellungsvoraussetzungen:
    - Allgemeine Hochschulreife oder ein gleichwertiger Bildungsstand
    - Staatsangehörigkeit eines EU-Staates
  Ausbildungs- bzw. Studiendauer: 3 Jahre
- Verwaltungswirt/-in im mittleren nichttechnischen Dienst
  Einstellungsvoraussetzungen:
    - Fachhochschulreife (schulischer Teil)
    - Staatsangehörigkeit eines EU-Staates
  Ausbildungsdauer: 2 Jahre
- Verwaltungsfachangestellte/-r
  Einstellungsvoraussetzung: Fachhochschulreife oder Fachoberschulreife
- Verwaltungsfachangestellte/-r im Ordnungsdienst
  Einstellungsvoraussetzung: Fachhochschulreife oder Fachoberschulreife
- Servicefachkraft für Dialogmarketing
  Einstellungsvoraussetzung: Fachoberschulreife
  Ausbildungsdauer: 2 Jahre
- Fachinformatiker/-in
  Einstellungsvoraussetzung: mindestens Fachoberschulreife

Einstellungsvoraussetzung: mind. Hauptschulabschluss Klasse 10, Typ A
- Anlagenmechaniker/-in
  für Sanitär- Heizungs- und Klimatechnik
  Ausbildungsdauer 3 ½ Jahre
- Elektroniker/-in
  Fachrichtung Energie- und Gebäudetechnik
  Ausbildungsdauer 3 ½ Jahre
- Fachangestellte/-r für Medien- und Informationsdienste
  Fachrichtung Bibliothek
- Forstwirt/-in
- Kraftfahrzeugmechatroniker/-in
  Ausbildungsdauer 3 ½ Jahre
- Straßenwärter/-in

- Tiermedizinische/-r Fachangestellte/-r
- Tierpfleger/-in
  Fachrichtung Zootierpflege
- Vermessungstechniker/-in

Soweit keine andere Ausbildungsdauer genannt ist, beträgt die Ausbildungszeit grundsätzlich 3 Jahre.

Weiterführende Informationen für die Bewerberinnen und Bewerber

Weitere Informationen erhalten Sie unter www.wuppertal.de/ausbildung

Ansprechpartner:
   Thomas Piqué,   Tel.: 02 02 / 563 61 86
   Yvonne Kügler,   Tel.: 02 02 / 563 21 53
   Nicole Schorn,   Tel.: 02 02 / 563 64 79
   Silvia Wolters,   Tel.: 02 02 / 563 65 11

Bewerbungsanschrift:
   Stadt Wuppertal
   Ressort 404.05
   42269 Wuppertal
   ausbildung@stadt.wuppertal.de

Deutsche Rentenversicherung Mitteldeutschland: Für die Rente ist es nie zu früh

Berufsstart bei der Rentenversicherung

Mit Beginn des Abschlussschuljahres rückt bei vielen Schülerinnen und Schülern die eigene berufliche Zukunft stärker ins Blickfeld. Die Ausbildungs- und Studienangebote der Deutschen Rentenversicherung Mitteldeutschland sind es wert, genauer betrachtet zu werden. Derzeit stehen jährlich 70 Ausbildungs- und Studienplätze im Öffentlichen Dienst bereit.

Zwei mögliche Ausbildungen

Interessierte können zwischen zwei Ausbildungen mit bundesweit anerkannten Berufsabschlüssen wählen. Die verschiedenen Aufgaben der gesetzlichen Rentenversicherung können Auszubildende im Beruf als Sozialversicherungsfachangestellte erlernen. 33 Ausbildungsplätze mit einem ausgewogenen Verhältnis von Praxis und Theorie gibt es hierfür.

Neu ist der Beruf der Kaufleute für Büromanagement. Er löst die bisherigen Ausbildungsberufe der Kaufleute für Bürokommunikation, der Bürokaufleute und der Fachangestellten für Bürokommunikation ab und ist sowohl für Wirtschaft als auch öffentliche Verwaltung geeignet. Kaufmännisches, bürowirtschaftliches und kundenorientiertes Handeln unter Nutzung verschiedener Informations- und Kommunikationsmedien sind wesentliche Bestandteile der Ausbildung. Sechs Interessierte können sich für einen Einstieg in diesen Beruf entscheiden.

Beide Ausbildungen beginnen Ende August oder Anfang September und dauern drei Jahre. Sie sind in Leipzig, Halle oder Erfurt möglich und werden durch Zeiten der Berufsschule komplettiert. Vorteile beider Ausbildungen sind neben abwechslungsreichen Tätigkeiten insbesondere attraktive Vergütungen mit vermögenswirksamen Leistungen, Jahressonderzahlung und Abschlussprämie sowie tarifvertraglich fixierte Urlaubstage.

Studium mit Praxis

Wem die Verbindung eines wissenschaftlichen Studiums mit beruflicher Praxis wichtig ist, kann bei der Deutschen Rentenversicherung Mitteldeutschland einen von zwei dualen Bachelor-Studiengängen wählen. Beide Studiengänge beinhalten die vielfältigen Verwaltungsaufgaben der gesetzlichen Rentenversicherung. Die fachtheoretischen Studienzeiten finden an den Fachhochschulen in Reinfeld bei Lübeck (Schleswig-Holstein) oder in Meißen (Sachsen) statt. Der Einsatz der Studenten der Fachhochschule der Sächsischen Verwaltung Meißen erfolgt während der Berufspraxis insbesondere in Dresden. Die Studenten der Fachhochschule für Verwaltung und Dienstleistung Reinfeld sind im berufspraktischen Studienteil in Halle bzw. Erfurt eingesetzt. Beide Studiengänge dauern drei Jahre und beginnen in Reinfeld Anfang August bzw. in Meißen Ende August oder Anfang September. 31 Studienplätze können vergeben werden. Hervorzuheben ist, dass eine Studienvergütung mit vermögenswirksamen Leistungen und Jahressonderzahlung gewährt wird. Ebenso sind die Übernahme der Studiengebühren sowie Urlaubstage tarifvertraglich geregelt.

Jetzt bewerben

Jährlich besteht die Möglichkeit, sich für einen Ausbildungs- oder Studienplatz zu bewerben. Eewerbungsschluss ist jeweils der 31. Oktober des Vorjahres. Die Bewerbung soll ein Bewerbungsschreiben, einen tabellarischen Lebenslauf und Kopien der/des schulischen Abschlusszeugnisse/-s oder falls nicht vorhanden des letzten Jahreszeugnisses beinhalten. Für das Studium an der Fachhochschule in Meißen müssen Bewerbungen zum 1. Oktober des Vorjahres direkt bei der Fachhochschule eingereicht werden. Informationen und Unterlagen dazu sind unter www.fhsv.sachsen.de zu finden.

Informationen zu den Ausbildungs- und Studienrichtungen und den Bewerbungsmodalitäten erhalten Sie unter
www.deutsche-rentenversicherung-mitteldeutschland.de
oder telefonisch unter 03 45 / 213 13 97 oder 03 61 / 482 15 01

Die schriftliche Bewerbung

Sie wollen mit Ihrer Bewerbung einen positiven Eindruck von sich vermitteln. Schon auf den ersten Blick soll die umworbene Institution, oder in diesem Fall der Ausbilder und/oder Arbeitgeber, spüren, dass es sich um eine besondere Bewerbung handelt. Kurz: Sie wollen Aufmerksamkeit. Sie können und sollten sich deshalb mit jedem Bestandteil, der zu den Bewerbungsunterlagen gehört, also ...
1. mit Ihrem Bewerbungsanschreiben,
2. Ihrem Lebenslauf mit Foto und
3. den Kopien von Zeugnissen und Praktikumsnachweisen

... von der Menge der anderen Bewerbungen positiv unterscheiden. Nutzen Sie diese Gelegenheiten!

Zusammenstellung der Unterlagen

Ob mit oder ohne Deckblatt, ob kurz und knapp oder lang und breit: Es gibt grundsätzlich drei Möglichkeiten, die Seiten einer Bewerbungsmappe oder eines digitalen Bewerbungsdokuments anzuordnen. Richtig sind sie alle. Welche am besten zu Ihnen passt, können Sie selbst entscheiden:

Die „klassische Bewerbung"

Diese Variante zeigt die „Grundausstattung" einer klassischen Bewerbung. Sind Anschreiben, Lebenslauf und Zeugnis vorhanden, wird bereits von einer „vollständigen Bewerbung" gesprochen. Die schematische Darstellung zeigt drei

Elemente, nicht die tatsächliche Anzahl der Seiten. Wenn Ihr Lebenslauf beispielsweise zwei Seiten umfasst und Sie drei Zeugnisse beilegen wollen, hätte Ihre „klassische Bewerbung" insgesamt sechs Seiten.

Klassische Bewerbung mit extra Deckblatt

Mit dieser Variante haben Sie die Möglichkeit, einen ersten „Hingucker" zu platzieren. Nimmt der Leser das Anschreiben in die Hand und will sich Ihren Lebenslauf ansehen, dann eröffnet das Deckblatt Ihre „Mappe" inhaltlich und optisch. Hier könnte z. B. ein sympathisch wirkendes Foto von Ihnen oder ein ansprechendes Design einen ersten positiven Eindruck hinterlassen.

Bewerbungsunterlage „XXL"

Das oben stehende Schaubild zeigt Ihnen nun alle Elemente, die Sie in einer Bewerbung unterbringen können – wenn Sie wollen. Beachten Sie, in welcher Reihenfolge diese in die Mappe oder Datei kommen. Zur Erläuterung zeigen wir Ihnen im Folgenden weitere wichtige und interessante Details zur schriftlichen Bewerbung.

Lebenslauf

Die wichtigsten Informationen und Daten auf einen Blick – diesem Ziel dient der Lebenslauf, der häufig wesentlich mitentscheidet, ob es zu einer Einladung kommt oder nicht. Heute werden Lebensläufe nicht mehr handschriftlich verfasst. In der Regel erwartet man von Ihnen einen computergeschriebenen, tabellarischen Lebenslauf, der möglichst nicht länger als eine oder zwei Seiten sein sollte. Die folgende Tabelle zeigt Ihnen, welche Daten in einem Lebenslauf enthalten sein können.

Persönliche Daten	Vor- und Nachname, Anschrift, Telefon, Geburtsdatum und -ort, Religionszugehörigkeit (nur, wenn es für den Beruf von Bedeutung ist), Familienstand, Kinder, Staatsangehörigkeit (nur, wenn sie nicht deutsch ist), evtl. Eltern mit Namen und Berufen sowie Geschwister mit Alter und Beruf (beides sollte aber nur bei einer Azubi-Bewerbung im Lebenslauf auftauchen, bei älteren Bewerberinnen und Bewerbern nicht mehr), Ort, Datum, Unterschrift
Schulausbildung	Alle Informationen möglichst mit Zeitangaben: • besuchte Schulen • Schulabschlüsse bzw. angestrebter Schulabschluss • evtl. Auslandsaufenthalte, Sprachreisen • Praktika • Aushilfstätigkeiten • Neben-/Ferienjobs
Weiterbildung	Zum Beispiel nachgeholter Schulabschluss, Volkshochschulkurse, Schul-AGs etc., z. B.: • Rhetorik • Computer • Foto • Kochen • Sprachen etc.
Besondere Kenntnisse	Fremdsprachen, Führerschein, EDV-Kenntnisse, Erste-Hilfe-Schein etc.
Sonstiges	Hobbys, ehrenamtliches/soziales Engagement, Sport, evtl. politisches Engagement (Achtung: Berücksichtigen Sie, dass dies zum Arbeitgeber „passt", bzw. Sie sich damit keine Chancen verbauen.)

Foto

Vielleicht, weil ein Bild mehr sagt als 1 000 Worte, schaut man bei einem Lebenslauf immer zuerst auf das Foto. Da man die Macht der Bilder nicht unterschätzen sollte, ist an dieser Stelle höchste Sorgfalt geboten. Der Gang zum (guten!) Fotografen lohnt sich. Alte Schnappschüsse, Urlaubsbilder oder Zufallstreffer von der letzten Geburtstagsfeier sind für eine Bewerbung absolut ungeeignet. Mit einem ansprechenden, professionellen Foto vom Fotografen im Format von etwa 6 mal 5 cm, modern im Querformat oder auch quadratisch, werden Sie überzeugen.

Psychologische Tests haben gezeigt, dass Schwarz-Weiß-Fotos eher Sympathie erzeugen als farbige. Daher wäre zu überlegen, ob Sie sich auch für Schwarz-Weiß entscheiden. Wenn Sie aber finden, dass Sie in Farbe besser rüberkommen, ist das auch okay. Wichtig ist, dass Sie sympathisch wirken und mit „Ihrer" Bewerbung, also auch mit Ihrem Foto, zufrieden sind!

Am besten lassen Sie vom Fotografen eine Auswahl von Fotos machen. Die können Sie mit nach Hause nehmen und Freunden und Verwandten vorlegen. Fragen Sie, auf welchem Bild Sie am sympathischsten wirken. Das Foto befestigen Sie (vorher hinten mit Bleistift Namen und Adresse notieren) oben rechts auf dem Lebenslauf. Oder Sie fertigen ein Extra-Deckblatt an (s. o.), das Sie vor den Lebenslauf legen, um dann darauf das Foto zu befestigen. Sie dürfen es aber auch einscannen und digital einfügen. Das ist Ihnen überlassen und keinesfalls schlechter (eher besser) als die zuerst beschriebene Variante (die aber auch noch akzeptiert wird).

Anschreiben

Aufmerksamkeit erreichen Sie nach der Anrede garantiert *nicht* mit Sätzen wie: „Hiermit bewerbe ich mich um ...". Das wird der Ausbilder und Arbeitgeber oft genug von anderen Bewerberinnen und Bewerbern zu lesen bekommen – deshalb sollten Sie nicht auch so etwas Langweiliges schreiben. Wenn Sie stattdessen z. B. formulieren: „*Ihr Ausbildungsplatzangebot interessiert mich besonders, weil ...* ", haben Sie bereits Pluspunkte gesammelt. Nichts ist so wichtig wie der Einstieg. In der knappen Zeit, die Entscheider zur Verfügung haben, kommt's darauf an, schon mit den ersten Sätzen „die Weichen richtig zu stellen" und zu überzeugen.

Denken Sie daran: Die Bewerbung insgesamt und damit auch das Anschreiben ist Ihre Visitenkarte, eine Art erste Arbeitsprobe. Es kann Ihre Chancen, den gewünschten Ausbildungs- und Arbeitsplatz zu bekommen, erheblich verbessern – wenn Sie es gut formulieren und sorgfältig gestalten. Deshalb muss auch der erste Eindruck stimmen. Folgende Formel aus der Werbepsychologie kann Ihnen für den Aufbau Ihres Anschreibens nützlich sein:

A I D A steht für:
A = attention: Aufmerksamkeit erregen
I = interest: Interesse wecken
D = desire: Wunsch auslösen, die Person zum nächsten Schritt des Auswahlverfahrens einzuladen
A = action: die Handlungsaktivität (Einladung) provozieren

Es folgt eine Erklärung der wichtigsten Punkte im Anschreiben:

Einleitung

Noch einmal zum guten Einstieg: Wir nennen jetzt einige Formulierungen, mit denen ein interessanter Einstieg gelingt. Sie sollten diese aber nicht einfach abschreiben. Schließlich handelt es sich um Ihre ganz persönliche Bewerbung, und die sollte schon etwas von Ihrer Persönlichkeit transportieren. Diese Beispiele sind also lediglich als Anregung gedacht:

- „Gerne würde ich zu den 120 Auszubildenden gehören, die Sie Mitte nächsten Jahres einstellen. Daher bewerbe ich mich um einen Ausbildungsplatz zum ..."
- „Mit großem Interesse habe ich Ihre Anzeige gelesen und möchte mich Ihnen vorstellen."
- „Sie suchen einen Auszubildenden ..."
- „Ich wünsche mir einen Ausbildungsplatz im Bereich ..."
- „Vielen Dank für das freundliche und informative Telefonat / für das Gespräch an Ihrem Infostand heute Vormittag. Wie abgesprochen, schicke ich Ihnen meine Bewerbungsunterlagen zu."

Grund der Bewerbung

Hier geht es darum, den Berufswunsch allgemein und – wenn das der Fall ist – den Wunsch, weshalb Sie gerade in einer bestimmten Organisation arbeiten möchten, zu begründen:

- „Vor zwei Monaten informierte ich mich auf der Berufsmesse XY an Ihrem Informationsstand über die Ausbildung zum Z. Die Vielfältigkeit des Berufsbildes hat mich sehr beeindruckt. Deshalb …"
- „Durch ein Praktikum bei der Polizei XY konnte ich erste Einblicke in den Beruf des Polizeikommissars bekommen. Ich bin überzeugt, dass mir diese Aufgabe sehr viel Spaß bereiten wird."
- „Über meinen Bruder habe ich bereits vielfältige Eindrücke vom Berufsbild des XY erhalten können. Durch intensive Gespräche und seine Berichte motiviert, bewerbe ich mich hiermit …"

Schuldaten

Angaben zu Ihrer Person, d. h., wie alt Sie sind, wann Sie die Schule verlassen werden oder bereits abgeschlossen haben und wann Sie die Ausbildung antreten können, dürfen im Anschreiben nicht fehlen:
- „Ich bin 18 Jahre alt und besuche zurzeit die 12. Klasse des Max-Frisch-Gymnasiums in Berlin. Im Frühjahr 20XX werde ich mit dem Abitur die Schule abschließen."
- „Nach Abschluss der Realschule im Juli nächsten Jahres möchte ich (17 Jahre alt) gerne eine Ausbildung im mittleren Dienst bei der Stadtverwaltung XY beginnen."
- „Ich bin 18 Jahre alt und besuche die Humboldtschule in Potsdam. Mitte Juni nächsten Jahres werde ich dort die allgemeine Hochschulreife erlangen."

Qualifikationen

Nennen Sie an dieser Stelle die Fähigkeiten/Erfahrungen/Talente, die Sie für die angestrebte Ausbildung mitbringen – von Schulfächern bis Hobbys/Ehrenamt/Freizeitgestaltung.
- „In meiner Freizeit bin ich als Gruppenführer bei der Freiwilligen Feuerwehr Darmstadt aktiv."
- „Ich habe verschiedenste Kurse in Webdesign belegt und schon einige Internetauftritte gestaltet."
- „Seit drei Jahren bin ich freiwillige Helferin im Betreuungsdienst des Krankenhauses Hamburg-Altona."
- „Durch die Teilnahme an AGs in meiner Schule verfüge ich über sichere Kenntnisse in Microsoft Office und Adobe Photoshop."

Abschlussformulierung

Hier einige Vorschläge für einen gelungenen „Abgang":
- „Ich würde mich freuen, wenn ich mich persönlich bei Ihnen vorstellen dürfte."
- „Ich freue mich, wenn Sie mir die Gelegenheit zu einem persönlichen Gespräch geben."
- „Über eine Einladung zu einem persönlichen Gespräch freue ich mich sehr."
- „Für alle weiteren Auskünfte stehe ich Ihnen in einem persönlichen Gespräch gerne zur Verfügung."

Grußformel

„Mit freundlichen Grüßen" oder vielleicht auch noch „Mit besten ..." sind angemessene Formulierungen. Hier sollten Sie auf Schnickschnack verzichten, auch keine „herzlichen Grüße" verschicken oder sich gar „hochachtungsvoll" verabschieden. Sie können, wenn Sie sich an einen anderen Ort bewerben, aber z. B. noch ein „nach München" anhängen.

Die „Dritte Seite"

Die Dritte Seite – das gewisse Etwas: Mit einer Dritten Seite, die hinter dem Anschreiben oder dem Lebenslauf platziert ist, heben Sie sich von der Masse der Bewerber ab. Voraussetzung: Sie ist wirklich gut getextet! Hier transportieren Sie in wenigen Sätzen die entscheidenden Argumente, warum Sie als Bewerber oder Bewerberin in die engere Auswahl gehören. An dieser Stelle können Sie persönlicher formulieren, in dem Tenor „Was Sie sonst noch von mir wissen sollten ..." oder schlicht „Meine Motivation", „Warum ich unbedingt ... werden will". Wenn ein Kandidat sich z. B. seit längerer Zeit bei der freiwilligen Feuerwehr engagiert, könnte er an dieser Stelle über dabei gewonnene Erfahrungen berichten und anführen, was er dort bereits gelernt hat. So bietet die Dritte Seite die Möglichkeit, überzeugend zu untermauern, warum der Ausbildungsplatz bei der Berufsfeuerwehr das erklärte Ziel des Bewerbers ist.

Beachten Sie aber: Eine Dritte Seite kann, wenn sie nicht gut formuliert ist, mehr schaden als nützen! Also überlegen Sie gut, ob Sie das für sich in Anspruch nehmen wollen. Wenn ja, dann aber nur, wenn Sie hier wirklich etwas Wichtiges mitzuteilen haben und dies mit einem gut durchdachten Text zum Ausdruck bringen.

Anlagen: Kopien von Zeugnissen und Praktikums-/ Beschäftigungsnachweisen

Die Kopien von Zeugnissen und anderen Nachweisen werden hinter dem Lebenslauf platziert. Verwenden Sie beim postalischen Versand keine Kopien, denen man ansieht, dass sie schon durch mehrere Hände gegangen sind, oder die Eselsohren haben. Machen Sie sich die Mühe und suchen Sie einen guten Copy-Shop auf. Sie werden den Unterschied erkennen. Achten Sie auch beim Einscannen darauf, dass Ihre Dokumente ordentlich aussehen. Kurz zur Reihenfolge der Unterlagen: Je aktueller das Zeugnis, desto weiter oben liegt es.

Wenn Sie viele Anlagen beifügen möchten, kann ein Anlagenverzeichnis für den Empfänger hilfreich sein: Listen Sie Ihre Anlagen auf einem gesonderten Blatt in der Reihenfolge auf, in der Sie sie anfügen. Ein Anlagenverzeichnis empfiehlt sich aber erst ab 5 Seiten mit Anlagen.

Versand

Bevor Sie aber alles in den DIN-A4-Umschlag stecken und per Post wegschicken, es vielleicht auf dem E-Mail-Weg digital verschicken oder noch besser persönlich vorbeibringen, kopieren Sie bitte alle Unterlagen, damit Sie später wissen, wem Sie was geschickt und geschrieben haben.

Hier eine Checkliste, mit der Sie systematisch prüfen können, ob Sie an alles gedacht haben:

Der Lebenslauf
- Sind die Daten in Ihrem Lebenslauf klar und übersichtlich angeordnet, sodass sie der Leser auf einen Blick schnell erfassen kann?
- Stehen in Ihrem Lebenslauf Informationen, die für den jeweils angeschriebenen Ausbilder besonders interessant sind? (Beispielsweise bei den „Hobbys" oder „Besonderen Fähigkeiten" lohnt es sich, ganz genau zu überlegen, für welche Angaben Sie sich entscheiden.)
- Steht zum Abschluss Ihres Lebenslaufes der Ort, wo Sie ihn verfasst haben, das aktuelle Datum und Ihre Unterschrift (ordentlich mit Vor- und Zunamen)?
- Soll Ihr Foto auf den Lebenslauf (1. Seite) oder auf das Deckblatt?

Das Anschreiben
- Haben Sie sich vor dem ersten Satz eine grobe Struktur für das Anschreiben gemacht? (Was soll unbedingt rein und in welchen Absatz passt es am besten?)
- Wollen Sie die Betreffzeile als „Hingucker" oder „Werbefläche" nutzen oder mit einem Standardtext belegen?
- Sprechen Sie in Ihrer Anrede eine Person direkt an (besser), oder bleiben Sie bei den allgemeinen „Damen und Herren" (notgedrungen)?
- Haben Sie für den ersten Absatz einen interessanten „Aufhänger", eine Information, die das Interesse des Lesers ganz besonders weckt?
- Schreiben Sie nur über sich oder erwähnen Sie im letzten Absatz auch einmal, wie interessant, wie attraktiv dieser Arbeitgeber ist und wie gut Ihre Interessen, Ihr Beitrag und diese Organisation zusammenpassen?
- Wird deutlich, dass Sie wirklich Lust auf diese Ausbildung haben?
- Verwenden Sie (mindestens) ein Beispiel, das zeigt, dass und wo Sie schon Erfahrungen gesammelt und was Sie anzubieten haben?
- Sind alle Adressdaten und Ihre Unterschrift auf dem Blatt?

Das Deckblatt
- Lohnt es sich, Ihre Bewerbung noch besser aussehen zu lassen, oder wissen Sie, dass die reine Information zählt, nicht die schöne Aufmachung?
- Macht das Deckblatt Ihre Unterlage noch übersichtlicher und professioneller?
- Wollen Sie Ihr Foto auf dem Deckblatt oder auf dem Lebenslauf platzieren (beides ist möglich)?
- Stehen dort Ihr Name, Ihre Adresse, gegebenenfalls Ihre persönlichen Daten, Ihr Berufswunsch und der Adressat?

Die „Dritte Seite"
- Ist es Ihnen wichtig, nicht nur zu sagen, was Sie bisher in Ihrem Leben gemacht haben, sondern auch warum und was Ihnen wichtig war, ist und sein wird? Nur dann sollten Sie eine Dritte Seite in Ihre Unterlage aufnehmen, denn sie ist wirklich kein „Muss".
- Haben Sie eine zündende Idee, wie Sie eine solche Seite interessant und ansprechend mit Inhalten füllen und bildhaft/grafisch gestalten können?
- Hat der Leser durch diese Seite tatsächlich einen Informationsgewinn, lernt er Sie noch besser kennen?
- Finden Sie, dass die Art und Weise der Seite etwas mit Ihnen zu tun hat und man Sie darin wiedererkennt?

Das Foto
- Haben Sie sich 2 bis 3 Fotografen und deren Foto-Arbeiten angeschaut?
- Bietet der Fotograf an, das Foto auf Papier und digital mitzunehmen?
- Der Tag Ihres Foto-Shootings: Sind Sie heute entspannt und freuen Sie sich auf den Termin?
- Haben Sie 2 bis 3 verschiedene Kleidungsstücke ausgesucht, mit denen Sie fotografiert werden möchten?
- Passen Schwarz-Weiß-Abzüge oder Farbbilder besser zu Ihren gesamten Bewerbungsunterlagen?
- Machen Sie auf dem Bild einen sympathischen Eindruck und ist es so platziert, dass der Leser es gleich sieht?

Zur Verpackung (beim postalischen Versand)
- Liegt das Anschreiben lose obendrauf?
- Ist die Adresse auf dem Anschreiben und Briefumschlag identisch?
- Steht Ihr Absender auf dem Umschlag?
- Ist der Brief ausreichend frankiert?
- Ist die Umschlaggestaltung korrekt? Bitte keine Experimente bei Adresse, Absender, Briefmarkenpositionierung.

Allgemeine Tipps

Damit wären wir auch bei generellen Hinweisen in Sachen Bewerbung, die Sie unbedingt berücksichtigen sollten:
- Verwenden Sie für Bewerbungsanschreiben und Lebenslauf gutes, weißes unliniertes DIN-A 4-Papier, das Sie nur einseitig beschreiben. Möglich ist auch, sanft getöntes Papier in leichtem Gelb, Beige, Grau oder Blau zu verwenden. Das kann sehr edel wirken. Aber bitte: keine Knallfarben.
- Wenn ein handgeschriebenes Bewerbungsanschreiben oder ein handgeschriebener Lebenslauf gewünscht werden, benutzen Sie möglichst einen Füllfederhalter mit königsblauer Tinte. Achten Sie auf eine saubere, gut lesbare Handschrift.
- Verwenden Sie keine Originalzeugnisse oder -bescheinigungen. Nur Anschreiben und Lebenslauf müssen Originale sein.
- Sowohl für getippte als auch für handschriftliche Schreiben gilt: nicht radieren, durchstreichen, überschreiben oder gar noch mit Tipp-Ex korrigieren. Das macht keinen guten Eindruck, weil man immer noch die Spuren des Fehlers

sieht. Da hilft nur eins: noch einmal neu schreiben bzw. korrigiert neu ausdrucken.
- Achten Sie auf eine übersichtliche, klare Gliederung und eine gute Platzeinteilung mit angemessenen Rändern (links ca. 4 cm, rechts ca. 3 cm).
- Völlig überholt: alles in Klarsichthüllen zwängen. Besser im Schreibwarenhandel Hefter kaufen (auch hier keine knalligen Farben, am besten in Blau, Grün, evtl. auch Weiß) mit Clip oder Schiene, in die Sie Ihre Unterlagen einheften, ohne sie zu lochen. Das Anschreiben wird nur lose obendrauf gelegt, also nicht mit eingeheftet. Wir raten von kompletten Bewerbungsmappen mit Vordrucken, die nur noch ausgefüllt werden müssen, dringend ab. Wenn Sie solche fertigen Unterlagen benutzen, könnte beim Arbeitgeber der Eindruck entstehen, dass Sie nicht in der Lage sind, selbstständig zu arbeiten.
- Bedenken Sie die Reihenfolge Ihrer Unterlagen: Das Anschreiben liegt oben lose auf (bzw. ist bei digitalen Unterlagen die erste Seite). Es folgen Lebenslauf mit Foto, Arbeits-/Praktikumszeugnisse bzw. Bescheinigungen (Kopien), Schulzeugnisse (in der Regel die letzten beiden Halbjahre) und zum Schluss, wenn vorhanden, weitere Kopien, z. B. Bestätigungen über Kursteilnahmen, Seminare etc.
- Achten Sie sorgfältig auf die Rechtschreibung, Grammatik und Zeichensetzung. Bitten Sie Freunde, Eltern oder Ihre Lehrer, Korrektur zu lesen.

Stellensuche und Bewerbung über das Internet

Das Internet bietet einen gewaltigen Vorteil: Es ist unermesslich groß. Gleichzeitig hat es einen Nachteil: Es ist unermesslich groß. Und das bedeutet für Sie, dass Sie zunächst Orientierung brauchen, um dieses Medium für Ihre Ausbildungsplatzsuche gezielt einsetzen zu können. Die Online-Stellensuche erspart Ihnen Zeit und viel Arbeit, keine Frage. Aber das Angebot von Stellenmärkten ist in den letzten Jahren so sehr gewachsen, dass es nicht einfach ist, herauszufinden, welche Seiten Ihnen wirklich nützen. Die Kunst besteht also fast eher darin, auszusortieren, als darin, immer mehr zu finden.

Für die Recherche nach Ausbildungs-, Studien- oder Arbeitsplätzen im Öffentlichen Dienst bieten sich beispielsweise die Stellenbörsen auf www.bund.de und www.interamt.de an. Auch auf den Seiten der Bundesagentur für Arbeit sind Stellen des Öffentlichen Dienstes zu finden. Wer schon konkretere Vorstellungen hat, kann sich natürlich auch auf den Internetseiten der jeweiligen

Behörden oder Städte direkt informieren – meist gibt es hier eine Rubrik „Karriere", „Stellenangebote" o. Ä.

Eine Besonderheit bei einer Bewerbung über das Internet ist die Möglichkeit, in vorgefertigte Formulare seine Eingaben zu machen. Diese Art der Bewerbung heißt „Online-Bewerbung". Ein anderer Weg ist die „E-Mail-Bewerbung", die im Wesentlichen genauso funktioniert, wie die normale schriftliche Bewerbung: Sie stellen Ihre Unterlagen am PC zusammen und schicken sie per E-Mail ab. Oft werden beide Ausdrücke in einen Topf geworfen oder man spricht allgemein nur von „Online-Bewerbung".

Die Online-Bewerbung
Viele Bewerbungen per E-Mail sind eher halbherzig verfasst, nehmen den Personalern aber trotzdem Zeit weg. Und für genau dieses Problem haben sich die Arbeitgeber, vor allem die großen, bei denen eine große Zahl an Bewerbungen im Jahr eingehen, eine Lösung gesucht. Sie heißt „Online-Bewerbung" und wird von vielen Organisationen wie ein Filter zwischen Bewerberin/Bewerber und Personalabteilung eingesetzt. Ganz so einfach sollen Bewerberinnen und Bewerber es dann nämlich doch nicht haben. Die Online-Formulare fordern dazu auf, klar zu sagen bzw. zu schreiben, wer Sie sind, was Sie motiviert und warum Sie genau diesen Ausbildungsplatz bei dieser Organisation möchten.

Und das geht nicht im Schnelldurchgang. Wir haben uns verschiedene Bewerbungsformulare angesehen und sie getestet. Unser Fazit: Wer sich Zeit nimmt und gut vorbereitet ist, müsste das ohne Probleme schaffen. Schwierig wird's, wenn man versucht, die Sache mal eben nebenbei auszufüllen, während man parallel auf anderen Seiten surft.

Andererseits gibt es berechtigte Zweifel an diesem System der automatisierten Bewerbungsbearbeitung. Denn Ihre Daten werden zunächst nicht mehr von einem Menschen gesichtet, sondern von einem digitalen System nach bestimmten Stichworten registriert und gefiltert. Und dass bei Computern auch mal was schiefgehen kann, wissen Sie aus eigener Erfahrung sicher gut.

Das klingt nicht ermutigend und Sie denken vielleicht: Dann schreib ich doch lieber gleich eine E-Mail-Bewerbung! Leider wird es sehr schwierig sein, wenn Sie auf diese Weise versuchen, das Online-Bewerbungssystem zu umgehen. Denn Organisationen, die ein solches eingerichtet haben, wollen damit ja gerade verhindern, dass sie Einzelbewerbungen bekommen, die erst per Hand erfasst und in den Bewerberpool „eingepflegt" werden müssen.

Ein weiterer Kritikpunkt ist die Formulierung der Fragen. Nicht alle hören sich so eindeutig und klar an, dass man sie einfach und schnell beantworten könnte. Bei den Fragen, die per Scroll-Leiste (öffnet sich per Mausklick und ermöglicht Auswahl fertiger Textbausteine) beantwortet werden, entsteht dieses Problem nicht so schnell. In jedem Formular finden sich aber auch einige Felder, in denen frei getextet werden soll, und an dieser Stelle können leicht Missverständnisse auftreten.

Wenn Sie wissen, wo Sie sich online bewerben wollen, dann sollten Sie folgendes in digitaler Form bereithalten:
- ein Anschreiben,
- Ihren Lebenslauf,
- alle Zeugnisse und andere interessante Bescheinigungen,
- ein Foto,
- Stichpunkte, warum Sie sich bei diesem Arbeitgeber bewerben,
- Stichpunkte, warum Sie diese Ausbildung machen wollen.

Wie Sie merken, ist das nicht weniger als bei einer normalen schriftlichen Bewerbung. Und was Sie unbedingt noch haben sollten, ist mindestens ein, zwei Stunden Zeit, um das Online-Formular sorgfältig auszufüllen.

Die E-Mail-Bewerbung

Das Wichtigste zuerst: Alles, was Sie bis hierher über das Thema „schriftliche Bewerbung" gelernt haben oder bereits vorher wussten, können Sie auch bei Ihrer E-Mail-Bewerbung einsetzen. Inhaltlich gesehen gelten hier nicht völlig andere oder gar neue Regeln. Natürlich ist Ihre Arbeitsweise etwas anders, weil Sie alle Dokumente digital erfassen und eventuell bearbeiten, aber bis auf das Anschreiben, für das es jetzt mehrere Platzierungsmöglichkeiten gibt, können Sie Ihre Bewerbung auf Papier „eins zu eins" in die elektronische Form übersetzen. Anschreiben, Lebenslauf, Foto, Zeugnisse sind auch bei der E-Mail-Bewerbung die Hauptbestandteile.

Das Anschreiben wird entweder in die Mail selbst geschrieben oder wie alle anderen Dokumente in den Anhang gelegt. Dann ist die Mailmaske nur mit ein paar wenigen Sätzen zu füllen wie: „Hier schicke ich Ihnen meine Bewerbung für ...", „in den Dateianhängen finden Sie ...", „Mit besten Grüßen ..."

Die Gestaltungsmöglichkeiten einer E-Mail-Bewerbung sind ähnlich vielfältig wie ein Papierausdruck. So können Sie sehr viel mehr Persönlichkeit zum Ausdruck bringen als in einem festgelegten Online-Bewerbungsformular. Trotzdem sollten Sie darauf achten, nicht über das Ziel hinauszuschießen. Manch einer entwirft eine ganze PowerPoint-Präsentation, um sich als Bewerber und PC-Profi zu empfehlen. Das kann gut ankommen, muss aber nicht, und ist auch nicht erforderlich. Jede Form der animierten Anwendung ist zwar ein Hingucker, den meisten Personalern geht es aber nicht um den Unterhaltungswert Ihrer Bewerbung, sondern um die Inhalte.

www. Auf unserer Internetseite (www.testtraining-forum.de) präsentieren wir Ihnen zwei Beispiele für eine E-Mail-Bewerbung. Gleich danach lesen Sie alle Informationen, die Sie brauchen, um Ihre eigenen Unterlagen in den richtigen Text und die richtige Form zu bringen.

Checklisten zur E-Mail- und Online-Bewerbung

Die Online-Bewerbung

- Haben Sie genug Zeit und ein ruhiges Plätzchen für Ihre Online-Bewerbung eingeplant? Achten Sie darauf, dass Sie nicht irgendwo zwischen Tür und Angel sitzen und von lauten Musikvideos oder anderen Dingen abgelenkt werden!
- Haben Sie Ihren Lebenslauf, Zeugnisse, eventuell ein Anschreiben als digitales Dokument vorliegen, damit Sie sie gegebenenfalls an Ihre Online-Bewerbung anhängen können?
- Haben Sie sich eine kleine Stichwortliste zu den Fragen gemacht, warum Sie ausgerechnet diese Ausbildung in genau dieser Organisation anstreben?

Die E-Mail-Bewerbung

- Steht in der Stellenanzeige, ob eine E-Mail-Bewerbung möglich ist?
- Um sicherzugehen: Haben Sie mit dem Empfänger der Bewerbung telefoniert und gefragt, ob eine E-Mail-Bewerbung erwünscht ist?
- Haben Sie einen direkten Ansprechpartner, an den Sie die Mail richten können?
- Wird auf der Homepage der Organisation die Möglichkeit einer Online-Bewerbung (Formular) angeboten? Dann verzichten Sie bitte auf eine E-Mail-Bewerbung.
- Ist Ihre E-Mail-Bewerbung kurz, klar und übersichtlich gehalten?
- Haben Sie Spezial-Effekte oder andere „Ablenkungsmanöver" vermieden?
- Soll das Anschreiben in die Mail oder wollen Sie alle Dokumente, auch das Anschreiben, als Attachment anhängen?
- Ist Ihr Anliegen, „Bewerbung um einen Ausbildungsplatz", in die Betreffzeile geschrieben?
- Ist Ihr Anschreiben-Text, den Sie direkt in Ihre Mailmaske schreiben wollen, nicht länger als 1 000 Zeichen? Wenn Sie ein Extra-Anschreiben im Anhang beifügen sollte Ihr Text in der Mailmaske deutlich kürzer, also um die 300 Zeichen (oder weniger) liegen.

- Ist der Text klar gegliedert, also durch sinnvolle Abschnitte sehr gut zu lesen?
- Ist Ihre Sprache genauso angemessen-offiziell wie in Ihren Bewerbungsschreiben, die Sie per Post verschicken?
- Haben Sie die Dokumente im Anhang so bearbeitet, dass Sie vom Empfänger auf jeden Fall gelesen werden können? Verwenden Sie möglichst nur PDF-Dokumente als Anlagen.
- Haben Sie ein Foto ausgewählt und so bearbeitet, dass es nur eine Größe von wenigen MB hat und trotzdem klar und scharf auf dem Bildschirm zu sehen ist?
- Versenden Sie Ihre Bewerbung von einer E-Mail-Adresse mit seriösem Namen (nicht feiergeier@partybombe.de, sondern z. B. tobias.mueller@gmx.de)?

Per E-Mail, Online-Formular oder per Post – die richtige Versandart wählen

Bei der Versandart gibt es, je nachdem, wo Sie sich bewerben, bedeutende Unterschiede. Manche Behörden akzeptieren gar keine Bewerbungsunterlagen in digitaler Form. Hier kann man sich ausschließlich auf dem Postweg bewerben. Manchmal stehen auf den Internetseiten der Behörden oder in der Stellenzeige Angaben, welche Art von Bewerbungsmappe bevorzugt wird und ob man die Unterlagen zurückgeschickt bekommt, wenn man einen frankierten Rückumschlag beilegt.

Bei anderen Institutionen kann man die Bewerbungsunterlagen als PDF-Datei an eine angegebene E-Mail-Adresse schicken. Wieder andere bieten ein Online-Bewerbungsformular – auch bei diesen Formularen gibt es unterschiedliche Varianten: Manchmal füllt man nur wenige Felder aus und ist dann aufgefordert, Lebenslauf, Anschreiben, Zeugnisse etc. als Dateien hochzuladen. Das heißt, Sie müssen Ihre Dokumente zuvor selbst erstellen und gestalten, um sie dann hochzuladen. Bei anderen Online-Formularen füllen Sie auch Ihre Lebenslaufdaten und Inhalte, die sonst im Anschreiben oder in einem Motivationsschreiben stehen würden, in vorgegebene Felder.

Neben der digitalen Bewerbungsform wird oft auch alternativ die schriftliche Bewerbung in Papierform (per Post versendet oder eingeworfen) akzeptiert. Beachten Sie unbedingt, was in der Stellenanzeige zur gewünschten Bewerbungsform steht. Falls hier keine Angaben gemacht werden, recherchieren Sie auf der Website der Behörde oder erkundigen Sie sich telefonisch oder per E-Mail.

Auswahl- und Eignungstestverfahren

Der folgende Teil beschäftigt sich mit gängigen Auswahl- und Eignungstestverfahren, wie man sie im Öffentlichen Dienst einsetzt, um Auszubildende und neue Mitarbeiter/-innen auszusuchen. Er wird Ihnen die Gelegenheit bieten, sich intensiv mit den Anforderungen auseinanderzusetzen und die hinter den Tests liegenden Prinzipien zu erkennen, zu verstehen und erfolgreich anzuwenden.

www. **In unserem Forum, www.testtraining-forum.de, finden Sie zu zahlreichen Aufgaben aus diesem Kapitel hilfreiche Lösungserklärungen.**

Testvorbereitung

An dieser Stelle wollen wir Ihnen zuerst einmal ein paar generelle Tipps geben, die Ihnen helfen werden, mit Eignungs- und Einstellungstestverfahren besser umzugehen:

1. Machen Sie sich rechtzeitig mit den Testaufgaben vertraut. In diesem Buch finden Sie nahezu alle Aufgabentypen, die Sie unter Umständen bearbeiten müssen. Alle hier vorgestellten Tests beginnen mit einer je nach Schwierigkeitsgrad kurzen oder längeren Einleitung und Beschreibung des Testverfahrens. Verdeutlichen Sie sich grundsätzlich vor dem Teststart die Aufgabenstellung. Starten Sie niemals in den Test mit der Hoffnung, Sie würden das Prinzip im Laufe der Bearbeitung verstehen.
2. Lassen Sie sich möglichst nicht aus der Ruhe bringen. Arbeiten Sie zügig, aber immer mit dem nötigen Maß an Sorgfalt. Die meisten Aufgaben sind so konzipiert, dass Sie sie selten alle in der knappen Bearbeitungszeit vollständig lösen werden.

3. Üben Sie die hier vorgestellten Aufgaben – viele weitere Übungsaufgaben finden Sie in den Prüfungsbögen für den nichttechnischen oder technischen Dienst, die passend zu diesem Buch erhältlich sind. Und fangen Sie rechtzei-

tig damit an. Gerne neigt man dazu, unangenehme Tätigkeiten aufzuschieben. Nur indem Sie intensiv üben, können Sie Ihre Chancen deutlich erhöhen. Fangen Sie zu kurz vor einem Test mit der Vorbereitung an, fehlt meist die Zeit, sich gründlich mit den Aufgaben zu befassen. Das menschliche Gehirn lernt in der Regel recht langsam und hat die gewünschten „Daten" nicht wie ein Computer nach einmaliger Eingabe sofort verfügbar. Aus der Schule sollten Sie wissen, wie und wann Sie am effektivsten lernen.

4. Üben Sie, wann immer es geht, mit einem Helfer. Dieser soll die Aufgabenbearbeitung überwachen, die Zeit nehmen und die Tests korrigieren. Beim Kontrollieren der Ergebnisse kann er Ihnen vielleicht noch wertvolle Hinweise geben, wenn Sie selbst nicht auf die richtige Lösung kommen.
5. Nutzen Sie Übungsangebote: Senden Sie auch Bewerbungen los, um Testerfahrung zu sammeln. Fangen Sie also nicht gleich mit einer Bewerbung bei Ihrem Traumarbeitsplatzanbieter an. Es wäre schade, wenn Sie dort durchfallen, nur weil Ihnen eine gewisse Testerfahrung fehlt.
6. Versuchen Sie auch, mündliche Prüfungssituationen vorzubereiten. Bitten Sie einen Helfer, sich in die Rolle des Auswählers zu versetzen und mit Ihnen ein Bewerbungsgespräch durchzuführen. So eine Übung macht Spaß und trainiert zugleich. Denn: Auch in einem mündlichen Gespräch sollten Sie z. B. mit Provokationen gelassen umgehen und selbstsicher auftreten können.

Sollte es trotz aller Vorbereitung nicht gleich klappen, geben Sie nicht auf. Einstellungstests haben eine nur begrenzte Aussagekraft, ein Testergebnis erlaubt nicht einfach so Rückschlüsse auf Ihre Person – also lassen Sie sich von einem negativen Ergebnis nicht entmutigen. Glauben Sie an sich, und verfolgen Sie hartnäckig Ihre Ziele. Manchmal muss man, um diese zu erreichen, durchhalten und kämpfen.

Basis- und Allgemeinwissen

Die folgenden Aufgaben aus dem Bereich des Allgemeinwissens stellen die absolute Basis dar, die Sie in einem Auswahl- und Eignungsverfahren beherrschen sollten. Bitte üben Sie diese daher besonders sorgsam. Auf zeitliche Begrenzungen zur Beantwortung haben wir an dieser Stelle bewusst verzichtet, Sie sollten aber insgesamt deutlich unter 60 Minuten benötigen. Für ein weiteres Üben empfehlen wir Ihnen unsere Prüfungsbögen zu diesem Buch, erhältlich für den technischen und den nichttechnischen Dienst.

Noch ein Hinweis: Decken Sie die Lösungen am Ende des Bereiches ab, bevor Sie mit der Bearbeitung der Seite starten, um „Schummeln" zu vermeiden.

Staat / Politik

1. Von wem wird der Bundespräsident der Bundesrepublik Deutschland gewählt?
   a   vom Bundestag
   b   vom Bundesrat
   c   von der Bundesversammlung
   d   direkt vom Volk

2. Die Staatsform der Bundesrepublik Deutschland nennt man ...
   a   bundesstaatliche Präsidialdemokratie
   b   Volksdemokratie
   c   föderale Präsidialrepublik
   d   demokratisch-parlamentarischer Bundesstaat

3. Wie lange dauert im Normalfall eine Wahlperiode im Deutschen Bundestag?
   a   3 Jahre
   b   4 Jahre
   c   5 Jahre
   d   7 Jahre

4. Wann trat das Grundgesetz der Bundesrepublik Deutschland in Kraft?
   a   Mai 1949
   b   Mai 1945
   c   Mai 1948
   d   Mai 1955

5. Wo befindet sich der Sitz des Bundesverfassungsgerichtes?
   a   Bonn
   b   Karlsruhe
   c   Heidelberg
   d   Berlin

6. Wie viele Bundesländer hat die Bundesrepublik Deutschland?
   a   10
   b   12
   c   16
   d   18

7 Wie bezeichnet man den Zusammenschluss von Abgeordneten einer im Parlament vertretenen Partei?
   a   Koalition
   b   Fraktion
   c   Opposition
   d   Kabinett

8 Was versteht man unter Gewaltenteilung?
   a   Trennung der Funktionen von Gesetzgebung, Rechtsprechung und Verwaltung in einem Staat oder Gemeinwesen
   b   Einteilung einer Armee in verschiedene Waffengattungen
   c   einen Begriff aus dem Eherecht
   d   die Prozedur bei Tarifverhandlungen

9 Wie bezeichnet man das Bündnis mehrerer Parteien zur Regierungsbildung?
   a   Koalition
   b   Fraktion
   c   Lobby
   d   Sektion

10 Was versteht man unter dem sogenannten passiven Wahlrecht?
   a   die Möglichkeit der Briefwahl
   b   die Möglichkeit, selbst gewählt zu werden
   c   die Möglichkeit, im Ausland wählen zu können
   d   die Wahlausübung durch einen Vormund

LÖSUNGEN

1 c	2 d	3 b	4 a	5 b
6 c	7 b	8 a	9 a	10 b

Gesellschaft / Wirtschaft

1. Wie lautet der Name für das Wirtschaftssystem der Bundesrepublik Deutschland?
   a demokratische Volkswirtschaft
   b verbrauchsorientierte Staatswirtschaft
   c kontrollierter Wirtschaftsliberalismus
   d soziale Marktwirtschaft

2. Was versteht man unter dem Bruttoinlandsprodukt?
   a Ausdruck aus der Wirtschaftspsychologie
   b Messgröße für das Steueraufkommen
   c Etat des Ministeriums für Arbeit
   d Messgröße für die erbrachte wirtschaftliche Gesamtleistung innerhalb eines Landes

3. Wofür steht die Bezeichnung „IWF"?
   a Interessenverband für weltweiten Freihandel
   b Industrial Wealth Foundation
   c Internationaler Währungsfonds
   d Internationale Wirtschaftsföderation

4. Was versteht man unter Dividende?
   a ein Störmanöver am Aktienmarkt
   b den jährlich anfallenden Anteil vom Reingewinn einer Aktie
   c die Zinsen, die bei einem Sparkonto anfallen
   d den Höchststeuersatz in Deutschland

5. Was sind Subventionen?
   a Schutzzölle
   b indirekte Steuern
   c staatliche Zuschüsse
   d Unternehmenssteuern

6. Was versteht man unter „Mobbing"?
   a übertriebenen Sauberkeitswahn am Arbeitsplatz
   b stark karriereorientiertes Handeln
   c ruinösen Verdrängungswettbewerb
   d Psychoterror gegenüber Mitarbeitern und Arbeitskollegen

7 Was versteht man unter Investition?
   a   den staatlichen Eingriff in Wirtschaftsvorgänge
   b   einen zinsgünstigen Kredit
   c   starke Geldentwertung
   d   Überführung von Finanzkapital in Sachkapital

8 Wie heißt ein bereits unterschriebener, aber noch nicht ausgefüllter Scheck?
   a   Euroscheck
   b   Blankoscheck
   c   Verrechnungsscheck
   d   ungedeckter Scheck

9 Was sind die Pflichten eines Betriebsrates?
   a   den Betrieb nach außen zu repräsentieren
   b   die Geschäftsleitung vor Wirtschaftsentscheidungen zu beraten
   c   die Anliegen der Belegschaft zu vertreten
   d   die Firmenleitung vor dem Arbeitsgericht zu unterstützen

10 Die gleichberechtigte wirtschaftliche und rechtliche Verschmelzung von Unternehmen nennt man …
   a   Fusion
   b   Konklusion
   c   Union
   d   Konzentration

→ **LÖSUNGEN**

1 d	2 d	3 c	4 b	5 c
6 d	7 d	8 b	9 c	10 a

Geschichte

1 Wann erfolgte die Proklamation der Menschen- und Bürgerrechte in Frankreich?
   a   1776
   b   1789
   c   1815
   d   1871

2   Von wann bis wann existierte die DDR?
    a   1945–1989
    b   1950–1990
    c   1948–1989
    d   1949–1990

3   Wer war der erste Bundeskanzler der Bundesrepublik Deutschland?
    a   Theodor Heuss
    b   Gustav Stresemann
    c   Otto Grotewohl
    d   Konrad Adenauer

4   Was war der „Gang nach Canossa"?
    a   der Protestmarsch Ciceros mit weiteren Senatoren in Norditalien, um auf die Justizwillkür im römischen Reich aufmerksam zu machen
    b   die Wanderung Johannes des Täufers durch die Wüste Sinai
    c   die Alpenüberquerung von Hannibal 217 v. Chr. nach Cannae
    d   der Bußgang Heinrich IV., bei dem er durch persönliche Erniedrigung 1077 die Lossprechung vom päpstlichen Bann erreichte

5   Wann endete in Europa der Zweite Weltkrieg?
    a   Dezember 1945
    b   August 1945
    c   Mai 1945
    d   Januar 1946

6   Wann fand der Erste Weltkrieg statt?
    a   1911–1917
    b   1905–1909
    c   1913–1919
    d   1914–1918

7   Wann erfolgte die Unabhängigkeitserklärung der USA?
    a   1815
    b   1798
    c   1785
    d   1776

8 Welche deutschen Politiker wurden 1919 nach dem Spartakusaufstand ermordet?
  a Käthe Niederkirchner und Friedrich Meineke
  b Ernst Bebel und Clara Zetkin
  c Franz Mehring und Ernst Thälmann
  d Rosa Luxemburg und Karl Liebknecht

9 Wie lautete der offizielle Name des Ersten Deutschen Reiches?
  a Imperium Germanicum
  b Deutsches Kaiserreich
  c Heiliges Römisches Reich Deutscher Nation
  d Großdeutsches Reich

10 Welcher Präsident der USA musste 1974 wegen der Watergate-Affäre zurücktreten?
  a Gerald Ford
  b Lyndon B. Johnson
  c Richard Nixon
  d Jimmy Carter

LÖSUNGEN

1 b	2 d	3 d	4 d	5 c
6 d	7 d	8 d	9 c	10 c

Geografie / Geologie

1 Welcher Kontinent hat die meisten Bewohner?
  a Afrika
  b Europa
  c Asien
  d Amerika

2 Welcher Gebirgszug trennt Asien von Europa?
  a der Ural
  b die Karpaten
  c der Kaukasus
  d das Pamir-Gebirge

3 Wie heißt die Hauptstadt der Schweiz?
  a Schwyz
  b Bern
  c Zürich
  d Genf

4 Wie heißt die Hauptstadt Australiens?
  a Canberra
  b Melbourne
  c Adelaide
  d Sydney

5 Welcher ist der längste Fluss der Erde?
  a der Nil
  b der Amazonas
  c der Mississippi
  d der Jangtsekiang

6 Welches Tier hat sein natürliches Verbreitungsgebiet nicht in der Arktis?
  a der Eisbär
  b der Moschusochse
  c der Pinguin
  d der Polarfuchs

7 Wie heißt die zwischen 1903 und 1914 erbaute Wasserstraße, die den Atlantischen und den Pazifischen Ozean miteinander verbindet?
  a Suezkanal
  b Transamerikakanal
  c Canal du Midi
  d Panamakanal

8 Bei welcher Stadt fließt die Elbe in die Nordsee?
  a Hamburg
  b Cuxhaven
  c Heiligenhafen
  d Bremerhaven

9 Wie heißt das Meer, in welches die Donau mündet?
   a   Nordsee
   b   Mittelmeer
   c   Schwarzes Meer
   d   Baltische See

10 Welche ist die größte Insel der Erde?
   a   Kalimantan (Borneo)
   b   Madagaskar
   c   Grönland
   d   Neuguinea

LÖSUNGEN

1 c	2 a	3 b	4 a	5 a
6 c	7 d	8 b	9 c	10 c

Biologie / Zoologie

1 Was ist ein Ökosystem?
   a   der Name für Einrichtungen, in denen seltene Dinge der Tier- und Pflanzenwelt gemeinsam betrachtet werden können
   b   in der Pharmaindustrie das Labor, in dem die Inhaltsstoffe von Heilpflanzen unter sterilsten Bedingungen analysiert werden
   c   die amtliche Bezeichnung für Gebiete, in denen die Natur allerhöchsten Schutzbestimmungen unterliegt
   d   eine Einheit, die aufgrund der Wechselwirkung von belebter und unbelebter Natur existiert und somit ein konstantes System bildet

2 Was bewirkt der Vorgang der Photosynthese?
   a   die Anpassung des Auges an Veränderungen der Lichtstärke
   b   das Abspeichern von visuellen Eindrücken im Unterbewusstsein
   c   die Umwandlung von physischer Energie (Licht) in chemische Energie (Materie) im Blattgrün der Pflanzen
   d   die Anpassung von Tieren an die Umgebung durch farbliche Veränderungen ihrer Haut

3 Eine maßgebliche Veränderung der Form oder der Erbanlagen eines Organismus bezeichnet man als ...
   a Variation
   b Selektion
   c Modifikation
   d Mutation

4 Welche Tiere haben Facettenaugen?
   a Schlangen
   b Insekten
   c Fledermäuse
   d Fische

5 Was ist ein Virus?
   a genetisches Material, das von einer Proteinhülle umgeben ist, keinen eigenen Stoffwechsel besitzt und daher nicht eindeutig als Lebewesen definiert werden kann
   b kleines bekanntes Lebewesen, das als Schmarotzer seinem Wirt (Mensch, Tier) erheblichen Schaden zufügen kann
   c einzelliger Mikroorganismus, der sich durch Teilung vermehrt und sowohl in belebter als auch unbelebter Umgebung vorkommt
   d mikroskopisch kleiner Krankheitserreger, der sich hauptsächlich im menschlichen Darm ansiedelt

LÖSUNGEN

| 1 d | 2 c | 3 d | 4 b | 5 a |

T Mensch / Gesundheit / Medizin

1 Was sind Enzyme?
   a hormonähnliche Verbindungen, die in der Nebenniere gebildet werden und das Auslösen der Geburtswehen verursachen
   b die medizinische Bezeichnung der Milchzähne
   c in lebenden Zellen gebildete Proteine, die biochemische Reaktionen beschleunigen, ohne dabei in das Endprodukt einzugehen
   d chemische Verbindungen, die in der Hirnrinde gebildet werden und das Speichern von Informationen im Gehirn ermöglichen

2 Wie viel Liter Blut hat normalerweise ein erwachsener Mensch?
    a   8–9 l
    b   5–6 l
    c   3–4 l
    d   9–10 l

3 Wie viele Chromosomen besitzt die menschliche Zelle?
    a   32
    b   58
    c   46
    d   38

4 Wie viele Zähne hat normalerweise das menschliche Gebiss?
    a   28
    b   32
    c   40
    d   38

5 Was versteht man unter der Blutgruppe des Menschen?
    a   die Unterscheidung des Blutes im Blutkreislauf zwischen dem vom Herzen kommenden und dem zum Herzen rückfließenden Blut
    b   die genetisch bedingten Charakteristika des Blutes, die auf bestimmten, individuellen Oberflächeneigenschaften, besonders bei den roten Blutkörpern, beruhen
    c   die Einteilung des Blutes in seine Hauptbestandteile
    d   die wissenschaftlich stark umstrittene Methode, Menschenrassen nach deren Blutzusammensetzung zu benennen

▶ LÖSUNGEN

1 c	2 b	3 c	4 b	5 b

Technik / Physik   T

1 Mit welcher Geschwindigkeit breitet sich der Schall im Vakuum aus?
    a   ca. 300 m/sek
    b   ca. 1 200 m/sek
    c   ca. 150 m/sek
    d   gar nicht

2 Welches der folgenden Instrumente dient zum Messen des Luftdrucks?
   a   das Barometer
   b   das Thermometer
   c   das Hygrometer
   d   das Spektroskop

3 Welcher der folgenden Stoffe leitet Wärme am besten?
   a   Luft
   b   Holz
   c   Glas
   d   Metall

4 Welche Frequenz hat Hausstrom in Mitteleuropa?
   a   220 Hertz
   b   110 Hertz
   c   50 Hertz
   d   85 Hertz

5 Bei welcher Temperatur liegt der absolute Nullpunkt?
   a   bei minus 273,15 °C
   b   bei 0 °C
   c   bei 0 °F (Fahrenheit)
   d   bei minus 301,20 °C

→ LÖSUNGEN

1 d	2 a	3 d	4 c	5 a

Mathematik

1 Was besagt der Satz des Pythagoras?
   a   Das Produkt aus der Multiplikation zweier negativer Zahlen ist stets positiv.
   b   Eine Zahl ist niemals durch Null teilbar.
   c   Die Oberfläche eines Würfels ist gleich dem sechsfachen Quadrat seiner Kantenlänge.
   d   In einem rechtwinkligen Dreieck ist die Summe der Flächeninhalte der Quadrate über den Katheten gleich dem Flächeninhalt des Quadrats über der Hypotenuse ($a^2 + b^2 = c^2$).

2 Was ist eine Primzahl?
 a jede Zahl, die durch 10 teilbar ist
 b eine natürliche Zahl mit genau zwei positiven Teilern
 c eine positive ganze Zahl
 d die Zahl, die sich ergibt, wenn 1 durch sie geteilt wird

3 Wie lautet die Formel zur Berechnung der Fläche (A) eines Kreises?
 a $A = \pi r^2$
 b $A = 2\pi r$
 c $A = \pi^2 r$
 d $A = \pi^2 2r$

LÖSUNGEN

| 1 d | 2 b | 3 a |

Chemie

T

1 Auf welchem Grundstoff basiert die gesamte organische Chemie?
 a auf Sauerstoff
 b auf Wasserstoff
 c auf Kohlenstoff
 d auf Stickstoff

2 Wozu wird eine Pipette benutzt?
 a als Rührstab
 b als Saugheber
 c als Zerstäuber
 d als Voltmesser

3 Was ist Quecksilber (Hg)?
 a eine Legierung aus Silber und Eisen
 b eine giftige, silberfarbige Lauge
 c ein Element und Metall
 d eine silberglänzende ätzende Säure

LÖSUNGEN

| 1 c | 2 b | 3 c |

Kunst / Architektur

1   Von welchem Künstler wurde die Mona Lisa gemalt?
    a   Andrea del Verrocchio
    b   Leonardo da Vinci
    c   Michelangelo Buonarroti
    d   Hans Baldung

2   Welches der folgenden Bauwerke wird nicht zu den sieben Weltwundern gezählt?
    a   die ägyptischen Pyramiden
    b   die hängenden Gärten der Semiramis
    c   die Zeusstatue in Olympia
    d   das Taj Mahal

3   Er gilt als Wegbereiter der Architektur der Renaissance, sein wohl bekanntestes Bauwerk ist der Dom San Lorenzo in Florenz. Von wem ist die Rede?
    a   Filippo Brunelleschi
    b   Balthasar Neumann
    c   Rosario Gagliardi
    d   Filippo Juvara

LÖSUNGEN

| 1 b | 2 d | 3 a |

 Musik

1   Wie viele Noten umfasst eine Oktave?
    a   8
    b   10
    c   12
    d   6

2   Wer war der 1980 in New York ermordete Mitbegründer der Beatles?
    a   Jimi Hendrix
    b   Brian Jones
    c   John Lennon
    d   Jim Morrison

3 Wer war der berühmte italienische Geigenbauer, dessen Name für die begehrtesten und wohl auch teuersten Geigen steht?
   a   Ruggiero Rizzitelli
   b   Antonio Vivaldi
   c   Tirso del Gibson
   d   Antonio Stradivari

LÖSUNGEN

| 1 a | 2 c | 3 d |

Literatur / Theater

1 Wie hieß das erste Drama von Friedrich von Schiller (1759 –1805)?
   a   Kabale und Liebe
   b   Die Räuber
   c   Romeo und Julia
   d   Demetrius

2 „Die Buddenbrooks", die Familiengeschichte einer Lübecker Kaufmannsfamilie, schrieb 1901 …
   a   Stefan Zweig
   b   Hermann Hesse
   c   Thomas Mann
   d   Christian Morgenstern

3 Wer war der Autor des „Faust", eines Dramas über den deutschen Arzt und Alchemisten Georg („Johannes") Faust, in dessen Mittelpunkt der Pakt mit dem Teufel steht?
   a   Eduard Mörike
   b   Friedrich von Schiller
   c   Gotthold Ephraim Lessing
   d   Johann Wolfgang von Goethe

LÖSUNGEN

| 1 b | 2 c | 3 d |

N Religion

1. Wie lautet der Titel des höchsten Würdenträgers des tibetischen Buddhismus?
   a   Nehru
   b   Avalokiteshvara
   c   Dalai Lama
   d   Bodhisattva

2. Welche Aussage trifft nicht auf alle drei Religionen Judentum, Islam und Christentum zu?
   a   Sie sind Schriftreligionen.
   b   Abraham spielt eine nicht unbedeutende Rolle.
   c   Sie sind monotheistische Religionen.
   d   Sie besitzen ein gemeinsames Gesetzeswerk zur Religionsausübung.

3. Was ist die Scharia?
   a   die Kleidung eines Imams
   b   das heilige Gesetz des Islams
   c   die Kopfbedeckung moslemischer Frauen
   d   islamisches Fest am Ende des Ramadans

LÖSUNGEN

| 1 c | 2 d | 3 b |

N Philosophie / Ethik

1. Friedrich Dürrenmatt (1921–1990) stellte die Frage nach der Eigenverantwortung und Ethik der Wissenschaftler. Sein Werk, das sich kritisch mit der atomaren Aufrüstung auseinandersetzt, heißt ...
   a   Die Physiker
   b   Der Besuch der alten Dame
   c   Ein Engel
   d   Ende einer Dienstfahrt

2. Der Satz „Wissen ist Macht" wurde geprägt durch den Philosophen ...
   a   Karl Marx
   b   Francis Bacon

        c   Platon
        d   Albert Camus

3   Konfuzius war ein …
        a   indischer Philosoph
        b   japanischer Philosoph
        c   koreanischer Philosoph
        d   chinesischer Philosoph

LÖSUNGEN

1 a	2 b	3 d

Psychologie / Pädagogik / Soziologie

1   Was versteht man unter dem Begriff „soziale Kompetenz"?
        a   die Neigung, anderen Menschen zu helfen („Helfersyndrom")
        b   die Weisungsbefugnis innerhalb einer Gruppe
        c   eine Form der seelischen Resozialisierung Straffälliger
        d   die Fähigkeit, auf einem hohen („reifen") psychischen Niveau mit anderen Menschen umgehen zu können

2   Was versteht man unter „Bulimie"?
        a   die Pubertätsmagersucht
        b   Adipositas
        c   ein neurologisch begründetes Anfallsleiden mit psychischen Symptomen
        d   eine seelisch begründete Form der Essstörung mit Heißhungeranfällen und (meist) anschließend künstlich hervorgerufenem Erbrechen

3   Was beschreibt man mit dem Begriff „Hierarchie"?
        a   die Abstammungslinie in einem Königshaus
        b   autoritäre Herrschaftsausübung
        c   die Rangordnung innerhalb einer Gruppe oder Organisation
        d   fehlendes Verantwortungsbewusstsein

LÖSUNGEN

1 d	2 d	3 c

Sport / Spiel

1. Was bedeutet beim Roulette-Spiel der Satz „Rien ne va plus"?
   a   Mit diesen Worten wird Personen der Einlass in eine Spielbank verwehrt, wenn diese auf einer „schwarzen Liste" stehen (z. B. wegen Wettschulden).
   b   Nach diesem Ausspruch des Spieltischleiters ist kein Wetteinsatz mehr möglich.
   c   Der Spielbetrieb wird eingestellt wegen Zahlungsunfähigkeit („Sprengung") der Spielbank.
   d   Einem Spieler werden keine Coupons mehr eingetauscht, da er seinen Kreditrahmen bereits völlig ausgeschöpft hat.

2. Bei welcher Sportart ist körperloses Spiel höchstes Gebot?
   a   beim Hallenhandball
   b   beim Fußball
   c   beim Basketball
   d   beim Rugby

3. Was versteht man unter „Biathlon"?
   a   die Kombination aus Springreiten und Radrennen
   b   einen Extremwettbewerb mit 2 Marathonläufen innerhalb von 12 Stunden
   c   im Golfsport die Bezeichnung des zweirädrigen Begleitkarrens für das Equipment
   d   eine olympische Wintersportart, die aus einer Kombination aus Skilanglauf und Schießen (liegend und stehend) besteht

LÖSUNGEN

| 1 b | 2 c | 3 d |

T **Astronomie**

1. Was ist der Hauptbestandteil der Sonne?
   a   Neon
   b   Wasserstoff
   c   Uranium
   d   Helium

2 Wie viele bekannte Planeten besitzt unser Sonnensystem?
   a 13
   b 8
   c 12
   d 9

3 Welcher ist der größte Planet unseres Sonnensystems?
   a Saturn
   b Neptun
   c Venus
   d Jupiter

LÖSUNGEN

| 1 b | 2 b | 3 d |

Persönlichkeiten

Wer ist / wer war …

1 Nelson Mandela (1918–2013)?
   a amerikanischer Bürgerrechtler, setzte sich ein für die Rassenintegration
   b südafrikanischer Bürgerrechtler und Kämpfer gegen die Apartheid, Präsident von Südafrika, Friedensnobelpreisträger 1993, 1991–1997 Vorsitzender des ANC
   c Revolutionsführer und späterer Staatschef des Kongo (ehem. Zaire)
   d Anführer der Unabhängigkeitsbewegung von Ost-Timor

2 Roald Amundsen (1872–1928)?
   a englischer Schriftsteller, Verfasser von skurril-logischen Kurzgeschichten
   b norwegischer Polarforscher, erreichte als erster Mensch am 14. Dezember 1911 den Südpol, 1928 im Eismeer verschollen
   c schwedischer Ministerpräsident, 1928 erschossen
   d norwegischer Wintersportler, Gewinner von sieben olympischen Goldmedaillen

3 Alfred Nobel (1833–1896)?
  a österreichisch-ungarischer Außenminister 1889–1894
  b Gründer des Naturkundemuseums in Stuttgart
  c schwedischer Chemiker und Stifter des nach ihm benannten Preises
  d schweizerischer Kunstforscher (v. a. in Nordafrika)

4 Marie Curie (1867–1934)?
  a polnisch-französische Chemikerin, Entdeckerin des Radiums, Nobelpreisträgerin für Physik 1903 und Chemie 1911
  b bedeutende französische Malerin des Expressionismus („La femme chinoise")
  c französische Tänzerin im „Moulin Rouge" in Paris
  d berühmte belgische Köchin (u. a. Hotel Ritz, Paris)

5 Leonardo da Vinci (1452–1519)?
  a spanischer Konquistador und Eroberer Mexikos
  b venezianischer Seefahrer im Dienste Portugals
  c portugiesischer Arzt und Alchemist
  d bedeutender italienischer Erfinder, Bildhauer und Maler der Hochrenaissance

LÖSUNGEN

| 1 b | 2 b | 3 c | 4 a | 5 d |

Erfindungen / Entdeckungen

1 Welches Buch druckte Gutenberg zwischen 1452 und 1456 mit dem von ihm neu entwickelten Druckverfahren?
  a die „Göttliche Komödie" von Dante Alighieri
  b den Katechismus
  c die Bibel
  d das Evangelium nach Matthäus

2 Wann entdeckte Kolumbus die Neue Welt?
  a 12. 10. 1492
  b 3. 8. 1495
  c 10. 12. 1500
  d 8. 3. 1535

3 Was bezweckte eine von dem französischen Chemiker Louis Pasteur 1856 entwickelte Prozedur?
   a Gewinnung von ätherischen Ölen
   b großflächige Desinfektion von Krankenhäusern
   c Sterilisation von medizinischen Geräten
   d Haltbarmachung von Lebensmitteln

4 Wer erfand 1876 das Telefon?
   a der Deutsche Nikolaus August Otto
   b der Amerikaner Alexander Graham Bell
   c der Amerikaner Josiah Willard Gibbs
   d der Deutsche Eugen Goldstein

5 Wer erfand die erste brauchbare Glühbirne?
   a Thomas Alva Edison 1879
   b Jean-Joseph-Étienne Lenoir 1860
   c Richard Jordan Gatling 1862
   d Lewis Edson Waterman 1884

LÖSUNGEN

| 1 c | 2 a | 3 d | 4 b | 5 a |

Wichtige Ereignisse

1 Wann war der Bau der Mauer in Berlin?
   a 13. 8. 1961
   b 4. 4. 1963
   c 17. 6. 1953
   d 3. 10. 1962

2 Wann stellte Luther seine 95 Thesen auf?
   a 1599
   b 1320
   c 1210
   d 1517

3 Wann wurde das Attentat auf John F. Kennedy in Dallas verübt?
  a 22. November 1963
  b 11. Oktober 1965
  c 13. September 1961
  d 30. November 1964

4 Wann begann mit dem Überfall Deutschlands auf Polen der Zweite Weltkrieg?
  a 14. März 1939
  b 4. Dezember 1938
  c 10. Mai 1940
  d 1. September 1939

5 Wann erfand Rudolf Diesel den Dieselmotor?
  a 1897
  b 1876
  c 1845
  d 1922

→ **LÖSUNGEN**

| 1 a | 2 d | 3 a | 4 d | 5 a |

Internet / Computer / Medien

1 Wie wird die gesamte Adresse einer Internetseite genannt?
  a URL
  b Link
  c Wildcard
  d TCP

2 Wozu dient ein Browser?
  a Man kann mit ihm Videofilme selbst herstellen.
  b Mithilfe eines Browsers kann man das Internet durchsuchen und an Informationen gelangen.
  c Er dient hauptsächlich zur Abwehr von DoS-Angriffen von Hackern.
  d Man kann mit ihm die Festplatte eines Computers auf Viren hin untersuchen.

3 Was ist die GEMA?
  a   die Gemeinschaft engagierter Medienakteure
  b   die Gesellschaft für musikalische Aufführungs- und mechanische Vervielfältigungsrechte
  c   die Gemeinschaft europäischer Medienangestellter
  d   eine Fachzeitschrift über Geschichte, Erdkunde, Mathematik und Astronomie

4 Aus wie vielen Landesrundfunkanstalten besteht die Arbeitsgemeinschaft der öffentlich-rechtlichen Rundfunkanstalten der Bundesrepublik Deutschland (ARD)?
  a   16
  b   9
  c   10
  d   13

5 Wie heißen die Zeichenkombinationen, die beim Chatten im Internet verwendet werden, um Gemütszustände darzustellen?
  a   Icons
  b   Emoticons
  c   Feelings
  d   Gimmix

LÖSUNGEN

| 1 a | 2 b | 3 b | 4 b | 5 b |

Symbole / Zeichen

1 Dieses Symbol/Bild bedeutet:
  a abschließbarer Koffer
  b Vorsicht Schlüsselverlustgefahr!
  c Gepäckschließfächer
  d Schlüsselkoffer

2 Mit diesem Zeichen will man ...
  a warnen vor tödlicher Gefahr
  b aufmerksam machen auf evtl. Seeräuber
  c auf eine alte Grabstätte hinweisen
  d vor einer tödlich verlaufenden Krankheit warnen

3 Dieses Symbol ...
  a warnt vor Strom
  b warnt vor Radioaktivität
  c warnt vor Chemieabfällen
  d warnt vor starkem Wind

LÖSUNGEN

| 1 c | 2 a | 3 b |

Deutsch

Einer der wichtigsten Tests, die Sie zum Ein- oder Aufstieg im Öffentlichen Dienst erwarten, ist die Überprüfung Ihrer Deutschkenntnisse. Hierzu finden Sie im folgenden Abschnitt einige Beispielaufgaben. Zum vertiefenden Üben empfehlen wir Ihnen die auf dieses Buch abgestimmten Prüfungsbögen für den technischen oder den nichttechnischen Dienst.

Richtige Schreibweise

Teil 1
Ist das Wort richtig geschrieben? Falls nicht, bitte die richtige Schreibweise daneben notieren! Für 8 Aufgaben haben Sie 2 Minuten Zeit.

1 allmehlich _____

2 tödlich _____

3 wohlweißlich _____

4 Kannone _____

5 Rabarber _____

6 Filiale _____

7 Wiederstand _____

8 Methode _____

LÖSUNGEN

1	allmählich		5	Rhabarber
2	oben richtig		6	oben richtig
3	wohlweislich		7	Widerstand
4	Kanone		8	oben richtig

Teil 2

Bitte suchen Sie unter den verschiedenen Vorschlägen denjenigen heraus, der richtig geschrieben ist.

Beispiel
a   Tecknik
b   Tecknick
c   Technick
d   Technik

Lösung d ist korrekt geschrieben und wäre in diesem Fall zu markieren.

Bitte lösen Sie die folgenden Aufgaben. Sie haben hierzu 3 Minuten Zeit.

1   a   Schmärz
    b   Schmerz
    c   Schmehrz
    d   Schmers

2   a   Sputnik
    b   Spuhtnick
    c   Sputtnik
    d   Sputnick

3   a   Xülofon
    b   Xülophon
    c   Xylophohn
    d   Xylofon

4   a   Nordrhein-Westfalen
    b   Nordrhain-Westfalen
    c   Nordrhein-Westfahlen
    d   Nordrhein-Westpfahlen

5   a   Ein rythmisch tanzendes Rinozeros
    b   Ein rithmisch tanzendes Rhino zeros
    c   Ein rhythmisch tanzendes Rhinozeros
    d   Ein rhythmisch tanzendes Rinozeros

6   a   Labyrinth
    b   Labürindt
    c   Labirinth
    d   Labyrind

→ LÖSUNGEN

1 b	2 a	3 d	4 a	5 c	6 a

Textkorrektur

Bitte streichen Sie in den folgenden Sätzen die Rechtschreibfehler an. Sie haben 3 Minuten Zeit.

1 Wir wissen, das seid jahrzehnten viele Hundertmilionen Euro für Überflüssiges aufgewand werden.

2 Es ist also nichts Erstaunliches, wenn wir hören, das dem menschlichen Wollen enge Grenzen gesezt sind.

3 Die acht tausender des Himalaia wurden schon manchem Bergsteiger zum Verhengnis.

4 Dem Chemiker wurde angst und Bange, als er nach einigem überlegen merkte, etwas Neues entdeckt zu haben.

5 Der Automechaniker hatte den Wagen Frühmorgens zum Reparieren abgeholt und am Abend wiederzurückgebracht.

6 Der Flegedienst der Krankenkassen schrieb ein Gutachten.

7 Das Karusell drehte sich immer schneller.

LÖSUNGEN

Hier die richtigen Schreibweisen (die unterstrichenen Stellen waren falsch):

1 Wir wissen, <u>dass</u> <u>seit</u> Jahrzehnten viele <u>hundert Millionen</u> Euro für Überflüssiges <u>aufgewandt</u> werden.

2 Es ist also nichts Erstaunliches, wenn wir hören, <u>dass</u> dem menschlichen Wollen enge Grenzen <u>gesetzt</u> sind.

3 Die <u>Achttausender</u> des <u>Himalaja</u> wurden schon manchem Bergsteiger zum <u>Verhängnis</u>.

4 Dem Chemiker wurde angst und <u>bange</u>, als er nach einigem <u>Überlegen</u> merkte, etwas Neues entdeckt zu haben.

5 Der Automechaniker hatte den Wagen <u>frühmorgens</u> zum Reparieren abgeholt und am Abend <u>wieder zurückgebracht</u>.

6 Der <u>Pflegedienst</u> der Krankenkassen schrieb ein Gutachten.

7 Das <u>Karussell</u> drehte sich immer schneller.

Zeichensetzung

Hier müssen Sie sich entscheiden, ob an der vorgegebenen Stelle ein Komma zu setzen ist oder nicht. Bitte richten Sie sich in Zweifelsfällen nach den Empfehlungen des Duden.

Beispiel
Ich glaube ( ) dass der Sommer dieses Jahr ( ) schön werden wird.
Lösung: Ich glaube (,) dass der Sommer dieses Jahr (0) schön werden wird.

Für die folgenden 5 Aufgaben haben Sie 2 Minuten Zeit.

1   Für eine verbindliche Antwort ( ) wäre ich Ihnen äußerst zu Dank verpflichtet.

2   Er sattelte das Pferd ( ) und ritt nach Hause.

3   Er sang ( ) und sang ( ) immer tiefer ( ) bis es nicht mehr weiter ging.

4   Bei Vertragsabschluss ( ) ist es am sichersten ( ) alle Vereinbarungen schriftlich festzuhalten.

5   Im Zusammenhang mit der steigenden Kriminalität ( ) nehmen die Verdächtigungen ( ) insbesondere was Ausländer anbetrifft ( ) beträchtlich zu.

LÖSUNGEN

1   Für eine verbindliche Antwort (0) wäre ich Ihnen äußerst zu Dank verpflichtet.

2   Er sattelte das Pferd (0) und ritt nach Hause.

3   Er sang (0) und sang (0) immer tiefer (,) bis es nicht mehr weiter ging.

4   Bei Vertragsabschluss (0) ist es am sichersten (,) alle Vereinbarungen schriftlich festzuhalten.

5   Im Zusammenhang mit der steigenden Kriminalität (0) nehmen die Verdächtigungen (,) insbesondere was Ausländer anbetrifft (,) beträchtlich zu.

Orthografie / Grammatik

N

Zur Überprüfung Ihrer Orthografie und Grammatikkenntnisse werden Ihnen verschiedene Sätze präsentiert. Bitte markieren Sie bei jedem Satz, ob er grammatikalisch und nach den aktuellen Rechtschreibregeln korrekt geschrieben ist.

Beispiel
1   Gestern ging es mir schlecht.
2   Mir ist es schlecht ergangen.
3   Gestern war mir schlecht.
4   Mir ist schlecht gegangen.

Nur der vierte Satz ist nicht korrekt.

Bitte markieren Sie bei den folgenden 7 Sätzen **R** für richtig und **F** für fehlerhaft, wenn grammatikalisch oder orthografisch etwas nicht korrekt ist. Sie haben dafür 2 Minuten Zeit.

1   Ich kaufte mir für die Schule mehrere Atlanten.
2   Die Blume hatte bereits eine grünlich gelbe Blüte.
3   Ich kaufte mir für die Schule mehrere Atlasse.
4   Mir war, als wäre Weihnachten.
5   Mir ist, als wahr Weihnachten.
6   Morgen habe ich einen Artzttermin.
7   Hätte ich doch nur ein Wunsch frei.

▶ LÖSUNGEN

1   Richtig. Der Plural von Atlas ist „Atlanten" oder auch „Atlasse".
2   Richtig. Bei einer Ableitung mit „...lich" erfolgt eine getrennte Schreibweise.
3   Richtig. Auch dieser Plural ist erlaubt.
4   Richtig. „Wäre" ist der Konjunktiv von „sein" und wird ohne „h" geschrieben.
5   Fehler. Siehe 4.
6   Fehler. Man schreibt „Arzt".
7   Fehler. Im Akkusativ muss es „einen Wunsch" heißen.

Text- und Sprachverständnis

In diesem Abschnitt geht es um Ihr Text- und Sprachverständnis. Es erwarten Sie verschiedene Aufsätze sowie Textanalysen zu allgemeinen und besonderen Themenstellungen.

Aufsatz

Eine besondere Herausforderung stellt in Eignungs- und Auswahlverfahren die Erstellung von Aufsätzen dar. Hier kommt es neben Rechtschreibung und Grammatik besonders auf die Gliederung und den Inhalt an.

Zur Bearbeitung der folgenden Aufsatzthemen haben Sie je 90 Minuten Zeit. Beachten Sie bei Ihren Ausführungen, dass Sie möglichst umfassend, jedoch prägnant schreiben sollten. Beleuchten Sie möglichst alle Interessen und verlieren Sie nicht die Themenstellung aus den Augen. Lassen Sie beim Üben Ihre Ergebnisse von einer dritten Person kritisch überprüfen. Allgemeine Lösungshinweise sowie einen Vorschlag zur Gliederung finden Sie direkt im Anschluss.

Themenvorschläge für Auszubildende

a   Sollten die Strafen für Geschwindigkeitsübertretungen im Straßenverkehr drastisch erhöht werden, um so die Unfallzahlen zu senken? Diskutieren Sie Pro und Kontra.

b   Welche Möglichkeiten sehen Sie, um mehr Nichtwähler zu den Landtags- und Bundestagswahlen an die Urnen zu bekommen?

Themenvorschläge für Aufsteigerinnen und Aufsteiger im Öffentlichen Dienst

c   Um Steuerhinterziehungen aufzudecken, haben die Bundes- sowie auch einige Landesregierungen in den vergangenen Jahren teilweise illegal beschaffte Daten-CDs aus dem Ausland von anonymen Personen gekauft. Entwickeln Sie eine Position der Bundesregierung sowie eine Strategie, wie künftig mit diesen Problemen umgegangen werden soll. Beziehen Sie dabei auch (aktuelle) Gerichtsurteile und Diskussionen mit ein.

d   Aufgrund der angespannten Haushaltslage ist es notwendig, auch deutliche Kürzungen im Sozialetat vorzunehmen. Entwickeln Sie ein Strategiepapier mit Vorschlägen, an welchen Stellen diese erfolgen könnten. Erläutern Sie dazu jeweils auch die möglichen Auswirkungen und wie Sie mit aufkommenden Kritikpunkten umgehen wollen.

Beispiellösung für ein Aufsatzthema
Im Folgenden wollen wir Ihnen Anhaltspunkte geben, wie Sie exemplarisch das Thema „Zu lange Wartezeiten im Bürger-Service: Erstellen Sie eine Entscheidungsvorlage für die Stadtverwaltung mit Vorschlägen, wie diese auch in Zeiten klammer Kassen reduziert werden können" bearbeiten könnten. Unsere Ideen wollen und können nicht abschließend sein, sollen Ihnen aber Anregungen geben, wie Sie sich mit einem solchen Thema auseinandersetzen könnten.

Versuchen Sie zunächst, das Thema genau einzugrenzen und den Arbeitsauftrag zu verstehen. Das Thema lautet „Reduktion zu langer Wartezeiten im Bürger-Service vor dem Hintergrund einer angespannten Finanzlage". (Strategien, wie man die Kassen wieder füllen könnte, oder gar eine Umsetzungsplanung Ihrer Ideen sind somit nicht Teil der Aufgabenstellung.) Dieser Ansatz bildet den ersten Schwerpunkt der Aufgabe. Der zweite Schwerpunkt liegt auf dem Arbeitsauftrag, die Stadtverwaltung zu beraten und eine Entscheidungsvorlage, also einen Beschlussvorschlag zu erstellen. Tipp: Schreiben Sie die Arbeitsaufträge gegebenenfalls auf ein kleines Extrablatt, das Sie in einer gut sichtbaren Ecke des Tisches platzieren. Im Laufe der Bearbeitungszeit werden Sie immer wieder zufällig darauf blicken und sich die Themenstellung so vergegenwärtigen. Dieses Vorgehen hilft, ein Abgleiten in Nebenthemen zu vermeiden und das gesetzte Ziel zu fixieren. Wenn nötig, können Sie auch Zeitangaben hinzufügen, die Ihnen helfen, innerhalb der Bearbeitungszeit zu bleiben. Allgemein gilt bei Aufsätzen und Diskussionen die Einteilung in:

- Einleitung
- Hauptteil
- Schluss

Diesen Anbau sollten Sie konsequent und für den Leser deutlich einhalten. Machen Sie sich gegebenenfalls vorab Notizen und erstellen Sie einen „roten Faden", der Sie (und den Leser) durch das Thema führt.

Einleitung
Nachdem Sie die Aufgabenerstellung erfasst haben, sollten Sie je nach Bearbeitungszeit eine kleinere oder längere Einleitung zum Thema verfassen. Schreiben Sie so kurz und prägnant wie möglich, aber so umfassend wie nötig. Ein Dritter, der sich mit der Materie nicht auskennt, sollte nach Lesen der Einleitung in der Lage sein, den Sachverhalt zu erfassen und klar zu erkennen, worum es im Folgenden – in der Diskussion oder im Aufsatz – geht. Bezogen auf den oben genannten Auftrag könnten z. B. diese Inhalte in die Einleitung einfließen:

- Eingrenzung auf Bereiche, in denen es zu hohen Wartezeiten kommt
- Auswertung/Angabe von Statistiken, sofern Ihnen diese zur Verfügung stehen
- Auswirkungen langer Wartezeiten für den Bürger, aber auch die Verwaltung
- Erste Ideen zu Ursachen
- …

Bedenken Sie, dass die Einleitung erst der Auftakt ist und Sie die Stichpunkte nur zur Heranführung an das Thema verwenden sollten, ohne fachlich schon tief einzusteigen.

Hauptteil
Im Hauptteil sollten Sie möglichst präzise (eventuell sogar wissenschaftlich) die Schwerpunkte der Einzelthemen herausarbeiten und gegebenenfalls auch Fachartikel, Gesetzestexte etc. zitieren. In unserem Fall könnten Sie z. B. auf folgende Bereiche näher eingehen:
- Wer ist betroffen? Alle Bürger oder nur bestimmte?
- Wann kommt es zu Wartezeiten? Immer montags, immer in einem bestimmten Bereich, zu bestimmten Anlässen …?
- Welche Auswirkungen entstehen? Bürger müssen sich für Verwaltungsgänge freinehmen, Warteräume sind überfüllt, Vorgänge werden nicht rechtzeitig bearbeitet …
- Gibt es zu beachtende Gesetze oder Verwaltungsvorschriften? Beispielsweise müssen Pässe rechtzeitig verlängert werden und man begeht eine Ordnungswidrigkeit, wenn diese abgelaufen sind. Gibt es eventuell sogar interne Qualitätsrichtlinien, nach denen feste Bearbeitungszeiten vorgegeben sind, die überschritten werden?
- Sind generelle Mängel im System erkennbar? Sind diese von der Stadtverwaltung behebbar? Diese könnten z. B. eine falsche Personalplanung sein, wenn es im Ausländeramt zu Wartezeiten kommt, bei der Führerscheinstelle aber Personen untätig auf Kunden warten.
- Welche Lösung sehen Sie, können Sie sich vorstellen? Wo liegen deren Vor- und Nachteile?
- …

Bedenken Sie Ihren Auftrag: Demnach werden von Ihnen Vorschläge erwartet, wie man mit der Situation umgehen kann. Dies bedeutet, Sie müssen auf das Problem und die Auswirkungen eingehen, um anschließend den Leser (Korrektor) zu einer – Ihrer – Lösung zu lenken. Denken Sie daran, sowohl kurz- als auch mittel- und langfristige Auswirkungen der von Ihnen vorgeschlagenen Maßnahmen zu skizzieren.

Zeigen Sie, dass Sie alle Positionen betrachtet, analysiert und abgewogen haben. Beinhaltet Ihr Thema – dies passt nicht ganz zu unserer Beispielaufgabe – finanzielle und personelle Entwicklungen in einem Bereich, so zeigen Sie auch diese auf. Der Hauptteil sollte auch erkennbar den Schwerpunkt Ihrer Arbeit ausmachen. Beleuchten Sie das Problem von allen Seiten und vor allem objektiv! Es ist an dieser Stelle nicht angebracht, Wertungen vorzunehmen. Diese gehören in den Schluss, ans Ende Ihrer Ausführungen.

Schluss
Im Schlussteil fassen Sie Ihre Ausführungen zusammen und ziehen ein Resümee. Kommen Sie dabei zu einem klaren Ergebnis. Ihr Auftrag ist, die Stadtverwaltung zu beraten und eine Entscheidungsvorlage zu erstellen. Dies bedeutet, Sie müssen sich – gegebenenfalls wohl oder übel – auf eine Position festlegen. In der Argumentation Ihres Aufsatzes sollte erkennbar sein, warum Sie zu genau diesem Entschluss kommen und nicht zu einem anderen. Führen Sie eventuell die Hauptpunkte noch einmal (ganz kurz) in Stichpunkten an: „Erstens, zweitens, drittens … und in der Gesamtbetrachtung …". Beenden Sie Ihren Aufsatz mit einem klaren Statement.

Textanalyse |N|

Lesen Sie bitte den folgenden Text und versuchen Sie, den Inhalt zu verstehen. Im Anschluss an den Text finden Sie 7 Sätze bzw. Aussagen (a–g), von denen lediglich <u>einer</u> Teilaspekte des Inhalts korrekt wiedergibt. Alle anderen Sätze enthalten inhaltlich etwas anderes oder falsche bzw. neue Informationen, die im Text nicht vorgegeben sind. Ihre Aufgabe ist es, den einzigen Satz bzw. die Aussage herauszufinden, die bestimmte Textinhalte korrekt wiedergibt.

Beispiel
Zu den wichtigsten Entscheidungshilfen für Ihre persönliche Studien- und Berufswahl gehören neben der Information über die sachlichen und rechtlichen Aspekte der Ausbildung und späteren Berufsausübung Informationsschriften, Bücher, Hörfunk- und Fernsehbeiträge sowie das persönliche Gespräch und die Diskussion mit Freunden und Bekannten. In diesem für Sie nicht einfachen Entscheidungsprozess können auch Gruppenmaßnahmen der Berufsberatung sowie der Besuch von Studien- und Bildungsberatungsstellen in Schulen und Hochschulen, bei Beauftragten für Behindertenfragen als auch die Teilnahme an geeigneten Volkshochschulkursen weiterhelfen.

a   Entscheidungsprozesse für oder gegen die Studien- und Berufswahl gehören zu den wichtigsten Schritten im persönlichen Leben eines heranwachsenden Menschen.
b   Auch Hörfunk- und Fernsehsendungen können wichtige Entscheidungshilfen für die persönliche Berufswahl darstellen.
c   Durch Gruppenmaßnahmen der Beauftragten für Behindertenfragen können geeignete Volkshochschulkurse gefunden werden.
d   Der nicht einfache Entscheidungsprozess für die richtige Studienwahl wird besonders durch Freunde und Bekannte entscheidend beeinflusst.
e   Schriftliche Informationsmittel gehören neben anderen Medien sowie dem persönlichen Gespräch unter Freunden zu den wichtigsten Entscheidungshilfen beim Besuch von Studien- und Bildungsberatungsstellen.
f   Entscheidungshilfen durch Beauftragte für Behindertenfragen können eine wesentliche Unterstützung darstellen.
g   Keiner der hier aufgeführten Sätze a–f gibt den obigen Textinhalt korrekt wieder.

Lösung: b
Nur diese Aussage gibt einen Teilaspekt des Textes richtig wieder.

Für die Bearbeitung des folgenden Textes haben Sie insgesamt 3 Minuten Zeit.

Der Begriff Intelligenz wurde nach der Jahrhundertwende von Binet geprägt, der Intelligenz noch als einheitliche Fähigkeit definierte, die in variierender Ausprägung allen Individuen zukommt. Sehr bald jedoch wich man von diesem Intelligenzbegriff ab. Es konnte nachgewiesen werden, dass sich die Mannigfaltigkeit der Intelligenzleistungen mit einer begrenzten Anzahl voneinander unabhängiger Fähigkeiten erklären lässt. Intelligenz ist die allgemeine Fähigkeit eines Individuums, sein Denken bewusst auf neue Forderungen einzustellen. Sie ist die allgemeine geistige Anpassungsfähigkeit an neue Aufgaben und Bedingungen des Lebens. Der Forschungsgegenstand der Intelligenz beschränkt sich weitgehend auf die Beschreibung und die Erklärung intellektuellen Leistungsverhaltens, die zurückzuführen sind auf eine oder mehrere Fähigkeiten.

Welche der folgenden Aussagen gibt Teilaspekte des Textinhaltes als Einzige korrekt wieder?
a   Der Intelligenzbegriff wurde schon immer in der gleichen Weise definiert.
b   Intelligenz bezeichnet die Fähigkeit, sich unbewusst auf unbekannte Forderungen einzustellen.

c   Wer sich auf neue Bedingungen und auch Aufgaben des Lebens einstellen kann, ist intelligent.
d   Die Intelligenzleistungen lassen sich mit einer voneinander abhängigen begrenzten Anzahl von Fähigkeiten erklären.
e   Die Mannigfaltigkeit der Intelligenzleistungen beruht auf einer Annahme der Forscher.
f   Die Beschreibung und die Erklärung des intellektuellen Leistungsverhaltens sind auf eine bestimmte Fähigkeit zurückzuführen.
g   Zu Beginn der Überlegungen, was Intelligenz sei, definierte man Intelligenz als uneinheitliche Fähigkeit einer jeden Person.

→ LÖSUNG
c

Ausdrucksfähigkeit, Wortschatz, Fremdwörter

Weiter geht es mit Tests zu Ausdrucksfähigkeit und Wortschatz. Zeigen Sie Sprachvermögen und lösen Sie die Aufgaben so schnell und genau wie möglich.

Gegenteilige Begriffe
Bei diesem Test sollen Sie zu einem vorgegebenen Begriff den gegenteiligen herausfinden.

Beispiel
heiß
a   warm
b   kalt
c   nass
d   trocken

Lösung: b
Das Gegenteil von *heiß* ist *kalt*.

Bitte lösen Sie die folgenden 6 Aufgaben innerhalb der nächsten 2 Minuten.

1	**nass**	2	**lang**	3	**sauber**
a	feucht	a	konvex	a	nass
b	trocken	b	hoch	b	schmierig
c	bewölkt	c	kurz	c	schwer
d	ölig	d	schmal	d	schmutzig

4	schüchtern	5	hartherzig	6	gefrustet
a	zaghaft	a	kaltherzig	a	erfolgreich
b	still	b	emotionslos	b	verwöhnt
c	leise	c	warmherzig	c	beglückt
d	frech	d	cool	d	unglücklich

LÖSUNGEN

| 1 b | 2 c | 3 d | 4 d | 5 c | 6 c |

Fremdwörter

Bitte (be)schreiben Sie möglichst in einem Wort oder knapp formuliert, welche Bedeutung die folgenden Fremdwörter haben.

Beispiele
a abstrakt → begrifflich, nur gedacht
b abstrus   → verworren

Für die untenstehenden 5 Wörter haben Sie 3 Minuten Zeit.

1 absurd   _____

2 analog   _____

3 Anekdote _____

4 Bizeps   _____

5 Deformation _____

LÖSUNGEN

1 widersinnig
2 entsprechend, gleichartig
3 kurze, lustige Geschichte
4 Oberarmmuskel
5 Verformung

Sätze puzzeln

Ihre Aufgabe bei diesem Test ist es, verschiedene Satzteile so zu ordnen, dass sie einen sinnvollen, auch sachlich richtigen Zusammenhang ergeben. Die Satzanfänge sind in der Aufgabenstellung nicht in Großbuchstaben.

Beispiel

F nahm das
D 1. Juni 1999
C Europäische Amt für Betrugsbekämpfung
B (OLAF = Office Europeen de Lutte Anti Fraude)
A am
E seine Arbeit auf

Die richtige Reihenfolge für die Satzteile lautet: A, D, F, C, B, E.
Hieraus ergibt sich der Satz „Am 1. Juni 1999 nahm das Europäische Amt für Betrugsbekämpfung (OLAF = Office Europeen de Lutte Anti Fraude) seine Arbeit auf."

Bitte versuchen Sie nun, die folgenden 5 Aufgaben innerhalb der kommenden 5 Minuten zu lösen.

1
D kälter als
C nachts
A ist es grundsätzlich
B tagsüber

2
B was
D glänzt
A alles Gold,
E nicht
C es ist

3
A die Versammlungsfreiheit
C bezeichnet
E (BVerfG)
D demokratisches Bürgerrecht
F auch als
B das Bundesverfassungsgericht

4
A Osten
G geht im
B auf und im
D Sonne
F unter
C die
E Westen

5
G werden in
D Assessment Center
A Intelligenztests
B oftmals auch
C eingesetzt
E neben
F Eignungsauswahlverfahren

Deutsch

LÖSUNGEN

Bitte beachten Sie, dass auch andere Lösungen möglich sein können. Richtig sind die Varianten, die sowohl sprachlich, als auch inhaltlich sinnvoll sind.

1 C, A, D, B – Nachts ist es grundsätzlich kälter als tagsüber.
2 C, E, A, B, D – Es ist nicht alles Gold, was glänzt.
3 B, E, C, A, F, D – Das Bundesverfassungsgericht (BVerfG) bezeichnet die Versammlungsfreiheit auch als demokratisches Bürgerrecht.
4 C, D, G, A, E, E, F – Die Sonne geht im Osten auf und im Westen unter.
5 E, A, G, F, B, D, C – Neben Intelligenztests werden in Eignungsauswahlverfahren oftmals auch Assessment Center eingesetzt.

Mathematik

Rechnen und Mathematik sind wichtige Kompetenzgrundlagen im Bereich des Öffentlichen Dienstes. Um Ihnen einen guten Überblick zu geben, was auf Sie zukommen kann, haben wir unterschiedliche Aufgabentypen zu größeren Bereichen zusammengefasst und Ihnen nach einer kurzen Erläuterung realitätsnahe Übungsaufgaben ausgewählt. Diese sind aus folgenden Gebieten:

- Kopfrechnen
- Dreisatz
- Prozentrechnung
- Zinsrechnung
- Währungsrechnung
- Durchschnittsrechnung
- Verteilungsrechnung
- Mischungsrechnung

Bitte lösen Sie die nun folgenden Aufgaben. Schriftliche Nebenrechnungen sind dabei erlaubt, die Verwendung eines Taschenrechners jedoch nicht.

Und noch ein wichtiger Hinweis zur Bearbeitungszeit: Im Test sind die Zeitvorgaben meist so angelegt, dass unmöglich alle Aufgaben gelöst werden können. Das ist Absicht, lassen Sie sich davon nicht verunsichern. Dennoch sollten Sie durch gezieltes Üben Ihre Rechengeschwindigkeit steigern. Neben den Aufgaben hier finden Sie in den Prüfungsbögen für den technischen oder den nichttechnischen Dienst, die passend zu diesem Buch erhältlich sind, zahlreiche weitere Mathematikaufgaben.

Grundrechenarten

Bei den folgenden Aufgaben sollen Sie Ihre Rechenfähigkeit unter Beweis stellen. Sie haben 2 Minuten Zeit.

1) 33,24
  + 1 725,11
  +   845,23
  + 2 936,12 =

   a 5 529,70
   b 5 539,71
   c 5 439,70
   d 5 539,70
   e 4 539,70

2) 12 176,11
  − 2 181,32 =

   a 9 994,79
   b 10 994,79
   c 9 894,79
   d 9 994,69
   e 9 993,79

3) 11 · 13,125 =

   a 144,365
   b 143,375
   c 134,375
   d 144,375
   e 14,375

4) 102,5 : 1,25 =

   a 83
   b 8,2
   c 81
   d 82
   e 72

5) Welche Zahl ist um 1 000 kleiner als 177 909 483?

   a 177 809 483
   b 177 919 483
   c 177 908 483
   d 177 909 383
   e 177 819 483

6) − 11 + 23 − (− 1) =

   a 10
   b 11
   c 12
   d 13
   e 33

▶ **LÖSUNGEN**

| 1 d | 2 a | 3 d | 4 d | 5 c | 6 d |

Kopfrechnen

Dieser Test ist relativ leicht zu üben. Ihre Aufgabe wird es sein, verschiedene Rechenoperationen im Kopf auszuführen, wobei die Lösungszeit je nach Schwierigkeitsgrad variiert. Im Vorfeld sollten Sie daher intensiv das große Einmaleins wiederholen. Falls Sie eine Aufgabe nicht lösen können, lassen Sie diese am besten aus. Falsche Lösungen bringen unter Umständen Minuspunkte ein. Bitte beachten Sie, dass die mathematische Regel „Punkt vor Strich" beim Kopfrechentest außer Kraft gesetzt ist!

Zum Üben haben wir Ihnen 6 Aufgaben von unterschiedlichem Schwierigkeitsgrad zusammengestellt. Lassen Sie sich diese bitte von einem Helfer vorlesen. Dieser soll je nach Aufgabenschwierigkeit die Zeit zum Lösen etwas ausdehnen oder verkürzen. Im Mittel hat man pro Aufgabe ungefähr 15 Sekunden Zeit. Nach circa 10 Sekunden sollten Sie einen Hinweis auf das Ende der Aufgabenbearbeitungszeit bekommen, nach 15 Sekunden eine neue Aufgabe. Da es besser (weil realitätsnaher) ist, die Aufgaben vorgelesen zu bekommen, sollten Sie diese Übung nicht alleine durchführen. Gegebenenfalls können Sie aber auch z. B. die Aufgaben in Ihr Handy diktieren und sich so behelfen. Wichtig: Dadurch, dass Sie die Aufgaben nur hören und sie nicht vor sich sehen, trainieren Sie auch Ihre Merkfähigkeit, eine wichtige Kompetenz in verschiedenen anderen Testverfahren!

AUFGABEN

Bitte lösen Sie die folgenden 6 Aufgaben.

1   2 · 34   2   2 + 4 − 123   3   19 · 3
4   45 + 12 − 6   5   40 : 2 · 7   6   68 : 4

LÖSUNGEN

1   68   2   − 117   3   57
4   51   5   140   6   17

 Dreisatz

Es gibt Dreisatzaufgaben mit direkter und indirekter Proportionalität. Beide Aufgabensorten werden unterschiedlich berechnet.

Direkte Proportionalität

Hier geht es darum, aus dem Text zu erkennen, welche Größen einander entsprechen. Man weiß, dass sich von 3 gegebenen Größen 2 entsprechen müssen und eine noch gefunden werden muss. Hat man also diese Feststellung aus dem Text herausgezogen, muss man nur noch eine Gleichung aufstellen, die man dann nach der gesuchten Größe auflöst.

$$\frac{x_1}{y_1} = \frac{x_2}{y_2}$$

Beispiel
Wie viel bezahlt man für 800 g Kaffee, wenn 300 g 6,00 € kosten?

$$\frac{6\,€}{300\,g} = \frac{x}{800\,g}$$

$$x = \frac{6\,€}{300\,g} \cdot 800\,g = 16\,€$$

Indirekte Proportionalität

Bei diesem Aufgabentyp verhalten sich die Größen indirekt proportional zueinander. Das heißt, es gilt nicht mehr $\frac{x_1}{y_1} = \frac{x_2}{y_2}$, sondern $x_1 \cdot y_1 = x_2 \cdot y_2$

Beispiel
5 Pferde kommen mit einem Wasservorrat 16 Tage aus. Wie viele Tage reicht das Wasser für 8 Pferde?

5 Pferde · 16 Tage = 8 Pferde · x

$$x = \frac{5 \cdot 16}{8} = 10\,\text{Tage}$$

AUFGABEN

Für die folgenden 5 Übungsaufgaben haben Sie 7 Minuten Zeit.

1. Vor zwei Jahren hat Klaus für 30,00 € noch 40 Liter Benzin tanken können. Wie viel kostet dieselbe Tankfüllung heute, wenn 35 Liter Benzin 42,00 € kosten?

2. Eine 0,75-Liter-Flasche Wein kostet 3,00 €. Was würde eine 4-Liter-Flasche Wein kosten?

3. Der Schulausflug ins Museum belastet die Klassenkasse mit 75,00 €, wenn alle 25 Schüler mitkommen. Was würde der Ausflug kosten, wenn die Parallelklasse (27 Schüler) auch mitkommen würde?

4. Eine Baufirma kauft 100 Dämmplatten zum Preis von 500,00 € ein. Welchen Preis muss die Baufirma für 350 Dämmplatten zahlen?

5. Wenn 140 g Schinken 2,80 € kosten, wie viel kosten dann 250 g?

LÖSUNGEN

1	48,00 €	2	16,00 €	3	156,00 €
4	1 750,00 €	5	5,00 €		

Prozentrechnung

Textaufgaben zur Prozentrechnung sind meist so beschrieben, dass man die eigentliche Rechnung sofort erkennt, d. h., die Texte sind relativ einfach zu verstehen.

Es gibt zwei Arten von Textaufgaben zur Prozentrechnung:

1. Berechnen Sie den Grundwert/Prozentwert/Prozentsatz. So lauten die häufigsten Aufgaben in der Prozentrechnung. Diese lassen sich einfach durch die Grundgleichung der Prozentrechnung lösen:

   $\frac{W}{p} = \frac{G}{100}$ (W – Prozentwert, G – Grundwert, p – Prozentsatz)

   Beispiel 1
   Berechnen Sie 8 % von 20.
   Gegeben: $G = 20$, $p = 8$
   Gesucht: W
   Lösung: $W = \frac{G}{100} \cdot p$
              $W = \frac{20}{100} \cdot 8 = 1{,}6$

   Beispiel 2
   Wie viel Prozent sind 8 von 20?
   Gegeben: $G = 20$, $W = 8$
   Gesucht: p
   Lösung: $p = \frac{100}{G} \cdot W$
              $p = \frac{100}{20} \cdot 8 = 40$

2. Berechnen Sie den vermehrten/verminderten Grundwert. Bei diesen Aufgaben soll auf den Grundwert ein bestimmter Prozentsatz des Grundwertes aufgeschlagen bzw. davon abgezogen werden. Zur Berechnung dient folgende Gleichung:

   $\overline{G} = G \cdot \left(\frac{100 \pm p}{100} \right)$

   Beispiel 3
   Herrn Meiers Gehalt von 2 000,00 € wird um 5 % erhöht. Wie viel Geld bekommt er nach der Erhöhung?
   Gegeben: $G = 2\,000$, $p = 5$
   Gesucht: $\overline{G}$
   Lösung: $\overline{G} = 2\,000{,}00\ \text{€} \cdot \left(\frac{100 + p}{100} \right)$
              $\overline{G} = 2\,000{,}00\ \text{€} \cdot 1{,}05 = 2\,100{,}00\ \text{€}$

AUFGABEN

Für die folgenden Aufgaben haben Sie 7 Minuten Zeit.

1. Schüler haben für eine Wohltätigkeitsveranstaltung in der Schule insgesamt 20 Kuchen gebacken. Jeder Kuchen lässt sich in 16 Stücke teilen. Am Ende der Veranstaltung bleiben 32 Stücke unverkauft. Wie viel Prozent aller Kuchenstücke konnten verkauft werden?

2. Klaus, Norbert und Kristin bilden eine Lottogemeinschaft. Soeben haben sie 25 000,00 € gewonnen. Der Gewinn wird wie folgt aufgeteilt: Kristin erhält 15 000,00 €, Norbert 7 500,00 € und Klaus 2 500,00 €. Stellen Sie diesen Sachverhalt als Sektoren (in Winkelmaß) in einem Kreis dar.

3. Ein Auto soll 25 000,00 € zuzüglich 19 % Mehrwertsteuer kosten. Der Autohändler räumt einen Rabatt von 3,66 % ein. Ist es für den Kunden günstiger, zuerst vom Nettopreis den Rabatt abzuziehen und dann die Mehrwertsteuer aufzuschlagen oder umgekehrt?

4. Eine Bildergalerie kauft für 13 000,00 € das Gemälde eines jungen talentierten Künstlers. Das Gemälde soll mit einem Gewinn von 20 % weiterverkauft werden. Es werden 15 % Geschäftsunkosten kalkuliert. Bestimmen Sie den Verkaufspreis.

5. Die Tankanzeige eines Autos zeigt an, dass der Tank zu 40 % gefüllt ist. Wenn der Wagen jetzt vollgetankt wird, passen noch 30 Liter hinein. Welches Fassungsvermögen hat der Tank?

LÖSUNGEN

1. 90 %
2. Folgende Winkel müssen die Kreissektoren im Diagramm haben: Klaus 36°, Norbert 108°, Kristin 216°
3. kein Unterschied
4. 17 550,00 €
5. 50 ℓ

Zinsrechnung

Zum Lösen von Textaufgaben zur Zinsrechnung benötigt man einige Formeln, die fest vorgeschrieben sind und wahrscheinlich schon irgendwann einmal in Ihrer Schulzeit durchgesprochen wurden. Zur „Auffrischung" einige Grundbegriffe:

Z – Zinsen   K – Kapital   p – Zinssatz   t – Zeit in Tagen   m – Zeit in Monaten

Jahreszinsen
$$Z = \frac{K \cdot p}{100}$$

Monatszinsen
$$Z_m = \frac{K \cdot p \cdot m}{100 \cdot 12}$$

Tageszinsen
$$Z_t = \frac{K \cdot p \cdot t}{100 \cdot 360}$$

Beachten Sie: Im deutschen Bankwesen gilt
1 Jahr ≙ 360 Tage
1 Monat ≙ 30 Tage

Wenn nicht die Zinsen gesucht sind, sondern beispielsweise das Kapital bzw. der Zinssatz, müssen die Lösungsformeln einfach nach der gesuchten Größe umgestellt werden.

Beispiel
Die Bank XY verzinst 2 000,00 € mit einem Jahreszinssatz von 5 %. Welcher Zinsertrag hat sich nach 5 Monaten angehäuft?
$$Z_m = \frac{2\,000\,€ \cdot 5 \cdot 5}{100 \cdot 12} = 41{,}67\,€$$

AUFGABEN

Sie haben nun 5 Minuten Zeit.

1. Familie Wolf hat für den Bau ihres Hauses zwei Kredite aufgenommen: den ersten Kredit in Höhe von 100 000,00 €, den zweiten in Höhe von 150 000,00 €. Für beide Kredite zahlt die Familie monatlich 2 750,00 € Zinsen. Zu welchem Zinssatz läuft der erste Kredit, wenn der zweite Kredit zu einem Zinssatz von 12 % aufgenommen wurde?

2. Für die Sanierung der firmeneigenen Werkshalle benötigt ein Unternehmen 1 000 000,00 €. Drei verschiedene Banken bieten der Firma Darlehen an. Bank A verlangt dritteljährlich 40 000,00 € Zinsen, Bank B verlangt vierteljährlich 45 000,00 € und Bank C halbjährlich 70 000,00 € Zinsen. Zu welchen Zinssätzen bieten die drei Banken ihre Darlehen an?

3 Herr Walter hat bei der Bank XY einerseits eine Darlehensschuld in Höhe von 25 000,00 € und andererseits ein Sparkontoguthaben von 60 000,00 €. Am Jahresende ergab sich insgesamt ein Gesamtertrag von 600,00 €, wobei sein Sparkonto mit 6 % verzinst wird. Wie hoch ist der Zinssatz für die Darlehensschuld?

4 Firma Meyer hat einen Kredit in Höhe von 40 000,00 € zum Zinssatz von 15 % aufgenommen und muss am Ende 3 000,00 € Zinsen zahlen. Für welche Zeit hat die Firma den Kredit aufgenommen?

5 Eine deutsche Bank hat einen Kredit zu folgenden Konditionen vergeben:
Kreditsumme: 96 000,00 €
Zinsen: 1 600,00 €
Zinssatz: 4 %
Wie viele Monate Laufzeit hat dieser Kredit?

LÖSUNGEN

1	15 %	2	Bank A 12 %, Bank B 18 %, Bank C 14 %
3	12 %	4	$\frac{1}{2}$ Jahr
5	5 Monate		

Währungsrechnung

Beim Umrechnen von Währungen ist vorzugehen wie bei Dreisatzaufgaben mit direkter Proportionalität.

Es gilt stets: $\frac{\text{Zielwährung}}{\text{Ausgangswährung}} = \text{Kursverhältnis}$

Beispiel
Wie viel Yen erhält man für 100,00 € (Kurs: 100,88 Yen = 1,00 €)?

$$\frac{x \text{ Yen}}{100 \text{ €}} = \frac{100{,}88 \text{ Yen}}{1 \text{ €}}$$

$$x \text{ Yen} = \frac{100{,}88 \text{ Yen}}{1 \text{ €}} \cdot 100 \text{ €} = 10\,088 \text{ Yen}$$

AUFGABEN

Sie haben 6 Minuten Zeit.

1. Wie viel Japanische Yen erhält man für 145,00 €?
   (Kurs: 136,99 Yen = 1,00 €)

2. Wie viel Euro erhält man für 40,00 US-Dollar?
   (Kurs: 0,86 € = 1,00 US-Dollar)

3. Wie viel Schweizer Franken erhält man für 300,00 Polnische Zloty?
   (Kurs: 1,00 Polnischer Zloty = 0,35 Schweizer Franken)

4. Das Ehepaar Hummel plant für seinen Dänemarkurlaub ein Taschengeld von 1 000,00 € ein. Wie viel Dänische Kronen erhält Herr Hummel auf seiner Bank, wenn er den halben Betrag bereits im Voraus umtauscht?
   (Kurs: 1,00 € = 7,45 Dänische Kronen)?

5. Frau Meier bringt von ihrer Weltreise Geld aus verschiedenen Ländern mit: 10,00 US-Dollar, 5,00 Britische Pfund, 15,00 Neuseeländische Dollar und 27 000,00 Indonesische Rupiah. Bei ihrer Bank möchte sie dieses Geld nun umtauschen. Folgende Kurstabelle hängt bei der Bank aus:
   0,80 US-Dollar = 1,00 €
   0,75 Britische Pfund = 1,00 €
   2,00 Neuseeländische Dollar = 1,00 €
   10 000,00 Indonesische Rupiah = 1,00 €
   Wie viel € erhält Frau Meier für ihr Restgeld?

LÖSUNGEN

1. 19 863,55 Yen
2. 34,40 €
3. 105,00 Schweizer Franken
4. 3 725,00 Dänische Kronen
5. 29,37 €

 Durchschnittsrechnung

Durchschnitte werden ermittelt, indem man alle gegebenen Werte addiert und anschließend durch die Anzahl der Werte dividiert.

$$\frac{x_1 + x_2 + x_3 + \ldots}{n} = \text{Durchschnitt}$$

Beispiel
Ermitteln Sie den Durchschnitt der Zahlen 8, 16 und 3.
$$\frac{8+16+3}{3} = 9$$

AUFGABEN

Sie haben 5 Minuten Zeit.

1. Herr Huber mag keinen Zucker in seinem Kaffee, Herr Mayer dagegen mag seinen Kaffee sehr süß, er nimmt 4 Stücke. Frau Lohse und Herr Müller begnügen sich jeweils mit 1 Stück Zucker. Wie viel Zucker wird durchschnittlich in den Kaffee gegeben?

2. Kristin ist 19 Jahre, ihre Freundin 18 Jahre alt. Klaus und Peter sind beide 20. Der kleine Bruder von Klaus ist erst 13 Jahre alt. Wie hoch ist das Durchschnittsalter dieser Gruppe?

3. Herr Vetter vergleicht den Preis für ein Glas Gurken in 4 verschiedenen Geschäften: Konsum A bietet die Gurken für 1,00 € an, Kaufhalle B für 1,50 €, der kleine Tante-Emma-Laden C um die Ecke verlangt gar 2,50 € für ein Glas. Am billigsten ist das Glas Gurken im Großmarkt D mit 0,50 €. Wie teuer ist ein Glas Gurken durchschnittlich?

4. Folgende Grundstückspreise wurden in Freiberg und Umgebung festgestellt: Im Stadtzentrum kostet ein 300 m² großes Grundstück 15 000,00 €. Im Speckgürtel ist ein Grundstück gleicher Größe 6 000,00 € billiger. In der weiteren Umgebung zahlt man 10 000,00 € für ein 1 000 m²-Grundstück. Wie teuer ist durchschnittlich der m² in Freiberg und Umgebung?

5. Frau Meier kauft 3 Paar Socken für je 2,50 € und 9 Paar Socken einer anderen Sorte. Durchschnittlich hat sie 1,75 € für ein Sockenpaar bezahlt. Wie teuer sind die Socken der zweiten Sorte?

LÖSUNGEN

1	1,5 Stücke	2	18 Jahre
3	1,38 €	4	30,00 €/m²
5	1,50 €		

Verteilungsrechnung

Beim Verteilungsrechnen geht es darum, die Verhältnisse oder den Maßstab verschiedenartiger Dinge oder Personen zueinander zu bestimmen. Man kann diese Aufgaben auf verschiedene Art und Weise lösen, beispielsweise mithilfe der Bruchrechnung oder Prozentrechnung. Oft kann man auch den Dreisatz anwenden. Das Wichtigste bei diesen Aufgaben ist die Erkenntnis, in wie viele Teile das Ganze aufgeteilt werden soll.

Beispiel
100 Goldtaler sollen im Verhältnis 2:3 aufgeteilt werden. Wie groß ist der kleinere Teil?

Das heißt, die Taler werden zuerst in 5 Teile aufgeteilt:
$\frac{100}{2+3} = 20$

Der kleinere Anteil soll nun 2 Teile ausmachen, daraus folgt:
$20 \cdot 2 = 40$

„40 Taler" ist unsere gesuchte Lösung. Folglich umfasst der größere Teil 60 Taler.

AUFGABEN

Sie haben 6 Minuten Zeit.

1 Eine Beute von 576 Talern soll im Verhältnis 4:5 auf 2 Raubritter verteilt werden. Wie viele Taler bekommt der Ritter, der die kleinere Beute erhält?

2 Ein Lottogewinn von 756 000,00 € soll im Verhältnis 4:5 aufgeteilt werden. Wie groß ist der kleinere Gewinn?

3 Zwei Boten sind mit schweren Lasten unterwegs. Die Last des ersten Boten ist 24 kg und die Last des zweiten Boten 30 kg schwer. Unterwegs kommt ihnen ein Mann entgegen, der seine Hilfe anbietet. Die Lasten werden nun so verteilt, dass jeder der 3 Männer gleich viel zu tragen hat. Am Ziel angekommen, verlangt der Helfer für seinen Dienst 18 Taler. Welchen Betrag muss jeder der beiden Boten zahlen?

4 Eine Erbschaft von 52 000,00 € soll unter zwei Erben so verteilt werden, dass der jüngere Erbe einen dreimal so großen Erbteil bekommt wie der ältere Erbe. Wie groß ist der kleinere Erbteil in €?

5 In der kleinen Republik Phantasia haben Parlamentswahlen stattgefunden. Die Demokraten konnten 18 000 Einwohner für sich gewinnen, 10 000 Wähler entschieden sich für die Sozialisten. Die Liberalen erhielten 2 000 Stimmen. Verteilen Sie nun die 300 Sitze des Parlaments entsprechend den Stimmenverhältnissen auf die drei Parteien.

LÖSUNGEN

1   256 Taler
2   336 000,00 €
3   1. Bote 6 Taler, 2. Bote 12 Taler
4   13 000,00 €
5   180 Sitze Demokraten, 100 Sitze Sozialisten, 20 Sitze Liberale

Mischungsrechnung

Beim Mischungsrechnen gibt es zwei grundlegende Aufgabenkategorien. Bei der leichteren werden mehrere Sorten vermischt und der Preis der Mischung soll ermittelt werden. Dieser Aufgabentyp dürfte keine Schwierigkeiten bereiten.

Komplizierter wird es, wenn das Mischungsverhältnis von zwei Sorten bei vorgegebenen Preisen ermittelt werden soll. Dazu verwendet man die Mischungskreuzregel: Die zu mischenden Sorten sind im umgekehrten Verhältnis ihrer Preisdifferenzen zur Mischungssorte zu mischen.

Beispiel
In welchem Verhältnis sind zwei qualitativ unterschiedliche Sorten Salzsäure zu 16,00 €/ℓ bzw. 22,00 €/ℓ zu mischen, damit die Mischungssorte 18,00 €/ℓ kostet?

1. Sorte: 16 €   22 € − 18 € = 4 €   ⇒   4 Teile
                      18 €
2. Sorte: 22 €   18 € − 16 € = 2 €   ⇒   2 Teile

Das Mischungsverhältnis muss also 2 : 1 sein.

AUFGABEN

Sie haben 7 Minuten Zeit.

1. Das Kaffeehaus Mayer stellt seine eigene Kaffeemarke aus 3 verschiedenen Kaffeesorten her. Dazu kauft es wöchentlich 25 kg brasilianischen Kaffee für 8,00 €/kg, 5 kg kamerunischen Kaffee für 12,00 €/kg und 10 kg australischen Kaffee für 5,00 €/kg. Wenn diese Mengen miteinander vermischt werden, wie teuer ist dann 1 kg Kaffee der Marke Mayer?

2. Zum Mixen eines Tequila Sunrise benötigt man 6 $c\ell$ Tequila, 2 $c\ell$ Grenadine und 12 $c\ell$ Orangensaft. Folgende Einkaufspreise pro Liter seien gegeben:
Tequila   25,00 €/ℓ
Grenadine   20,00 €/ℓ
Orangensaft 5,00 €/ℓ
Wie viel kostet ein Glas Tequila Sunrise, wenn die verkaufende Cocktailbar noch einen Gewinn von 40 % erzielen will? (Ein Tipp für Cocktailfreunde: noch 3–4 Eiswürfel hinzufügen und mit einer Orangenscheibe verfeinern.)

3. Obsthändler Hoppe verkauft 1 kg Äpfel für 2,00 €, 1 kg Orangen für 4,00 € und 1 kg Bananen für 1,00 €. Im Zuge einer Sonderaktion möchte er einen 5 kg-Obstkorb zusammenstellen, in welchem er die Äpfel, Orangen und Bananen im Verhältnis 5:3:2 mischen möchte. Der Verkaufspreis des Korbes soll 10 % unter dem Einzelverkaufspreis der 3 Obstsorten liegen. Wie teuer ist ein Korb?

4. Ein 6 kg-Sack Kartoffeln soll sehr gute und etwas schlechtere Kartoffeln enthalten. 1 kg gute Kartoffeln kostet 90 Cent, 1 kg schlechtere Kartoffeln nur 60 Cent. In welchem Verhältnis müssen die Kartoffeln vermischt werden, wenn der 6 kg-Sack Kartoffeln 4,60 € kosten soll?

5. Zur Herstellung eines Pfeifentabaks wird argentinischer Tabak für 58,00 €/kg mit amerikanischem Tabak für 46,00 €/kg vermischt. 100 g des Pfeifentabaks sollen 5,00 € kosten. In welchem Verhältnis sind die beiden Tabaksorten zu mengen?

LÖSUNGEN

1. 7,75 €
2. 3,50 €
3. 10,80 €
4. gute K. : schlechtere K. ⇒ 5 : 4
5. ARG : USA ⇒ 1 : 2

Schätzaufgaben

Bei den folgenden Aufgaben ist eher gutes Schätzen als genaues Ausrechnen gefragt. Deshalb haben Sie auch keine Zeit, um wirklich zu rechnen. Sie müssen es „erspüren". Sie haben lediglich 2 Minuten Bearbeitungszeit.

AUFGABEN

1 5 786 + 5 911 + 987
  a 12 684
  b 13 764
  c 10 975
  d 11 654
  e 12 786

2 17 986 − 8 916 − 565
  a 7 805
  b 9 505
  c 9 103
  d 8 505
  e 9 976

3 $\sqrt{17\,161}$
  a 169,61
  b 131
  c 167
  d 109
  e 187,912

4 66^2
  a 3 636
  b 4 356
  c 4 403
  d 3 566
  e 4 455

5 59 · 61
  a 3 609
  b 3 599
  c 3 669
  d 3 587
  e 3 509

6 144 · 13
  a 1 822
  b 1 872
  c 1 772
  d 1 782
  e 1 792

LÖSUNGEN

Auf Anhieb kann man 2 bis 3 (wenn Sie Glück haben auch schon 4) Lösungen ausschließen. Die anderen falschen Antworten lassen sich meist durch geschicktes Runden ausschließen.

| 1 a | 2 d | 3 b | 4 b | 5 b | 6 b |

| T | **Maße und Gewichte**

Teil A
Für 3 Aufgaben haben Sie 3 Minuten Zeit.

1. 4 Pfund und 30 Gramm sind wie viel Gramm?
   - a 430
   - b 4 030
   - c 203
   - d 20,3
   - e 2 030

2. Ein Kanister hat folgende Innenmaße: Länge: 80 cm, Breite: 40 cm, Höhe: 60 cm. Wie viele Kubikdezimeter Wasser kann er enthalten?
   - a 0,192
   - b 192 000
   - c 1,92
   - d 192
   - e 19,2

3. Schreiben Sie 90 Zentner in Tonnen.
   - a 9
   - b 4,5
   - c 45
   - d 0,45
   - e 0,9

Teil B
Für die folgenden 3 Aufgaben haben Sie 3 Minuten Zeit.

1. Wie viel Millimeter hat ein Dezimeter?
   - a 10
   - b 100
   - c 1 000
   - d 0,1
   - e 10 000

2. Wie viele Stunden und Minuten sind 17 370 Sekunden?
   - a 4 Std. 49 Min. 30 Sek.
   - b 47 Std. 35 Min.
   - c 49 Std. 15 Min.
   - d 48 Std. 55 Min.
   - e 38 Std.

3. Schreiben Sie in der nächstgrößeren Einheit: 33 ℓ.
   - a 3 300 m^3
   - b 330 km^3
   - c 0,033 m^3
   - d 300 dm^3
   - e 3,3 m^3

Teil C
Für die folgenden 3 Aufgaben haben Sie 3 Minuten Zeit.

1. Eine Badewanne hat die Innenmaße:
   Länge: 60 cm
   Breite: 40 cm
   Höhe: 30 cm

   Wie viel Kubikmeter Wasser kann sie höchstens enthalten?
   a $0,072\ m^3$
   b $0,024\ m^3$
   c $0,012\ m^3$
   d $0,72\ m^3$
   e $72\,000\ m^3$

2. Wie viel Quadratmeter hat ein Hektar?
   a $1\,000\ m^2$
   b $10\,000\ m^2$
   c $100\,000\ m^2$
   d $100\ m^2$
   e $0,1\ m^2$

3. Schreiben Sie in der nächstkleineren Einheit: 0,5 kg.
   a   5 g
   b   50 g
   c   5 000 g
   d   0,5 t
   e   500 g

Teil D
Für die folgenden 3 Aufgaben haben Sie 3 Minuten Zeit.

1. 8 Pfund und 40 Gramm sind wie viel Gramm?
   a   840 g
   b   1 680 g
   c   4 040 g
   d   2 440 g
   e   3 560 g

2. Wie viel Milligramm sind ein Kilogramm?
   a   1 000 000
   b   0,01
   c   0,001
   d   0,00001
   e   0,1

3. Wie viel Gramm sind ein Doppelzentner?
   a   100 000 g
   b   10 000 g
   c   1 000 000 g
   d   1 000 g
   e   100 g

LÖSUNGEN

Teil A

| 1 e | 2 d | 3 b |

Teil B

| 1 b | 2 a | 3 c |

Teil C

| 1 a | 2 b | 3 e |

Teil D

| 1 c | 2 a | 3 a |

Tipps

Um diese Art von Aufgaben zu lösen, sollten Sie sich die folgenden Tabellen einprägen:

Längenmaße

		mm	cm	dm	m	km
Millimeter mm	=	1	0,1	0,01	0,001	0,000001
Zentimeter cm	=	10	1	0,1	0,01	0,00001
Dezimeter dm	=	100	10	1	0,1	0,0001
Meter m	=	1 000	100	10	1	0,001
Kilometer km	=	1 000 000	100 000	10 000	1 000	1

Flächenmaße

1 cm^2	=	1 Quadratzentimeter	=	100 mm^2
1 dm^2	=	1 Quadratdezimeter	=	100 cm^2
1 m^2	=	1 Quadratmeter	=	10 000 cm^2
1 a	=	1 Ar	=	100 m^2
1 ha	=	1 Hektar	=	10 000 m^2
1 km^2	=	1 Quadratkilometer	=	1 000 000 m^2

Gewichte und Stückmaße

	mg	cg	g	kg
Milligramm mg =	1	0,1	0,001	0,000001
Zentigramm cg =	10	1	0,01	0,00001
Gramm g =	1 000	100	1	0,001
Kilogramm kg =	1 000 000	100 000	1 000	1
100 kg =	1 Doppelzentner (dz)			
1 000 kg =	1 Tonne (t)			

Körper- und Hohlmaße

1 Kubikzentimeter cm³ = 1 000 Kubikmillimeter
1 Kubikdezimeter dm³ = 1 000 Kubikzentimeter
1 Kubikmeter m³ = 1 000 Kubikdezimeter

	dl	l	hl	m³
Deziliter dl =	1	0,1	0,001	0,0001
Liter l =	10	1	0,01	0,001
Hektoliter hl =	1 000	100	1	0,1
Kubikmeter m³ =	10 000	1 000	10	1

Raummaße

1 m³ = 1 Kubikmeter = 1 000 l
1 l = 1 Liter = 1 Kubikdezimeter = 1 000 ccm
1 ccm = 1 cm³ = 1 Kubikzentimeter = 1 000 cmm
1 cmm = 1 mm³ = 1 Kubikmillimeter
1 hl = 1 Hektoliter = 100 l

Gleichungen

T

Viele komplexe Textaufgaben erfordern das Aufstellen von Gleichungen. Dazu muss man den Text in seine Einzelteile zerlegen und jeden Term genau bestimmen. Wenn z. B. von „… der Hälfte …" eines bestimmten Betrages x die Rede ist, muss als Term „$\frac{x}{2}$" geschrieben werden. Bei einem Drittel heißt es dann „$\frac{x}{3}$" usw.

Bei der Lösung von Gleichungen ist immer zu beachten, dass die Termumformungen auf beiden Seiten stattfinden müssen. Oft stoßen Sie auch auf Aufgaben, die das Aufstellen von 2 oder mehr Unbekannten in Gleichungen erfordern. Auch gilt es in einigen Fällen, eine quadratische Gleichung zu lösen. Wie Sie solche Gleichungen bzw. Gleichungssysteme lösen, zeigen wir Ihnen exemplarisch im Folgenden.

Gleichungen mit 1 Unbekannten
Hier gilt es, durch Termumformungen X zu isolieren, sodass zum Schluss das x alleine auf einer Seite der Gleichung als Lösung steht.

Beispiel
$2x - 4 = 14$
$2x - 4 = 14 \qquad |+4$
$2x - 4 + 4 = 14 + 4$
$2x = 18 \qquad |:2$
$\frac{2x}{2} = \frac{18}{2} \rightarrow x = 9$

Gleichungen mit 2 Unbekannten
Wenn Sie in einer Aufgabe auf 2 unbekannte Größen stoßen, müssen Sie auch 2 Gleichungen zu dieser Aufgabe aufstellen. Merke: Die Zahl der Unbekannten muss immer der Anzahl der aufgestellten Gleichungen entsprechen.

Beispiel
Sie erhalten ein Gleichungssystem mit 2 Gleichungen.
Gehen Sie zum Lösen nun wie folgt vor:
$5x + 10y = 120 \qquad$ (I)
$x + y = 17 \qquad$ (II)

Nehmen Sie nun eine der beiden Gleichungen und isolieren Sie eine Unbekannte. In unserem Beispiel wählen wir die Gleichung (II) und isolieren das x.
$x = 17 - y \qquad$ (III)

Nun setzen wir den erhaltenen Ausdruck für x, Gleichung (III), in die noch nicht bearbeitete Ausgangsgleichung (I) ein.
$5(17 - y) + 10y = 120$

Diese Formel wird nun nach den üblichen mathematischen Regeln aufgelöst:
$5 \cdot 17 - 5y + 10y = 120$
$85 - 5y + 10y = 120$
$85 + 5y = 120 \qquad |-85$
$5y = 35 \qquad |:5$
$y = 7$

Das Ergebnis für y wird nun in die Gleichung (III) eingesetzt und wir erhalten somit das Ergebnis für x:

$x = 17 - 7 = 10$

Die Lösungen des Gleichungssystems sind nun also die 7 für das y und die 10 für das x.

Gleichungen mit 3 Unbekannten

Die Vorgehensweise beim Lösen dieser Gleichungssysteme ist dieselbe wie beim Lösen von Gleichungssystemen mit 2 Unbekannten. Durch Termumformungen und geschicktes Ersetzen von unbekannten Größen durch Formelausdrücke gilt es, 2 der 3 Unbekannten zu eliminieren, um zu einer Gleichung zu gelangen, die nur noch eine Unbekannte enthält und gelöst werden kann.

Beispiel

$5a + 10b + 50c = 155$	(I)
$a + b + c = 9$	(II)
$b - 2c = 0$	(III)
Aus (III) folgt: $b = 2c$	(IV)

Einsetzen von (IV) in (I) bzw. (II) liefert:

$5a + 10 \cdot 2c + 50c = 155 \rightarrow 5a + 20c + 50c = 155 \rightarrow 5a + 70c = 155$	(V)
$a + 2c + c = 9 \rightarrow a + 3c = 9$	(VI)
Aus (VI) folgt: $a = 9 - 3c$	(VII)

Das Einsetzen von (VII) in (V) liefert dann:

$5(9 - 3c) + 70c = 155 \rightarrow 45 - 15c + 70c = 155 \rightarrow 55c = 110 \rightarrow c = 2$

Einsetzen des Ergebnisses c in (IV) bzw. (VII):

$a = 9 - 3 \cdot 2 = 3$ und $b = 2 \cdot 2 = 4$

Die Lösungen des Gleichungssystems sind damit

$a = 3$
$b = 4$
$c = 2$

Quadratische Gleichungen

Bevor man eine quadratische Gleichung lösen kann, muss sie durch Termumformungen in die Normalform gebracht werden.

Beispiel

$2x^2 + 16x = -14 \quad | +14$
$2x^2 + 16x + 14 = 0 \quad | :2$
$x^2 + 8x + 7 = 0$

Mathematik

An der Normalform kann nun die Lösungsformel für quadratische Gleichungen ansetzen:
Wenn $x^2 + px + q = 0$, dann ist die Lösung der Gleichung:

$$x_{1/2} = \frac{p}{2} \pm \sqrt{\left(\frac{p}{2}\right)^2 - q}$$

Im Beispiel bedeutet dies:
$x^2 + 8x + 7 = 0$

$$x_{1/2} = -\frac{8}{2} \pm \sqrt{\left(\frac{8}{2}\right)^2 - 7}$$

$x_{1/2} = -4 \pm \sqrt{9} = 4 \pm 3$ $\quad\quad \rightarrow x_1 = -1 \quad\quad \rightarrow x_2 = -7$

Die Lösungen der quadratischen Gleichung sind somit -1 und -7.

T Flächen- und Raumberechnung

Flächen- und Raumberechnungen setzen ein gewisses mathematisches Grundwissen voraus. Zur „Auffrischung" soll das Wichtigste noch einmal wiederholt werden:

Flächeninhalte
Quadrat: $A = a^2$
Rechteck: A = Länge · Breite
Dreieck: $A = \frac{1}{2}$ Grundseite · Höhe
Kreis: $A = \pi \cdot $ Radius^2

Volumen
Würfel: $V = a^3$
Quader: V = Höhe · Breite · Länge
quadratische Pyramide: $V = \frac{1}{3} \cdot $ Grundseite^2 · Höhe
Zylinder: $V = \pi \cdot $ Radius^2 · Höhe
Kegel: $V = \frac{\pi}{3} \cdot $ Radius^2 · Höhe
Kugel: $V = \frac{4}{3} \cdot \pi \cdot $ Radius^3

Einheiten
Fläche: $\quad$ 1 m^2 = 0,000001 km^2 = 100 dm^2 = 10 000 cm^2 = 1 000 000 mm^2
Volumen: $\;$ 1 m^3 = 1 000 dm^3 = 1 000 000 cm^3
$\quad\quad\quad\quad$ 1 ℓ = 0,001 m^3 = 1 dm^3 = 1 000 cm^3

Satz des Pythagoras
In einem rechtwinkligen Dreieck gilt: $a^2 + b^2 = c^2$

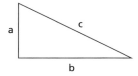

AUFGABEN

Für 5 Aufgaben haben Sie jetzt 7 Minuten Zeit.

1. Eine Steinsetzerfirma benötigt für einen Platz mit 500 Quadratmetern Fläche Pflastersteine. Die gängige Größe beträgt 10 · 20 Zentimeter. Wie viele Steine müssen bestellt werden?

2. Die Maße eines Hohlraums sind 4 Meter Länge, 20 Zentimeter Breite und 15 Zentimeter Höhe. Wie viel Kubikdezimeter hat der Hohlraum?

3. Ein rechteckiges Grundstück hat eine Größe von 2 193 Quadratmetern bei einer Front von 51 Metern Länge. Wie breit ist das Grundstück?

4. Ein Marktplatz hat eine Größe von 30 · 40 Metern. Wie lang ist die Strecke von einer Marktplatzecke zur diagonal gegenüberliegenden Ecke?

5. Von einem Dreieck ist eine Seitenlänge (g = 20 cm) und die darauf senkrecht stehende Höhe (h = 10 cm) bekannt. Berechnen Sie den Flächeninhalt des Dreiecks!

LÖSUNGEN

1	25 000 Steine	2	120 dm³
3	43 m	4	50 m
5	A = 100 cm²		

Dezimal- und Bruchrechnung

Teil A
Für 12 Aufgaben haben Sie 10 Minuten Zeit.

1. $0{,}04 \cdot 0{,}02 =$
   a. 0,08
   b. 0,0008
   c. 0,008
   d. 0,006
   e. 0,6

2. $0{,}021 : 0{,}3 =$
   a. 0,063
   b. 0,07
   c. 0,7
   d. 0,007
   e. 0,63

3. $\frac{9}{4} : 0{,}025 =$
   a. 90
   b. 9 000
   c. 0,9
   d. 0,09
   e. 9

4. $\frac{6}{5} - \frac{4}{3} =$
   a. $-\frac{2}{15}$
   b. $-\frac{2}{5}$
   c. -1
   d. $-\frac{8}{15}$
   e. $\frac{1}{5}$

5. $5\frac{1}{3} \cdot \frac{5}{2} =$
   a. $\frac{25}{6}$
   b. $4\frac{1}{3}$
   c. $10\frac{1}{6}$
   d. $\frac{25}{3}$
   e. $13\frac{1}{3}$

6. $-\frac{1}{4} + 12\frac{3}{8} =$
   a. $12\frac{1}{8}$
   b. $12\frac{1}{4}$
   c. $-12\frac{1}{6}$
   d. $11\frac{5}{8}$
   e. $4\frac{1}{4}$

7. $0{,}55 - 0{,}013 =$
   a. 0,59
   b. 0,587
   c. 0,427
   d. 0,057
   e. 0,537

8. $-\frac{3}{50} + \frac{11}{2} =$
   a. $\frac{2}{50}$
   b. $\frac{134}{25}$
   c. $5\frac{11}{25}$
   d. $\frac{8}{47}$
   e. $5\frac{11}{50}$

9. $\frac{6}{17} \cdot \frac{20}{3} =$
   a. $2\frac{6}{17}$
   b. $2\frac{2}{9}$
   c. $1\frac{3}{10}$
   d. $2\frac{2}{51}$
   e. $2\frac{27}{34}$

10. $\left(\left(-\frac{1}{2}\right)^2\right)^2 =$
    a. 0,256
    b. $\frac{1}{267}$
    c. $\frac{1}{8}$
    d. $-\frac{1}{256}$
    e. 0,0625

11. $\left(\frac{5}{4}\right)^2 : \left(\frac{5}{4}\right)^3 =$
    a. 0,61
    b. 1,5624
    c. $\frac{25}{16}$
    d. $\frac{5}{4}$
    e. 0,8

12. $\frac{\frac{2 \cdot 7}{5 \cdot 5}}{8} =$
    a. $\frac{7}{14}$
    b. $\frac{7}{100}$
    c. $\frac{7}{8}$
    d. $\frac{7}{25}$
    e. $\frac{8}{9}$

Teil B

Verwandeln Sie die folgenden Prozentzahlen innerhalb von 1 Minute in Brüche! (Kürzen nicht vergessen!)

1 50 %   2 80 %   3 $16\frac{2}{3}$ %

Teil C

Verwandeln Sie die folgenden Brüche innerhalb von 1 Minute in Prozentzahlen!

1 $\frac{1}{20}$ 2 $\frac{3}{4}$ 3 $\frac{4}{5}$

LÖSUNGEN

Teil A

1 b	2 b	3 a	4 a	5 e	6 a
7 e	8 c	9 a	10 e	11 e	12 b

Teil B

1 $\frac{1}{2}$	2 $\frac{4}{5}$	3 $\frac{1}{6}$

Teil C

1 5 %	2 75 %	3 80 %

Zahlenmatrizen

Die folgende Aufgabe ist eine Art Kombination aus Figuren- und Zahlenreihen. Finden Sie die Zahl, die als Einzige logisch in das Feld mit dem Fragezeichen passt. Die Pfeile geben Ihnen die Richtung vor, in der die Aufbausystematik zu suchen ist.

Beispiel 1

1	2	3
4	?	6
7	8	9

Lösung: 5. Erklärung: Senkrecht wird immer 3 addiert, waagerecht 1.

Beispiel 2

5	6	7
7	8	9
9	10	?

Lösung: 11. Erklärung: Senkrecht wird zu jeder Zahl 2, waagerecht zu jeder Zahl 1 addiert.

AUFGABEN

Für die folgenden 5 Aufgaben haben Sie 9 Minuten Zeit.

1

0	2	4
2	4	6
4	6	?

2

3

4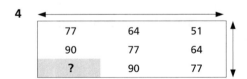

5

LÖSUNGEN

1	8	senkrecht: + 2	waagerecht: + 2
2	– 6	senkrecht: – 8	waagerecht: – 15
3	8	senkrecht: · 2	waagerecht: : 4
4	103	senkrecht: + 13	waagerecht: – 13
5	62	Die ersten beiden Zahlen nebeneinander geschrieben ergeben die dritte Zahl. Die vierte Zahl ist die Quersumme der dritten Zahl.	

Logik und Abstraktion

Schwerpunkt in diesem Kapitel ist das Training Ihrer Logik- und Abstraktionsfähigkeit. Wir werden Ihnen zeigen, wie Sie auch diesen Teil Ihres Eignungs- und Auswahlverfahrens bestehen können. Voraussetzung: Üben Sie regelmäßig, um entsprechend gute Ergebnisse zu erlangen.

Tatsache oder Meinung

Sie sollen überprüfen, ob in den folgenden Aussagen Tatsachen oder Meinungen wiedergegeben werden. Handelt es sich um eine Tatsache, so sollen Sie das „T" einkreisen, handelt es sich um eine Meinung, so kreisen Sie bitte das „M" ein.

Beispiel
1 Die Sonne geht im Osten auf und im Westen unter.   Ⓣ M
2 Früher war alles besser.   T Ⓜ

Bitte bearbeiten Sie die folgenden Sätze. Lassen Sie dabei keinen Satz aus. Sie sollen keine inhaltliche Bewertung vornehmen! Sie haben nur 20 Sekunden Zeit.

AUFGABEN

1 Fliegen macht Spaß. T M
2 Frauen sind durchschnittlich kleiner als Männer. T M
3 Mit viel Geld lässt es sich leicht leben. T M
4 Manche finden die Diktatur besser als die Demokratie. T M
5 Es gibt Menschen, die Vorurteile gegenüber Ausländern haben. T M
6 Wer älter wird, wird weiser. T M
7 Im Winter wird es früher dunkel als im Sommer. T M

LÖSUNGEN

| 1 M | 2 T | 3 M | 4 T | 5 T | 6 M | 7 T |

 ## Unmöglichkeiten

Vier Behauptungen werden aufgestellt. Drei davon sind richtig, und eine ist falsch. Oder: Drei davon sind falsch, und nur eine ist richtig. Aufgabe ist es, die eine richtige oder die eine falsche Behauptung herauszufinden.

Beispiel 1
Es ist völlig unmöglich, dass ein Huhn ...
a gackert
b Eier legt
c Milch gibt
d Körner pickt

Welche der Behauptungen ist entweder als Einzige richtig oder falsch?
Als Einzige richtig ist c, alle anderen Aussagen sind falsch. Lösung also: c.

Beispiel 2
Es ist völlig unmöglich, dass ein Zebra ...
a kleiner ist als ein Pferd
b von Natur aus kariert statt gestreift ist
c in einem Stall lebt
d als Reittier dient

Als einzige Behauptung ist hier b richtig, alle anderen Aussagen sind falsch (es ist ja nicht unmöglich, dass ein Zebra kleiner ist als ein Pferd usw.). Lösung also: b.

AUFGABEN

Für 5 Aufgaben haben Sie 4 Minuten Zeit.

1. Es ist völlig unmöglich, dass ein Mensch ...
   a keinen Vater hat
   b keine Mutter hat
   c ewig lebt
   d keine Kinder hat

2. Es ist völlig unmöglich, dass man durch einen Lottogewinn ...
   a Millionär wird
   b ewige Gesundheit erwirbt
   c wie ein Vogel fliegen lernen kann
   d immer lebt

3. Es ist völlig unmöglich, dass bei starkem Westwind ...
   a sich das Wetter ändert
   b Rauchschwaden nach Westen abziehen
   c eine dunkle Wolkenbildung erfolgt
   d Niederschläge erfolgen

4. Es ist völlig unmöglich, dass ein Sohn ...
   a klüger ist als sein Vater
   b jünger ist als sein Vater
   c größer ist als sein Vater
   d älter ist als sein Vater

5. Es ist völlig unmöglich, dass eine Mutter ...
   a den gleichen Vornamen hat wie ihre Tochter
   b älter ist als ihre Tochter
   c jünger ist als ihre Tochter
   d hübscher ist als ihre Tochter

▶ LÖSUNGEN

(F = falsch, R = richtig)

1 d F	2 a F	3 b R	4 d R	5 c R

Schlussfolgerungen – Teil 1

Beantworten Sie bitte die folgenden Fragen unter Berücksichtigung der Informationen, die Sie bekommen.

Beispiel 1
Welches Auto ist am schnellsten?
Auto A ist langsamer als Auto C.
Auto D ist langsamer als Auto B, aber schneller als Auto C.

Lösung: Auto B ist am schnellsten.

Erklärung:
- Aussage: $A < C \to$ A ist kleiner/langsamer als C.
- Aussage: $C < D < B$.
- Daraus folgt: $A < C < D < B \to$ d. h.: Auto B ist am schnellsten.

Beispiel 2
Welche Lampe ist die hellste?
Lampe A ist dunkler als Lampe B.
B ist heller als C.
C ist gleich hell wie D.
B ist heller als D.
D ist heller als A.

Lösung: Lampe B ist die hellste.

Es kann aber auch vorkommen, dass keine eindeutige Aussage möglich ist.

AUFGABEN

Für 2 Aufgaben haben Sie 3 Minuten Zeit.

1 Schüler

Paul wäre der beste Schüler, wenn Robert nicht wäre.
Friederike und Simone haben immer die gleichen Noten.
Anna ist nicht besser als Simone.
Friederike ist ein bisschen besser als Anna.

Wer ist der/die schlechteste Schüler/-in?
- a Keine Lösung ist möglich.
- b Friederike und Simone
- c Robert
- d Paul
- e Anna

2 Währungen

Der Jenn ist sehr stabil, aber nicht so wie das Fund. Die Drachmän sind nicht so stabil wie die Rubbels. Die Schillings sind zwar stabiler als das Fund, die Drachmän sind jedoch noch fester. Der Fronk ist nicht die stärkste Währung, aber doch recht begehrt.

Welche Währung ist die stärkste, stabilste, festeste?
- a Jenn
- b Fund
- c Drachmän
- d Rubbels
- e Fronk
- f Keine Lösung ist möglich.

LÖSUNGEN

| 1 e | 2 d |

Schlussfolgerungen – Teil 2

Welche der Schlussfolgerungen ergeben sich Ihrer Meinung nach aus dem Text, ohne dass Sie Zusatzvermutungen anstellen müssen? Beachten Sie, dass auch mehrere Aussagen richtig sein können. Daher müssen Sie jede Aussage genau überprüfen.

Bitte schreiben Sie vor die Lösung ein „R", wenn Sie die Aussage für richtig halten. Schreiben Sie vor die Lösung ein „F", wenn die Aussage Ihrer Meinung nach falsch ist.

Beispiel
Feststellung: Von der Beantragung eines Kabelanschlusses bis zur tatsächlichen Ausführung liegt oft eine große Zeitspanne.

Schlussfolgerungen:
    F   Manchmal kann es bei der Ausführung zu Engpässen kommen, da sehr viele Menschen gleichzeitig einen Kabelanschlussauftrag stellen.
    R   Einige der Antragsteller müssen lange auf ihren Kabelanschluss warten.

AUFGABEN

Bitte bearbeiten Sie nun die folgenden zwei Aussagen. Dabei gibt es keine Zeitbegrenzung, jedoch sollten Sie zügig arbeiten.

1 Im Frühjahr werden mehr Ferienreisen zu Sonnenzielen gebucht als im Herbst oder Winter.
    a   Viele Urlauber glauben, sich im Sommer besser erholen zu können, als sie dies im Winter, im Skiurlaub, tun könnten.
    b   Es ist auffällig, dass die Häufigkeit, mit der Urlaub zu Sonnenzielen gebucht wird, von der Jahreszeit abhängig ist.
    c   Insgesamt haben mehr Menschen Lust, Ferienreisen zu Sonnenzielen zu buchen als zu Winterzielen.
    d   Mehr Menschen wollen im Sommer auch zu Sonnenzielen fliegen als im Winter.

2 Die statistische Häufigkeit von Unfällen im Straßenverkehr steigt jährlich immer wieder an.
   a   Das Straßennetz müsste erweitert werden, weil es zu viele Autos gibt.
   b   Vor zehn Jahren gab es weniger Unfälle im Straßenverkehr, als es sie heute gibt.
   c   Der Schaden der Volksgemeinschaft wird durch immer mehr Unfälle immer größer.
   d   Die Zahl der Autos im Straßenverkehr ist heute größer als vor zehn Jahren.

▶ **LÖSUNGEN**

(F = falsch, R = richtig)

1	a F	b R	c F	d F
2	a F	b R	c F	d F

Schlussfolgerungen – Teil 3

Jetzt geht es darum zu überprüfen, ob Schlussfolgerungen, die aufgrund bestimmter Behauptungen gezogen werden, formal richtig oder falsch sind. Die „reale Wirklichkeit" spielt dabei keine Rolle, was die Sache erheblich erschwert und – wie so oft in Tests – Verwirrung stiftet.

Beispiel 1
Alle Schnecken haben Häuser.
Alle Häuser haben Schornsteine.

Schlussfolgerung: Deshalb haben alle Schnecken Schornsteine.
   a   stimmt
   b   stimmt nicht

Lösung: a

Beispiel 2
Alle Schnecken sind Rennfahrer.
Alle Rennfahrer können fliegen, weil sie Fische sind.
Fische haben zwei Beine.

Schlussfolgerung: Schnecken haben zwei Beine.

a stimmt
b stimmt nicht

Lösung: a

AUFGABEN

1. Teil

Für die folgenden 3 Aufgaben haben Sie 3 Minuten Zeit.
Die Frage lautet jeweils: Stimmt die Behauptung?

1 Alle Bleistifte können lesen. Bücher können schreiben.
   Schlussfolgerung: Bleistifte können Bücher schreiben.
   a stimmt
   b stimmt nicht

2 Bücher können schreiben, aber nicht lesen. Bleistifte können lesen, aber nicht schreiben. Brillen können lesen und schreiben.
   1. Schlussfolgerung:
   Brillen sind intelligenter als Bücher und Bleistifte.
   a stimmt
   b stimmt nicht

   2. Schlussfolgerung:
   Bleistifte können von Brillen nicht zum Schreiben benutzt werden.
   a stimmt
   b stimmt nicht

3 Spione tauchen gerne unter, U-Boote auch.
   1. Schlussfolgerung:
   Spione sind U-Boote.
   a stimmt
   b stimmt nicht

   2. Schlussfolgerung:
   U-Boote tauchen gerne.
   a stimmt
   b stimmt nicht

2. Teil

Welche Aussage ist logisch zulässig? Es können auch mehrere Aussagen bzw. keine einzige Aussage innerhalb einer Aufgabe logisch richtig sein. Für 3 Aufgaben haben Sie 4 Minuten Zeit.

3 Alle Schnürsenkel sind leer.
Was nicht voll ist, kann kein Schnürsenkel sein.
a Volle Schnürsenkel sind leer.
b Leere Schnürsenkel sind alles andere als voll.
c Nicht volle Schnürsenkel sind leer.
d Man kann sagen, dass einige Schnürsenkel leer sind.
e Es gibt keine Schnürsenkel, die nicht voll sind.

4 Es ist bekannt, dass alle Waschmaschinen brüllen können.
Was nicht brüllen kann, kann auch nicht waschen.
a Alle Waschmaschinen können nicht waschen.
b Einige Waschmaschinen können brüllen.
c Einige Waschmaschinen können waschen.
d Wenn Waschmaschinen nicht brüllen könnten, könnten sie auch nicht waschen.
e Was wäscht, kann auch brüllen.

5 Im Winter heizen Telefone nur jeden Dienstag.
Jeden Dienstag fällt Schnee.
a Wenn Schnee fällt, heizen Telefone.
b Jeden Dienstag im Winter heizen Telefone.
c Telefone heizen immer dienstags.
d Dienstags im Winter fällt Schnee.
e Während im Winter dienstags Schnee fällt, heizen Telefone.

➤ LÖSUNGEN

1. Teil

| 1 b | 2.1 b | 2.2 a | 3.1 b | 3.2 a |

2. Teil

| 3 a, d, e | 4 b, d, e | 5 b, d, e |

Logik und Abstraktion

N Gemeinsamkeiten

Sieben Wörter sind vorgegeben. Finden Sie die beiden Wörter heraus, deren Bedeutung sehr ähnlich oder identisch ist oder die einen gemeinsamen Oberbegriff haben. Sollten mehrere Lösungsmöglichkeiten sinnvoll erscheinen, wählen Sie bitte die Lösung, die am genauesten einen Oberbegriff oder eine Gemeinsamkeit definiert.

Beispiel 1
- a Butter
- b Brot
- c Zeitung
- d Messer
- e Zigarette
- f Uhr
- g Baum

Lösung: a Butter und b Brot haben den Oberbegriff „Nahrungsmittel".

Beispiel 2
- a Holz
- b Wurst
- c Käfer
- d Regen
- e Strom
- f Papier
- g Schnee

Lösung: d Regen und g Schnee haben den Oberbegriff „Wetter".

AUFGABEN

Für 6 Aufgaben haben Sie 3 Minuten Zeit.

1
- a Luft
- b Teppich
- c Tür
- d Haus
- e Tisch
- f Stuhl
- g Gardine

2
- a Auto
- b Hotel
- c Kaffee
- d Straße
- e Büro
- f Behausung
- g Garten

3
- a Armut
- b Elend
- c Gefahr
- d Durst
- e Hunger
- f Angst
- g Krankheit

4
- a Gras
- b Wurzel
- c Tulpe
- d Eiche
- e Laub
- f Rose
- g Wald

5	a	Meer	6	a	Brille
	b	Strand		b	Sonne
	c	Wal		c	Blick
	d	Seetang		d	Duft
	e	Schutt		e	Auge
	f	Qualle		f	Reiz
	g	Delfin		g	Nase

LÖSUNGEN

1 e und f	2 b und f	3 d und e	4 c und f	5 c und g	6 e und g

Wortanalogien

N

Von fünf Wörtern sind vier in einer gewissen Weise einander ähnlich. Finden Sie das fünfte Wort heraus, das nicht in diese Reihe passt.

Beispiel 1
a Tisch
b Sessel
c Schrank
d Bett
e Taube

Lösung: e, denn a, b, c und d sind Möbelstücke.

Beispiel 2
a Butter
b Milch
c Gras
d Käse
e Joghurt

Lösung: c, denn die anderen Begriffe sind Lebensmittel.

AUFGABEN

Für die nächsten 6 Aufgaben haben Sie 3 Minuten Zeit.

1 a Betrug
   b Unterschlagung
   c Schwindel
   d Fälschung
   e Trugschluss

2 a Kochen
   b Schneidern
   c Brauen
   d Schmieden
   e Lernen

3	a	sofort		4	a	Patient
	b	bald			b	Klient
	c	demnächst			c	Mandant
	d	in Kürze			d	Kunde
	e	übermorgen			e	Freund
5	a	Mikroskop		6	a	identisch
	b	Fenster			b	konsequent
	c	Glas			c	gleich
	d	Fernglas			d	ähnlich
	e	Sonnenbrille			e	symmetrisch

LÖSUNGEN

1 e	2 e	3 e	4 e	5 c	6 d

Eine mögliche Abwandlung dieses Tests haben Sie auch im zuvor gezeigten Test „Gemeinsamkeiten" kennengelernt: Dort wurden Ihnen 5 Wörter präsentiert, unter denen Sie die beiden identifizieren sollten, die einen gemeinsamen Oberbegriff oder eine sehr ähnliche Bedeutung haben.

 Sprachanalogien

Aufgabe ist es, aus vorgegebenen Lösungsvorschlägen das Wort auszuwählen, das ein fehlendes Element in einer Wortgleichung sinnvoll ergänzt. Oder anders ausgedrückt: Drei Begriffe sind vorgegeben, bei denen zwischen dem ersten und zweiten eine gewisse Beziehung besteht. Ihre Aufgabe ist, zwischen dem dritten und einem allein passenden Wahl- und Lösungswort eine Beziehung herzustellen.

Beispiel 1
Dach verhält sich zu Keller
wie Decke zu ...?
a   Teppich
b   Leuchter
c   Wand
d   Boden
e   Gardine

Lösung: c

Beispiel 2
Tag/Nacht
wie Sonne/...
a   Sterne
b   Himmel
c   Mond
d   Eule
e   schwarz

Lösung: c

AUFGABEN

Für die folgenden 6 Aufgaben haben Sie 3 Minuten Zeit.

1 riesig/gigantisch
wie winzig/...
a klitzeklein
b kleinlich
c nicht groß
d halbvoll
e kleinkariert

2 Huhn/Ei
wie Kaviar/...
a Lärm
b Stör
c Ruh
d Wucher
e Feinkost

3 Erosion/Wind
wie Korrosion/...
a Milch
b Bier
c Wein
d Wasser
e Apfelkorn

4 Anfänger/Profi
wie Hühnerdieb/...
a Schwager
b Enkel
c Pate
d Tochter
e Pfarrer

5 Entzug/Gewöhnung
wie Wegnahme/...
a Hingabe
b Aufgabe
c Teilung
d Gabe
e Begabung

6 Egoismus/Altruismus
wie Selbstlosigkeit/...
a Allverbundenheit
b Panentheismus
c Eigennutz
d Nächstenliebe
e unwohl

LÖSUNGEN

| 1 a | 2 b | 3 d | 4 c | 5 d | 6 c |

T Visuelle Analogien

Hier ist die Aufgabe, aus fünf vorgegebenen Lösungsvorschlägen das grafische Element auszuwählen, das ein fehlendes Element in einer logischen Folge von grafischen Figuren sinnvoll ergänzt. Oder anders ausgedrückt: Zwei Zeichen sind vorgegeben, zwischen denen eine gewisse Beziehung besteht. Das dritte vorgegebene Element hat mit einem zu suchenden vierten Element ebenso eine logische Beziehung, die es zu suchen gilt. Nur einer der fünf Lösungsvorschläge kommt dafür infrage.

Beispiel 1

Lösungsvorschläge:

Lösung: E
Der Kreis verhält sich zum Quadrat wie die Ellipse zum Rechteck.

Beispiel 2

Lösungsvorschläge:

Lösung: A

AUFGABEN

Für die folgenden 5 Aufgaben haben Sie 3 Minuten Zeit.

1

2

3

4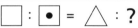

5

LÖSUNGEN

1 D	2 E	3 B	4 A	5 E

Synonyme

Ihre Aufgabe ist es nun, zu einem vorgegebenen Wort ein zweites zu finden, welches die gleiche oder die ähnlichste Bedeutung hat.

Beispiel 1
Kopf
  a Körper
  b Kugel
  c Haupt
  d Haar
  e Mensch
  f rund

Lösung: c

Beispiel 2
Psyche
  a Saal
  b Gedächtnis
  c Gewissen
  d Seele
  e Antlitz
  f Kopf

Lösung: d

AUFGABEN

Für die nächsten 6 Aufgaben haben Sie 2 Minuten Zeit.

1 kräftigen
  a füttern
  b mästen
  c fördern
  d stärken
  e steigern
  f sorgen

2 mindern
  a verengen
  b einengen
  c verringern
  d einschätzen
  e vertiefen
  f abziehen

3 Argwohn
  a Ahnung
  b Misstrauen
  c Hinterlist
  d Neid
  e Falschheit
  f Charakterschwäche

4 echt
  a aufrichtig
  b unverfälscht
  c ehrlich
  d anständig
  e wahrlich
  f kostbar

5 unversehens
  a zufällig
  b achtlos
  c plötzlich
  d schnell
  e blindlings
  f konsequent

6 hämisch
  a verschlagen
  b verstohlen
  c neidisch
  d bitter
  e schadenfroh
  f spöttisch

LÖSUNGEN

| 1 d | 2 c | 3 b | 4 b | 5 c | 6 e |

Sprichwörter

N

In diesem Test geht es darum, Sprichwörter mit ähnlicher Bedeutung zu erkennen.

Beispiel 1
Wie man sich bettet, so liegt man.
a   Nach dem Essen sollst du ruhn oder tausend Schritte tun.
b   Wer rastet, der rostet.
c   In den Eimer geht nicht mehr, als er fassen kann.
d   Wie in den Wald hineingerufen wird, so schallt es heraus.

Lösung: d

Beispiel 2
Hochmut kommt vor dem Fall.
a   Wer nicht wagt, der nicht gewinnt.
b   Wer über sich haut, dem fallen bald Späne in die Augen.
c   Wer bereuen kann, der hat seinen Hochmut eingebüßt.
d   Wer im Glashaus sitzt, soll nicht mit Steinen werfen.

Lösung: b

AUFGABEN

Für die folgenden 5 Aufgaben haben Sie 3 Minuten Zeit.

1   Überdruss kommt auch von Überfluss.
    a   Übereilen bedeutet manchmal Verweilen.
    b   Glück ist wie der Wind, es kommt und geht geschwind.
    c   Mach den Bissen nicht größer als das Maul.
    d   Nichts ist schwerer zu ertragen als eine Reihe von guten Tagen.

2   Ein Baum fällt nicht beim ersten Hieb.
    a   Rom ist nicht an einem Tag erbaut worden.
    b   Eine Schwalbe macht noch keinen Sommer.
    c   Einer allein, das ist nicht fein.
    d   Wer nur einen Teil hört, hört keinen.

3 Man muss das Eisen schmieden, solange es heiß ist.
  a Man muss eine Gelegenheit beim Schopfe packen.
  b Selbst getan ist bald getan.
  c Bei gutem Wind ist gut segeln.
  d Durch Zufall kann auch ein Krüppel einen Hasen fangen.

4 Ein Esel macht dem anderen den Hof.
  a Ein Esel schimpft den anderen Langohr.
  b Tauben und Krähen fliegen nie zusammen.
  c Man muss mit den Wölfen heulen.
  d Gleich und gleich gesellt sich gern.

5 Jung gewohnt, alt getan.
  a Wie die Alten sungen, so zwitschern jetzt die Jungen.
  b Wie die Saat, so die Ernte.
  c Es muss der Junge lernen, was der Alte können will.
  d Es ist noch kein Meister vom Himmel gefallen.

LÖSUNGEN

| 1 d | 2 a | 3 a | 4 d | 5 c |

Zahlenreihen fortsetzen

Ein Klassiker unter den Einstellungstests sind Zahlenreihen, die nach einer bestimmten Regel aufgebaut sind und die Sie ergänzen sollen. Unabhängig davon, ob Sie diesen Test unter der Rubrik „Mathematik" oder „Logik und Abstraktion" lösen sollen, gilt eine gemeinsame Regel: Es wird immer nur addiert, subtrahiert, dividiert und multipliziert. Andere Rechenarten kommen nicht vor. Für diesen Test dürfen Sie Papier und Bleistift zu Hilfe nehmen!

Beispiel 1
2   4   6   8   10   __

Lösung: 12 (Vorzahl immer + 2)

Beispiel 2
2   4   8   16   32   __

Lösung: 64 (Vorzahl · 2)

Für die folgenden 7 Aufgaben haben Sie 3 Minuten Zeit.

1	1	3	5	7	9	11	____
2	1	2	4	7	11	16	____
3	10	15	12	17	14	19	____
4	2	7	3	8	4	9	____
5	10	9	11	10	12	11	____
6	100	90	81	73	66	60	____
7	100	102	51	53	26,5	28,5	____

▶ LÖSUNGEN

1	13	+ 2
2	22	+ 1 + 2 + 3 + 4 + 5 …
3	16	+ 5 – 3
4	5	+ 5 – 4
5	13	– 1 + 2
6	55	– 10 – 9 – 8 – 7 – 6 …
7	14,25	+ 2 : 2

Figurenreihen fortsetzen

Mit welcher Auswahlfigur unten (A, B, C, D oder E) kann man die Figurenreihe oben logisch richtig fortsetzen?

Beispiel 1

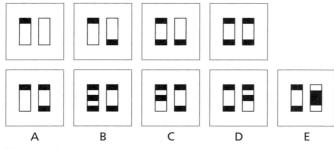

Lösung: B

Erklärung: Hier werden in die Rechtecke schwarze Balken eingefügt – erst in das linke oben, dann in das rechte unten, dann in das linke unten und im vierten Bild rechts oben. Die Fortsetzung kann nur wie bei Lösungsvorschlag B erfolgen.

Beispiel 2

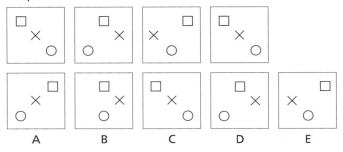

Lösung: D

Erklärung: Die Reihe hat bereits ab dem vierten Bild von vorne angefangen und setzt sich jetzt mit dem zweiten Bild fort.

AUFGABEN

Für die folgenden 5 Aufgaben haben Sie 3 Minuten Zeit.

1

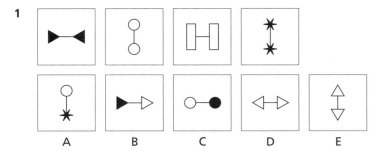

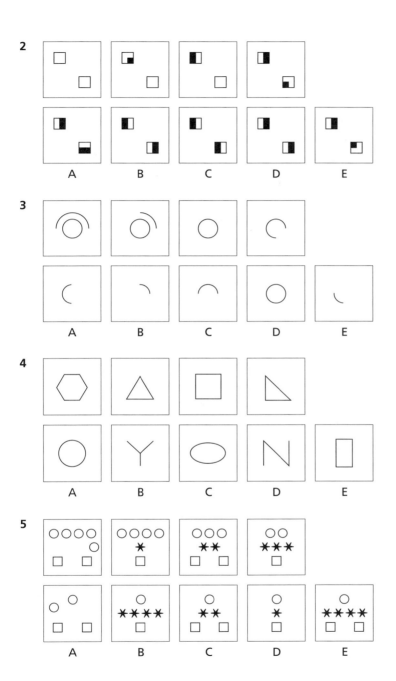

LÖSUNGEN

| 1 D | 2 B | 3 C | 4 D | 5 E |

 Buchstabenreihen fortsetzen

Ihre Aufgabe wird es nun sein, Buchstabenreihen sinnvoll und einer vorgegebenen Logik entsprechend fortzusetzen. Um sich diesen Test zu vereinfachen, sollten Sie sich bei Ihrem Einstellungstest als Erstes das gesamte Alphabet aufschreiben und darunter die jeweils zugehörige Position im Alphabet. Zum Üben haben wir Ihnen dies abgenommen.

A	B	C	D	E	F	G	H	I	J	K	L	M
1	2	3	4	5	6	7	8	9	10	11	12	13

N	O	P	Q	R	S	T	U	V	W	X	Y	Z
14	15	16	17	18	19	20	21	22	23	24	25	26

Hier zwei Beispiele, wie solch ein Test aufgebaut sein kann:

Beispiel 1
Bitte setzen Sie die Buchstabenreihe um einen Buchstaben fort!
A B C D E F G H I J __

Lösung: K. Die Buchstabenreihe wird immer um den nächsten Buchstaben im Alphabet fortgesetzt.

Beispiel 2
B D F H J L N P __

Lösung: T. Die Buchstabenreihe wird immer um den übernächsten Buchstaben im Alphabet ergänzt.

Rechnen Sie bei diesem Test auch wieder mit Abwandlungen. So kann es durchaus sein, dass Sie die Buchstabenreihe um zwei, drei oder sogar mehr Buchstaben ergänzen sollen. Es ist auch denkbar, dass Sie innerhalb einer Buchstabenreihe Buchstaben ergänzen sollen.

AUFGABEN

Bitte ergänzen Sie die folgenden Buchstabenreihen um je zwei Buchstaben.
Für 6 Reihen haben Sie 2 Minuten Zeit.

1   M K I G E __ __
2   F L H F L H __ __
3   A D G J M P __ __
4   E J H M K P N __ __
5   H D F L H J __ __
6   T R W U S X __ __

Bitte ergänzen Sie den fehlenden Buchstaben.
Sie haben für 6 Aufgaben 2 Minuten Zeit.

7   A C F J O V __ D G K
8   C D B __ F D G H F I
9   K F B L G C M __ D N
10 L __ H K M I K E H J
11 __ S M O K F Z B X S
12 E F H K O E F H K __

LÖSUNGEN

| 1 C A | 2 F L | 3 S V | 4 S Q | 5 P L | 6 V T |
| 7 B | 8 E | 9 H | 10 N | 11 X | 12 O |

Figuren- und Symbolmatrix fortsetzen

Nachdem Sie eben bereits Zahlen-, Figuren- und Buchstabenreihen sinnvoll ergänzt haben, ist es eine logische Fortführung, dass Sie auch im Matrixbereich Vervollständigungen durchführen. Untenstehend sehen Sie ein Rechteck mit 8 Figuren. Welcher der vorgegebenen 9 Lösungsvorschläge (rechts, A–I) passt als Einziger in das freie 9. Feld?

Beispiel 1

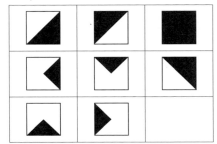 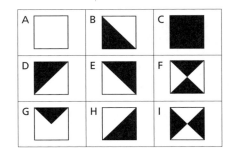

Lösung: B

Erklärung: Die schwarze Fläche der ersten Figur, addiert mit der schwarzen Fläche der zweiten Figur, ergibt, sozusagen als Summe, die dritte Figur. Dieses Prinzip gilt sowohl in vertikaler wie in horizontaler Richtung – ein wichtiger Hinweis für die generelle Bearbeitung dieses Aufgabentyps.

Beispiel 2

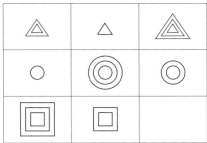 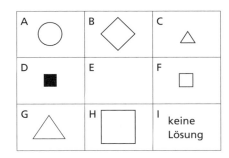

Lösung: F

AUFGABEN

Für die folgenden 5 Aufgaben haben Sie 4 Minuten Zeit.

1

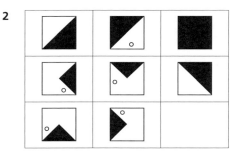
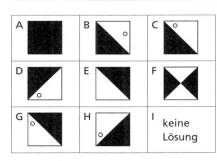

2

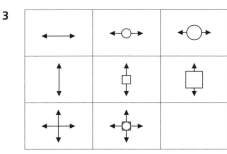

3

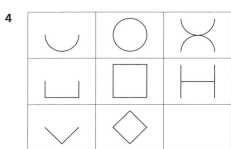

4

5

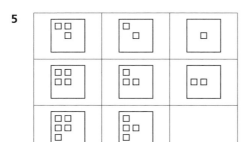

LÖSUNGEN

| 1 F | 2 B | 3 H | 4 B | 5 E |

 Schaubilder und Diagramme auswerten

Bitte bearbeiten Sie die auf den nächsten Seiten dargestellten Schaubilder anhand der jeweiligen Fragestellung so sorgfältig und genau wie möglich. Die Bearbeitungszeit wird Ihnen dazu individuell vorgegeben.

A. Kostenvergleich Haushaltskosten

Eine der vorgegebenen Antworten ist richtig. Sie haben 4 Minuten Zeit.

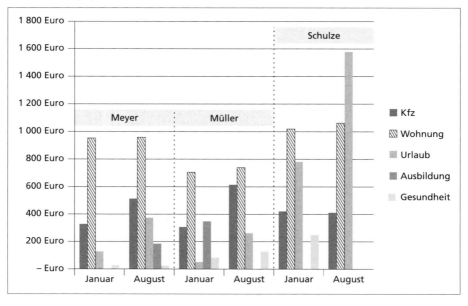

Zugrunde liegende Tabelle

	Meyer		Müller		Schulze	
	Januar	August	Januar	August	Januar	August
Kfz	325,96 €	503,50 €	305,00 €	610,00 €	423,80 €	410,95 €
Wohnung	954,00 €	963,00 €	710,55 €	745,55 €	1 012,78 €	1 062,60 €
Urlaub	125,00 €	375,00 €	50,00 €	255,80 €	790,00 €	1 590,00 €
Ausbildung	– €	190,00 €	350,55 €	– €	– €	– €
Gesundheit	23,78 €	15,95 €	75,98 €	125,70 €	253,98 €	– €

1 In welchem Monat stehen bei Familie Müller weniger Kosten an?
   a Januar
   b August

2 Bei welcher Familie wird das meiste Geld für die Gesundheit ausgegeben?
   a Familie Meyer
   b Familie Müller
   c Familie Schulze
   d kann nicht eindeutig festgestellt werden

3 Welche Familie hat im August die meisten Kosten?
   a Familie Meyer
   b Familie Müller
   c Familie Schulze
   d kann nicht eindeutig festgestellt werden

4 Für welchen Posten geben alle drei Familien in diesen beiden Monaten das meiste Geld und für welchen Posten das wenigste Geld aus?
   a Urlaub / Gesundheit
   b Urlaub / Ausbildung
   c Kfz / Gesundheit
   d Wohnung / Ausbildung
   e Wohnung / Gesundheit

5 Welche Familie hat insgesamt die geringsten Ausgaben?
   a Familie Meyer
   b Familie Müller
   c Familie Schulze

6 Bei welcher Familie steigen die Kfz-Kosten zwischen Januar und August um 100 %?
a   Familie Meyer
b   Familie Müller
c   Familie Schulze

B. Wahlergebnisse

Für jede Behauptung ist eine richtige Antwort zu wählen. Sie haben diesmal 5 Minuten Bearbeitungszeit.

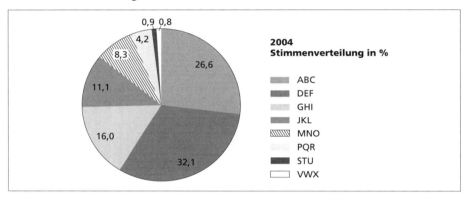

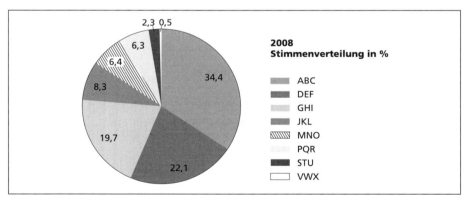

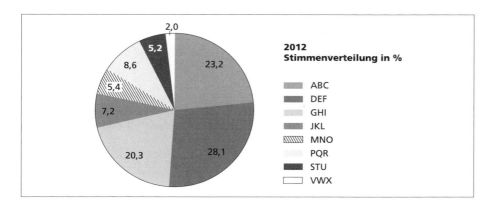

Behauptungen:

1 Die Partei DEF hat im Jahr 2004 den größten Stimmenanteil.
   a stimmt
   b stimmt nicht
   c kann nicht eindeutig festgestellt werden

2 Die Partei STU hat in jedem Wahljahr den geringsten Stimmenanteil.
   a stimmt
   b stimmt nicht
   c kann nicht eindeutig festgestellt werden

3 Die Parteien DEF, STU und VWX konnten im Jahr 2012 ihren Stimmenanteil gegenüber 2008 erhöhen.
   a stimmt
   b stimmt nicht
   c kann nicht eindeutig festgestellt werden

4 Die Partei GHI hat in jedem Wahljahr den höchsten Stimmenanteil.
   a stimmt
   b stimmt nicht
   c kann nicht eindeutig festgestellt werden

5 Der Stimmenanteil der Parteien STU und VWX übersteigt in allen drei Jahren nicht die 5 %-Hürde.
   a stimmt
   b stimmt nicht
   c kann nicht eindeutig festgestellt werden

6   Im Jahr 2004 bilden die Parteien ABC, DEF und GHI eine Zwei-Drittel-Mehrheit.
    a   stimmt
    b   stimmt nicht
    c   kann nicht eindeutig festgestellt werden

7   Die Parteien JKL und MNO haben in den drei Wahljahren kontinuierlich ihre Wählerstimmen verloren.
    a   stimmt
    b   stimmt nicht
    c   kann nicht eindeutig festgestellt werden

8   Die Parteien JKL und PQR haben im Jahr 2008 den gleichen Stimmenanteil.
    a   stimmt
    b   stimmt nicht
    c   kann nicht eindeutig festgestellt werden

9   Im Jahr 2004 können die Parteien ABC und DEF eine Koalition eingehen, um eine absolute Mehrheit (mehr als 50 Prozent der Stimmen) im Parlament zu erzielen.
    a   stimmt
    b   stimmt nicht
    c   kann nicht eindeutig festgestellt werden

LÖSUNGEN

A. Kostenvergleich Haushaltskosten

| 1 a | 2 c | 3 c | 4 e | 5 b | 6 b |

B. Wahlergebnisse

| 1 a | 2 b | 3 a | 4 b | 5 b | 6 a |

| 7 a | 8 b | 9 a |

Symbolrechnen

Bei dieser Aufgabe werden Zahlen durch bestimmte Symbole ersetzt. Einzelne Symbole entsprechen einer einstelligen Zahl (0–9), zwei nebeneinander stehende Symbole einer zweistelligen Zahl (10–99). Die Aufgabe besteht darin herauszufinden, welche der angebotenen Zahlen für ein bestimmtes Symbol eingesetzt werden muss, damit die Aufgabe richtig gelöst werden kann (Lösungsvorschläge neben dem zu entschlüsselnden Symbol).

Beispiel 1

Lösung: 7
Nur wenn diese Zahl für das Quadrat eingesetzt wird, kann das Ergebnis zweistellig werden.

Beispiel 2

Lösung: 5
Denn nur die 5 bleibt als Einerstelle wie auch als Multiplikand im Ergebnis der Einerstelle 5.

AUFGABEN

Für die folgenden 5 Aufgaben haben Sie 4 Minuten Zeit.

1. △ + △ + △ + △ = ○   △ = 3 7 0 4 2 5

2. ▽ − ○ = ▽   ○ = 6 3 4 0 2 1

3. ○ · ○ = ◨○   ◨ = 1 4 5 3 8 6

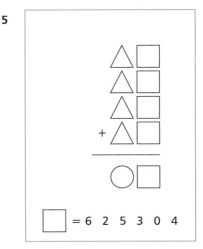

LÖSUNGEN

| 1 2 | 2 0 | 3 3 | 4 1 | 5 0 |

 Flussdiagramme

Die folgenden Übungsaufgaben sollen Ihnen Gelegenheit geben, sich mit einem bestimmten Aufgabentyp aus gängigen Eignungsverfahren (Fluss- oder Ablaufdiagramm) besser vertraut zu machen.

Eine Reihe von Problemstellungen und möglichen Lösungswegen werden in einem Flussdiagramm schematisch dargestellt. Zur Problemlösung gelangen Sie, indem Sie den Pfeilen des Flussdiagramms Schritt für Schritt folgen und das Schema begreifen.

Die „Bausteine" (Felder) des Flussdiagramms können sein: Handlungsschritte, Fragen, Antworten. Ihre Aufgabe ist es, für die nummerierten ovalen „Bausteine" (Felder) aus einer vorgegebenen Lösungsmenge a – e jeweils den richtigen Text auszuwählen, sodass das gesamte Flussdiagramm einen stimmigen Problemlösungsablauf aufzeigt.

Sie finden also zu den lediglich mit einer Ziffer versehenen ovalen „Bausteinen" (Feldern) jeweils fünf aus Texten bestehende Lösungsvorschläge (a, b, c, d, e), von denen nur einer richtig ist. Diesen gilt es für jeden nummerierten „Baustein" (1– 3) logisch richtig herauszufinden. Nochmals: Nur jeweils eine Lösung (für einen „Baustein") ist richtig.

Beispiel
Mit der Vorbereitung eines Bades kennen Sie sich aus. Sie müssen warmes und kaltes Wasser in die Wanne laufen lassen, die Temperatur überprüfen, gegebenenfalls Wasser ab- oder weiteres warmes oder kaltes Wasser zulaufen lassen, um dann endlich baden zu können.
In dem folgenden Flussdiagramm ist das Problem schematisch dargestellt. Zunächst wird Wasser in die Wanne gelassen, dann muss man entscheiden, ob die Wanne zu voll ist, die Temperatur überprüfen usw.

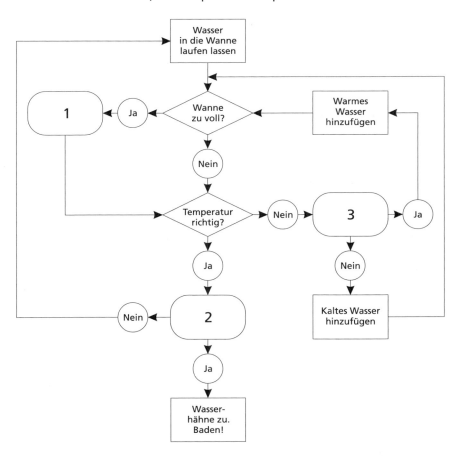

Welcher Text gehört in die Bausteine 1, 2, 3, damit das Flussdiagramm logisch richtig vervollständigt ist?

1 Aufgabe: Welcher Text gehört in den ovalen Baustein 1?
   a   Warmes Wasser zufügen
   b   Kaltes Wasser zufügen
   c   Wanne zu voll?
   d   Etwas Wasser ablaufen lassen
   e   Zusätzliches Wasser zufügen

Lösung: d
Begründung: Lösung c kann es nicht sein, denn diese Frage wurde direkt davor gestellt. Die Lösungen a, b und e scheiden auch aus, da die ja eben als zu voll erkannte Wanne überlaufen würde.

2 Aufgabe: Welcher Text gehört in den ovalen Baustein 2?
   a   Wanne zu voll?
   b   Wanne voll genug?
   c   Wanne zu leer?
   d   Temperatur ist zu kalt.
   e   Temperatur ist richtig.

Lösung: b
Begründung: Die Lösungen d und e scheiden aus, weil das Feld eine Frage beinhalten muss (schließlich folgt ein Ja oder Nein). Lösung a scheidet aus, denn die Wanne kann nicht zu voll sein, das wird bereits am Anfang überprüft (Wanne zu voll?). Auch c kann nicht die richtige Lösung sein, denn die Antwort Ja führt dazu, die Wasserhähne zu schließen und zu baden. Dies würde man nicht tun, wenn die Wanne zu leer ist.

3 Aufgabe: Welcher Text gehört in den ovalen Baustein 3?
   a   Temperatur zu kalt?
   b   Temperatur zu warm?
   c   Wanne zu voll?
   d   Wanne ist voll.
   e   Wasser ablaufen lassen.

Lösung: a
Begründung: Lösungen d und e entfallen, weil sie keine Fragen sind, aber der Anschluss Ja und Nein folgt. Lösung c scheidet aus, denn dies wurde bereits überprüft. Lösung b ist ebenfalls falsch, weil man bei zu warmem Wasser kein zusätzliches warmes Wasser hinzufügen würde.

AUFGABE

Hier nun eine Aufgabe. Sie haben 4 Minuten Zeit.

Lagerhallen
Eine Fabrik besitzt drei Lagerhallen:
Im Lager A befinden sich: – Geschirr (Porzellan)
                                 – Gläser (Glas)
Im Lager B befinden sich: – Industrieteile (Porzellan)
Im Lager C befinden sich: – Steingut
                                 – Flaschen (Glas)

1.1 Aufgabe: Welcher Text gehört in den ovalen Baustein 1?
    a Industrieteile?
    b Stück kann nicht getrennt werden.
    c Porzellan?
    d Geschirr?
    e Gläser?

1.2 Aufgabe: Welcher Text gehört in den ovalen Baustein 2?
    a Gläser?
    b Flaschen?
    c Geschirr?
    d Stück ist aus Glas.
    e Industrieteile?

1.3 Aufgabe: Welcher Text gehört in den ovalen Baustein 3?
    a Stück ist ein Teller.
    b Stück ist eine Flasche.
    c Industrieteile?
    d Stück ist aus Steingut.
    e Ist Stück eine Flasche?

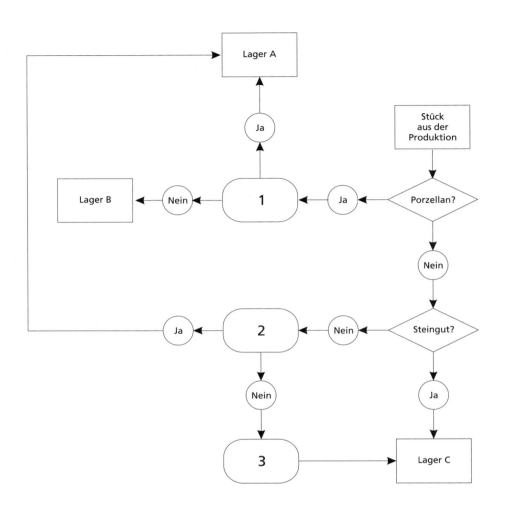

LÖSUNGEN

| 1.1 d | 1.2 a | 1.3 b |

Wörter erkennen

Hier eine Übungsaufgabe, bei der Sie Ihr Abstraktionsvermögen trainieren. Sie bekommen eine Vielzahl von Wörtern, bei denen die Buchstaben durcheinander gewürfelt worden sind. Ihre Aufgabe ist nun, diese Wörter zu erkennen (nur in Gedanken!) und den Anfangsbuchstaben zu unterstreichen.

Zwei Beispiele

<u>G</u> L D O (Gold)

E I N <u>W</u> (Wein)

Für die folgenden 6 Wörter haben Sie 1,5 Minuten Zeit.

| 1 | G N Ö I K | 2 | S A S W R E | 3 | F F A K E E |
| 4 | P S U E P | 5 | Z L I P | 6 | L A B L N O |

LÖSUNGEN

| 1 | K König | 2 | W Wasser | 3 | K Kaffee |
| 4 | S Suppe | 5 | P Pilz | 6 | B Ballon |

Plausible Erklärungen

Als Nächstes bekommen Sie einen einfachen Sachverhalt geschildert, zu dem Sie eine möglichst plausible Erklärung finden sollen.

Beispiel
Max zieht sich seine Gummistiefel an.
a   Max hat kalte Füße.
b   Gummistiefel passen gut zur Winterjacke von Max.
c   Max' Sandalen sind kaputt.
d   Max will im Regen spazieren gehen.

Lösung: d

Gummistiefel sind nicht wärmend, sodass a ausscheidet. Ob diese gut zu einer Winterjacke passen, kann ohne weitere Informationen nicht beurteilt werden, sodass auch b nicht plausibel ist. Auch bei c wäre es nur eine Vermutung, dass die Sandalen kaputt sind und Max deswegen Gummistiefel anzieht. Plausibel wäre aber auch das nicht, da Sandalen eher luftig sind und im Sommer getragen werden, Gummistiefel eher im Regen bzw. bei Tätigkeiten, bei denen man nasse Füße bekommen kann. Damit bleibt Lösung d als einzig plausible Erklärung übrig.

Bitte lösen Sie jetzt die folgenden 5 Aufgaben innerhalb von 3 Minuten. Markieren Sie nur die Antwort, die am besten plausibel erklärbar ist.

1. Merle trägt einen Sonnenhut.
   a   Es beginnt gleich zu regnen.
   b   Merle möchte einen Sonnenstich vermeiden.
   c   Merle mag Sonnenhüte.
   d   Merle hat ihren Regenhut nicht so schnell gefunden.

2. Vor dem Nachbarhaus steht ein Rettungswagen mit Blaulicht.
   a   Im Haus findet eine Übung statt.
   b   Jemand hat sich einen Scherz erlaubt.
   c   Ein Notarztwagen wird in Kürze eintreffen.
   d   In dem Haus gibt es einen medizinischen Notfall.

3. Der Drucker druckt nicht und die rote Lampe blinkt.
   a   Die Lampe ist kaputt.
   b   Es ist kein Strom angeschaltet.
   c   Die Tinte ist aufgebraucht.
   d   Es ist genug Papier im Fach.

4. Lena wird zum Chef gerufen.
   a   Der Chef möchte Lena sprechen.
   b   Lena hatte gestern frei.
   c   Ein Kollege hat sich über Lena beschwert.
   d   Lena möchte morgen einen Tag frei haben.

5. Nadine geht frühstücken.
   a   Nadine hat gestern Abend nichts gegessen.
   b   Nadine ist zum Mittagessen wieder verabredet.
   c   Zum Frühstück gibt es Brötchen.
   d   Es ist morgens und Nadine hat Hunger.

LÖSUNGEN

| 1 b | 2 d | 3 c | 4 a | 5 d |

Dominosteine

Hier wird Ihnen eine Gruppe von Dominosteinen präsentiert, in der jeweils der Stein rechts unten fehlt. Ihre Aufgabe ist es nun, aus der rechten Gruppe den Stein zu wählen, der links fehlt, sodass die Gruppe logisch aufgebaut ist.

Beispiel

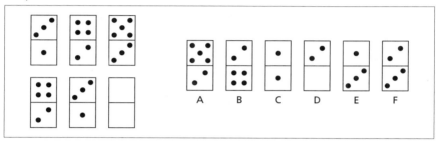

Lösung: D
Die erste Reihe Dominosteine baut sich im oberen (3-4-5 Punkte) wie im unteren Feld (1-2-3 Punkte) nach dem System + 1 auf. Das Aufbauprinzip der zweiten Reihe Dominosteine ist entsprechend, aber nach dem System – 1.

Für 5 Aufgaben haben Sie 3 Minuten Zeit.

1

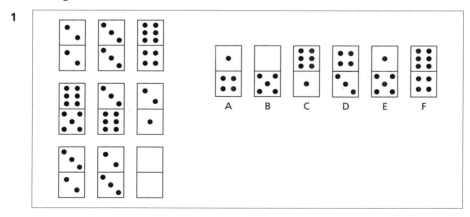

2

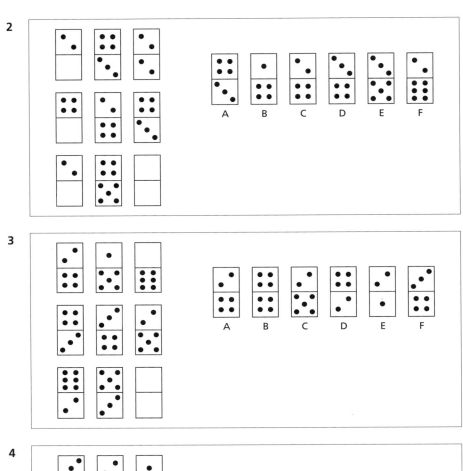

3

4

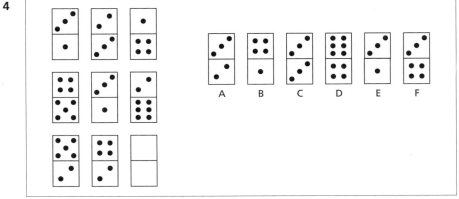

5

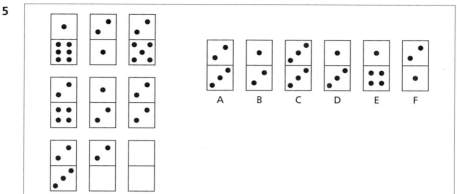

| 1 F | 2 C | 3 B | 4 F | 5 D |

Zugehörigkeiten

Bei diesem Test bekommen Sie zwei Gruppen, A und B, vorgestellt sowie 5 Auswahlbilder. Sie sollen nun die jeweilige Gemeinsamkeit der Gruppe A und der Gruppe B herausfinden und dann die 5 Auswahlbilder den jeweiligen Gruppen zuordnen.

Beispiel 1

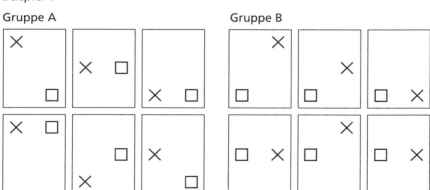

Auswahlbilder:

1. 2. 3. 4. 5.

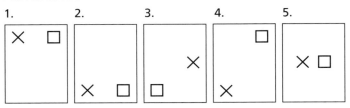

Welches der 5 Auswahlbilder gehört in Gruppe A, welches in Gruppe B?

Lösung:
1 A, 2 A, 3 B, 4 A, 5 A

Begründung:
In Gruppe A steht das X immer links vom Quadrat, in Gruppe B immer rechts.

Beispiel 2
Gruppe A   Gruppe B

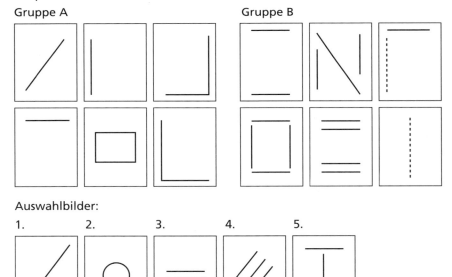

Auswahlbilder:
1. 2. 3. 4. 5.

Welches der 5 Auswahlbilder gehört in Gruppe A, welches in Gruppe B?

Lösungen:
1 B, 2 A, 3 B, 4 B, 5 B

Begründung:
In Gruppe A gibt es immer nur eine fortlaufende Linie, in Gruppe B zwei oder mehr.

AUFGABE

Lösen Sie nun die folgende Aufgabe. Sie haben 90 Sekunden Zeit.

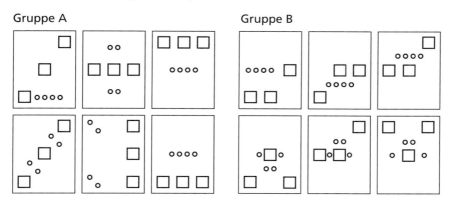

Auswahlbilder:

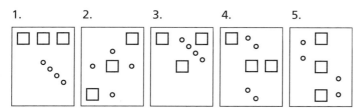

▶ LÖSUNGEN

Lösung Gruppe A: 1, 2, 5
Lösung Gruppe B: 3, 4
In Gruppe A bilden die Quadrate eine Linie. In Gruppe B nicht.

Kurzzeitgedächtnis und Merkfähigkeit

Bei diesen Gedächtnistests geht es um Ihre Merkfähigkeit. Oftmals sollen Sie sich (sinnlose) Zahlen, Bilder, Geschichten, Symbole oder Kombinationen aus diesen und anderen Dingen merken und zu einem späteren Zeitpunkt reproduzieren. Sie werden schnell feststellen, dass ein bisschen Training Ihnen zu ungeahnten Leistungen verhilft. Wir empfehlen Ihnen auch die Übungsaufgaben, die wir in den ergänzenden Prüfungsbögen für den technischen oder den nichttechnischen Dienst zusammengestellt haben.

Vorweg ein paar Bearbeitungstipps
Geht es darum, sich Wörter zu merken, so setzen Sie diese in Ihrer Fantasie (wie im „Kopfkino") am besten zu einer kurzen Geschichte zusammen. Aus „Hund", „Knochen" und „Garten" kann so leicht „Der Hund vergräbt den Knochen im Garten" werden. Dies gilt sowohl für Aufgaben, bei denen Sie das gemerkte Wort wiedergeben müssen, als auch für Aufgabentypen, bei denen z. B. gefragt wird, wie das Wort mit dem Anfangsbuchstaben „H" (Hund) hieß.

Eine andere Mnemotechnik hilft Ihnen bei Aufgabenstellungen, bei denen Sie sich ganze Gruppen von Begriffen merken sollen, sich diese mithilfe eines Kunstwortes einzuprägen. Die Berufe „Eismann, Imker, Nachtwächter, Pfarrer und Uhrmacher" können Sie sich z. B. mit der Abkürzung „EINPU" merken, die Sie dann mit den Berufen assoziieren.

Zahlen(kolonnen) fassen Sie am besten zusammen. So kann aus 17 und 89 schnell 1789 (Französische Revolution), werden oder Sie verbinden 21, 13 und 80 mit einer „Kurzgeschichte": Wir leben im 21. Jahrhundert. Mit 13 waren wir jung, mit 80 sind wir alt.

Versuchen Sie während des Trainings diese Techniken einmal anzuwenden und herauszufinden, mit welcher Sie die besten Ergebnisse erzielen. Weitere Tipps finden Sie auch im Internet, wenn Sie z. B. nach dem Begriff „Mnemotechnik" suchen.

 ## Schriftlicher Bericht

Bei diesem Test kommt es neben sprachlichem Ausdruck vor allem auf Ihr Gedächtnis und Ihre Fähigkeit an, Sachverhalte in Form eines Berichts möglichst detailliert wiederzugeben. Bitte lesen Sie sich nun den folgenden Artikel genau durch und prägen sich möglichst viele Details ein. Sie haben dafür 5 Minuten Zeit.

Die Weltkonjunktur wurde in der ersten Jahreshälfte 2011 durch verschiedene Schocks gelähmt: Dazu zählten ein kräftiger Ölpreisanstieg infolge der politischen Umbrüche im arabischen Raum, das Erdbeben in Japan und die Eskalation der Schuldenkrise im Euro-Raum, die die Unsicherheit deutlich erhöht hat. Zwar konnten die zwei erstgenannten Schocks bis zur Jahresmitte weitestgehend verarbeitet werden, die Schuldenproblematik beherrscht jedoch weiter das Bild.

Viele Industrieländer stehen vor der Aufgabe, ihren Konsolidierungserfordernissen nachzukommen, und das in einer Phase, in der die Konjunktur ohnehin durch zahlreiche andere Faktoren belastet wird. So dämpfen die hohe Arbeitslosigkeit, die schwache Vermögenspreisentwicklung und die ausgeweitete Verschuldung der privaten Haushalte in vielen Ländern den privaten Konsum. Die nach wie vor sehr expansiv ausgerichtete Geldpolitik dürfte hingegen weiter stabilisierend wirken.

Im Gegensatz dazu drohte vielen Schwellenländern noch in der ersten Jahreshälfte 2011 eine konjunkturelle Überhitzung aufgrund hoher Kapitalzuflüsse und einer stark ausgeweiteten Kreditvergabe. Die ergriffenen, restriktiven Maßnahmen bewirkten allerdings zur Jahresmitte in diesen Ländern ebenfalls eine, wenngleich gewünschte Abkühlung der Konjunktur. Insgesamt bleibt das Bild für die Schwellenländer positiv, insbesondere die Länder Asiens dürften weiterhin stützende Impulse für die Weltwirtschaft geben.

Unter der Annahme, dass die Schuldenkrise im Euro-Raum durch die Beschlüsse vom Oktober 2011 und durch glaubwürdige nationale Konsolidierungspläne eingedämmt werden kann, dürfte sich das weltwirtschaftliche Wachstum insgesamt nur geringfügig abschwächen, auf je 4,0 vH in den Jahren 2011 und 2012 (Sachverständigenrat zur Begutachtung der gesamtwirtschaftlichen Entwicklung 2011/2012, S. 25).

Bitte verfassen Sie nun einen Bericht, der den oben angeführten Inhalt möglichst detailliert wiedergibt. Lassen Sie nichts aus, fügen Sie aber auch nichts hinzu. Sie haben hierfür 20 Minuten Zeit.

Da wir Ihnen an dieser Stelle keine Musterlösung anbieten können, sollten Sie im Anschluss Ihre Lösung mit dem Original selbst vergleichen. Hierbei können Sie folgende Kriterien als Hilfsmittel zur Beurteilung Ihrer Leistung nutzen:
- Wie ist die Reihenfolge in Ihrem Bericht im Vergleich zum Ausgangsartikel? Haben Sie die Absätze chronologisch korrekt wieder gegeben oder ist bei Ihnen alles durcheinander?
- Wie detailliert haben Sie Ihren Bericht geschrieben? Konnten Sie viele Details wiedergeben oder sind Sie an der Oberfläche geblieben?
- Wie ist Ihr sprachlicher Ausdruck? Liest sich Ihr Artikel angenehm und leicht verständlich oder sind sprachliche Brüche enthalten?
- Wie haben Sie Rechtschreibung und Grammatik beachtet?

Lassen Sie den von Ihnen geschriebenen zusammenfassenden Text gegebenenfalls zusätzlich von einer anderen Person durchlesen und im Hinblick auf die angeführten Kriterien überprüfen.

Noch ein Tipp: Machen Sie sich vor der Anfertigung Ihres Textes auf einem kleinen Extrablatt Notizen, was Sie alles berücksichtigen wollen und in welcher Reihenfolge. Dies kostet zwar Zeit, hilft Ihnen aber später, einen guten sprachlichen Ausdruck zu finden und den Inhalt chronologisch korrekt darzustellen.

Zahlen merken

Jetzt ist Ihr Kurzzeitgedächtnis für Zahlen gefragt. Bitte prägen Sie sich nun die folgenden zweistelligen Zahlen ein. Sie haben insgesamt 1 Minute Zeit!

| 12 | 14 | 16 | 34 | 35 | 41 | 49 | 51 |
| 57 | 68 | 73 | 77 | 81 | 88 | 94 | 97 |

Fertig?
Dann verdecken Sie nun die oberen Zahlen mit einem Blatt und tragen Sie die gemerkten Zahlen in beliebiger Reihenfolge in die untenstehenden Lösungsfelder ein. Wieder haben Sie 1 Minute Zeit.

1 _____ 2 _____

3 _____ 4 _____

5 _____ 6 _____

7 _____ 8 _____

9 _____ 10 _____

11 _____ 12 _____

13 _____ 14 _____

15 _____ 16 _____

Geschafft! Vergleichen Sie nun Ihre mit den Originalzahlen. Wie viele konnten Sie sich erfolgreich merken? Ab zehn richtig gemerkten und wiedergegebenen Zahlen haben Sie ein gutes, ab 14 ein sehr gutes Ergebnis erzielt.

Geometrische Figuren und Zahlen merken

Auch hier haben Sie wieder eine neue Art von einem Merkfähigkeitstest vor sich. Diesmal sollen Sie sich Zahlen merken, die in bestimmten grafischen Symbolen abgebildet sind. Später müssen Sie Zahlen und Figuren wieder einander zuordnen. Natürlich ist es möglich, dass man diesen Test leicht abwandelt. So wäre es auch denkbar, dass Sie sich statt Zahlen Buchstaben oder andere Symbole wie ein Fahrrad, ein Auto u. Ä. merken sollen.

Bitte prägen Sie sich nun die folgenden Figuren und Zahlen gut ein. Sie haben dazu 2 Minuten Zeit.

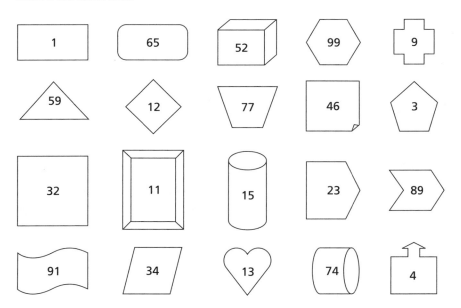

Nach 2 Minuten blättern Sie um, tragen in die geometrischen Figuren auf der folgenden Buchseite die zugehörigen Zahlen ein und vergleichen diese anschließend mit den Originalzahlen. Sie haben für diese Aufgabe 1 Minute Zeit.

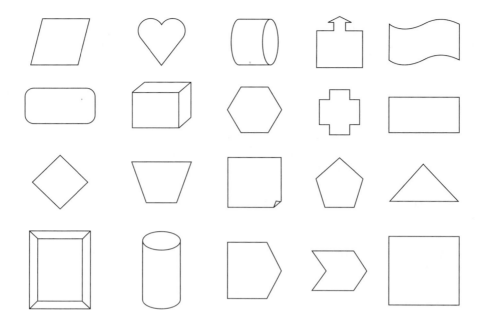

> **EINSCHÄTZUNG**
>
> 10 gemerkte Zahlen sind durchschnittlich gut; ab 14 ist man sehr gut; ab 17 ganz außerordentlich.

 Zahlenpaare merken

Bitte merken Sie sich jetzt die folgenden 12 Zahlenpaare. Nach 2 Minuten Merkzeit werden wir Sie bitten, anhand der linken Zahl die richtige rechte Zahl aus einem Zahlenfeld von 5 Zahlen wiederzuerkennen. Diese Zahl markieren Sie dann mit einem geraden, waagerechten Strich.

Beispiel
Zu merkende Zahlenpaare:
12 – 345
43 – 840

Rekapitulierung:
12 –   532   865   612   097   <u>345</u>
43 –   <u>840</u>   765   836   234   965

Bitte merken Sie sich die jetzt folgenden Zahlenpaare.
Sie haben 2 Minuten Zeit, dann decken Sie die Zahlenkombis ab.

45 – 743	28 – 329
83 – 012	46 – 783
11 – 085	96 – 474
77 – 358	82 – 001
13 – 999	16 – 248
84 – 629	66 – 911

Unterstreichen Sie nun bitte rechts die richtige Zahl, die ursprünglich zur linken Zahl gehörte. Sie haben 2 Minuten Zeit.

84 –	745	628	112	452	629
83 –	012	678	565	637	986
96 –	845	474	666	132	087
16 –	976	667	248	452	811
11 –	111	723	810	894	085
45 –	743	734	853	642	841
82 –	001	765	932	010	764
66 –	911	752	134	532	671
13 –	643	965	245	999	535
77 –	947	532	358	865	614
46 –	252	521	783	445	245
28 –	564	643	329	642	532

LÖSUNGEN

84 –	745	628	112	452	<u>629</u>
83 –	<u>012</u>	678	565	637	986
96 –	845	<u>474</u>	666	132	087
16 –	976	667	<u>248</u>	452	811
11 –	111	723	810	894	<u>085</u>
45 –	<u>743</u>	734	853	642	841
82 –	<u>001</u>	765	932	010	764
66 –	<u>911</u>	752	134	532	671
13 –	643	965	245	<u>999</u>	535
77 –	947	532	<u>358</u>	865	614
46 –	252	521	<u>783</u>	445	245
28 –	564	643	<u>329</u>	642	532

Hinweis
Üben Sie Ihr Zahlen-Kurzzeitgedächtnis und stellen Sie sich selbst Zahlen (auch dreistellige) zusammen.

Ergebnis
6 Zahlen = durchschnittlich;
ab 8 = sehr ordentlich;
ab 10 = sehr gut

Einzelheiten merken

In diesem Test geht es darum, sich aus einem Text möglichst viele Einzelheiten zu merken und später hierzu gestellte Fragen richtig zu beantworten.

Beispiel
Der Airbus A380 gilt als das zurzeit größte Verkehrsflugzeug für Passagiere der Welt. Große Fluggesellschaften wie die Emirates, Lufthansa und Thai haben diesen Maschinentyp bereits geordert oder im Einsatz. Frankfurt/Main und München, die beiden bedeutendsten deutschen Flughäfen haben Vorkehrungen getroffen, um den A380 mit dem dadurch bedingten Passagieraufkommen abzufertigen.

Frage: Welche deutschen Flughäfen haben sich auf den A380 vorbereitet?

Antwort: Frankfurt/Main und München.

AUFGABEN

Lesen Sie nun den folgenden Text aufmerksam durch und merken Sie sich möglichst viele Details. Bitte lösen Sie dann einen Test Ihrer Wahl aus diesem Buch und beantworten erst danach die Fragen zu diesem Aufgabentyp, ohne wieder in den Text zu schauen.

Sport Utility Vehicle (abgekürzt SUV, dt. etwa Sport- und Nutzfahrzeug) beziehungsweise Geländelimousine bezeichnet einen Pkw mit einem einer Limousine ähnlichen Fahrkomfort, allerdings mit einer erhöhten Geländegängigkeit sowie einer Karosserie, die an das Erscheinungsbild von Geländewagen angelehnt ist. Die Geländetauglichkeit ist von Modelltyp zu Modelltyp sehr unterschiedlich; manche SUVs haben keinen Allradantrieb, da sie vorwiegend für die Nutzung im Straßenverkehr bestimmt sind. [...]

Begriffe
Im US-amerikanischen Sprachgebrauch bezeichnet Sport Utility Vehicle (Sportnutzfahrzeug) Geländewagen aller Art. Synonym spricht man auch von offroaders (etwa Geländetaugliche). Die Unterklasse der Komfort-Geländewagen, wie sie im Sinne der deutschsprachigen Bedeutung von Sport Utility Vehicles gemeint sind, heißen im englischen Sprachraum crossover SUV (im Sinne von gekreuzt mit einem Pkw) und salopp soft-roaders (etwa Weichgängige).

Ist in Nordamerika von einem Full-Size SUV die Rede, so bezeichnet dies Fahrzeuge wie etwa den Cadillac Escalade, wobei diese nach deutschem Verständnis Geländewagen sind, da sie auf Lkw-Chassis aufgebaut sind. Von diesen bereits in ihrer Grundform über 5 Meter langen Fahrzeugen existieren Langversionen mit etwa 5,6 Metern Länge.

Modelle der Größe etwa eines BMW X5 oder eines Lexus RX heißen dort Mid-Size Crossover SUV. [...]

Kritik

SUVs stehen aus vielerlei Gründen öffentlich in der Kritik. Vor allem richtet sich diese gegen den deutlich höheren Kraftstoffverbrauch als denjenigen bei Limousinen mit vergleichbaren Fahrleistungen. Während z. B. ein VW Tiguan mit einem 110 PS leistenden Dieselmotor 139 g Kohlendioxid pro km ausstößt, sind es bei einem ebenfalls dieselgetriebenen VW Golf mit 105 PS nur 99 g.[1] Die Hauptgründe für diesen Unterschied sind:
- ihre größere Stirnfläche und höherer C_W-Wert, dadurch höherer Luftwiderstand
- ihr konzeptbedingtes höheres Gewicht
- der in fast allen SUVs eingebaute Allradantrieb; er macht die Fahrzeuge um über 100 kg schwerer und erzeugt zusätzliche Reibungsverluste im Antriebsstrang

Eine Analyse von 955 Anprallereignissen an Fahrzeugrückhaltesystemen aus Stahl und Beton hat gezeigt, dass SUVs im Vergleich zu herkömmlichen Pkws und Pickups ein achtfaches Risiko für einen Fahrzeug-Überschlag (Rollover) im Falle eines Anpralls haben.[2] Außerdem stellen SUVs ein erhöhtes Unfallrisiko für andere Verkehrsteilnehmer dar: für Fußgänger, insbesondere Kinder, wird das Verletzungsrisiko durch die hohe Fahrzeugfront gesteigert,[3] besonders durch Fahrzeuge mit Frontschutzbügeln. Bei Kollisionen mit anderen Pkw wird dabei das leichtere Fahrzeug stärker beschädigt. Crashtests haben bewiesen, dass die Knautschzonen nur bedingt kompatibel sind.[4] [...]

Aus Wikipedia, Die freie Enzyklopädie, Artikel „Sport Utility Vehicle", lizenziert unter CC-by-SA-3.0

Bitte beantworten Sie nun die folgenden Fragen innerhalb von 2 Minuten:

1 Wofür steht die Abkürzung „SUV"?
2 Warum haben manche SUVs keinen Allrad-Antrieb?
3 Wofür verwendet man den Begriff „SUV" im US-Amerikanischen?
4 Wie viel Mal so hoch ist das Risiko für einen Fahrzeug-Überschlag (Rollover) im Falle eines Anpralls gegenüber herkömmlichen Pkws und Pickups?
5 Wer ist durch SUVs besonderen Gefahren ausgesetzt?

1 Weert Canzler, Andreas Knie, Schlaue Netze. *Wie die Energie- und Verkehrswende gelingt*, München 2013, S. 29.
2 GABAUER, GABLER, 2009: Differential Rollover Risk in Vehicle-to-Traffic Barrier Collisions
3 Spiegel Online: Neue ADAC-Studie: Geländewagen sind so gefährlich wie fahrende Mauern
4 Focus Online: David gegen Goliath: SUV trifft Golf

LÖSUNGEN

1. Sports Utility Vehicle, SUV ist die Abkürzung für Sports Utility Vehicle.
2. Weil sie vorwiegend für die Nutzung im Straßenverkehr bestimmt sind.
3. Geländewagen aller Art werden so bezeichnet.
4. Das Risiko ist achtmal so hoch.
5. Fußgänger, insbesondere Kinder, sind besonders gefährdet.

Namen, Personen und Fakten merken

Die nachfolgenden zwei Lebensgeschichten sowie die Fotos der handelnden Personen prägen Sie sich bitte gut ein. Dafür stehen Ihnen nach dem ersten Durchlesen der beiden Lebensgeschichten 5 Minuten Zeit zur Verfügung.

Lebensgeschichte A

Emil Koll
geboren am 11. 3. 1959 in Sääs
Wohnort: Labonn
Telefon: 321 64 00

Emil Koll war der Älteste von fünf Geschwistern und musste schon früh seinen Eltern in der Gaststätte helfen. In seiner Freizeit bewies er ein beachtliches Zeichentalent. Mit 19 Jahren heiratete er eine junge, ehrgeizige, aber leichtsinnige Handelsvertreterin für Spirituosen, Frau Wepp. Schon nach zweieinhalb Jahren musste er einsehen, dass seine Ehe verfehlt war. Nach der Scheidung ging er zunächst zu seinen Eltern zurück und bildete sich durch den täglichen Besuch von Kursen in der Nachbarstadt Bulo als Modezeichner fort. Bald hatte er viel Erfolg in dieser Tätigkeit. Als er seine zweite Frau, Vera Puschmann, eine Kinderärztin, kennenlernte, gab er seine Tätigkeit auf.

Emil Koll   Vater von Emil Koll   Frau Wepp

Lebensgeschichte B

Adele Notzell
geboren am 8. 12. 1966 in Cann
Wohnort: Rantrum
Telefon: 723 45 00

Adele Notzell wollte, wie ihr Vater, den Lehrerberuf ergreifen. Von Jugend an interessierte sie sich für Technik. Nach einem vierjährigen Studium wurde sie Ingenieurin. Zunächst beschäftigte sie sich mit der Entwicklung neuzeitlicher Kühlmaschinen. Mit ihrer Kollegin, Fräulein Luna, erfand sie eine verbesserte Eiszubereitungsmaschine. Sie entwarf außerdem einen neuartigen und sehr preisgünstigen Seifenspender, der sehr sparsam im Stromverbrauch war. Später wechselte sie ihre Arbeitsstelle und kam in einen Großbetrieb für Motorräder in Dagblitz. Sie wurde Chefkonstrukteurin und arbeitete mit ihrem Mitarbeiterstab an Plänen für einen neuartigen Lärmschutz für Auspuffanlagen. Auf einer längeren Geschäftsreise lernte sie in Venedig ihren Mann kennen. Sie haben zwei Mädchen und zwei Jungen und sind glücklich verheiratet.

Mutter von Adele Notzell | Fräulein Luna | Mann von Adele Notzell | Tochter Notzell

Bearbeiten Sie jetzt bitte den folgenden Stadtplantest, bis Sie zu den Lebensgeschichten befragt werden.

Stadtplantest

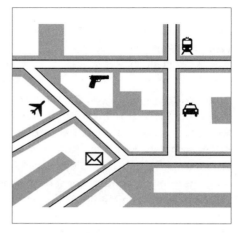

Dieser Test findet für gewöhnlich am PC statt, er lässt sich aber auch auf Papier durchführen. Auf dem Bildschirm wird Ihnen ein Stadtplan gezeigt, auf dem verschiedene Gebäude o. Ä. durch Symbole markiert sind. Ihre Aufgabe ist es, sich die Lage der Symbole genau zu merken und anschließend deren Position möglichst exakt aus dem Gedächtnis in einen „leeren" Plan einzutragen. Hierbei gibt es einen gewissen Toleranzbereich, in dem Ihre Eingaben noch als richtig gewertet werden.

Rechnen Sie damit, dass die Einprägezeit für die Symbole zunächst etwas länger ist, ca. 30 Sekunden, und anschließend kontinuierlich verkürzt wird. Gleichwohl werden Sie zunächst mit nur wenigen Symbolen beginnen, die in der Anzahl dann stetig zunehmen.

Decken Sie jetzt den Stadtplan mit den Symbolen ab und tragen Sie in den folgenden „leeren" Stadtplan die Symbole aus dem Gedächtnis ein.

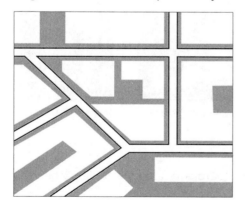

Tipp:
Die Symbole sind meist auf einer Art Kreisbahn angeordnet und können so im Uhrzeigersinn leichter gemerkt werden. Ab und zu kommt es auch zu einer Ansammlung von Symbolen an einer Stelle. Hier lohnt es sich, auf Lücke zu setzen und sich die außerhalb liegenden Symbole besonders einzuprägen und beim Rest auf den Toleranzbereich zu setzen.

Bitte lösen Sie die nun folgenden zwei Aufgaben. Zum Einprägen stehen Ihnen 15 Sekunden, zum Eintragen der Lösungen 60 Sekunden zur Verfügung. Das Feld zum Eintragen finden Sie jeweils unter dem Aufgabenbild. Zum Eintragen müssen Sie nur das Bild mit den Symbolen mit einem Blatt Papier abdecken. Schauen Sie anschließend selbst, wie gut Ihnen die Platzierung gelungen ist. Mindestens die Hälfte der Symbole sollten Sie richtig eingezeichnet haben.

1

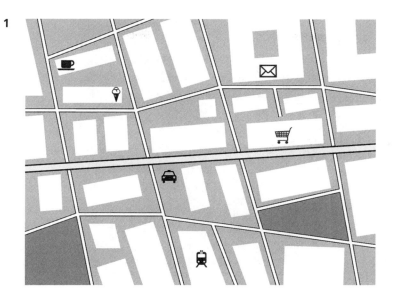

Bitte decken Sie den oberen Plan ab und zeichnen Sie hier Ihre Lösung innerhalb von einer Minute ein:

2

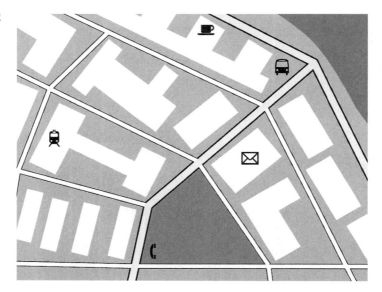

Bitte decken Sie den oberen Plan ab und zeichnen Sie hier Ihre Lösung innerhalb von einer Minute ein:

Richtig erinnern und identifizieren

Erinnern Sie sich noch an die Aufgabe „Lebensdaten einprägen" – die Lebensschicksale von Emil Koll und Adele Notzell? Nun sollen Sie feststellen, welche Details in der folgenden nacherzählten Lebensgeschichte unserer beiden Helden falsch wiedergegeben oder neu hinzugefügt worden sind (natürlich ohne irgendwelche Rückblätteraktionen).

Beispiel
Welches Detail ist falsch?
<u>Seit seiner Jugend</u> <u>interessierte sich</u> <u>Emil Koll</u> für die <u>Gaststätte seiner Eltern</u>.
      a   b   c   d
Lösung: Detail b ist falsch, denn Emil Koll interessierte sich nicht für die Gaststätte, sondern musste dort helfen.

AUFGABEN

1 Bitte notieren Sie, welche Details in dem folgenden Text falsch sind, und arbeiten Sie dann weiter (insgesamt zu dieser Thematik 10 Minuten):

<u>Emil Koll</u> musste <u>nach drei Jahren</u> erkennen, dass seine <u>Ehe gescheitert war</u>,
  a   b   c
und ging deshalb <u>nach der Scheidung</u> zurück zu seinen <u>fünf Geschwistern</u>.
                d   e
Er bildete sich zum <u>Modezeichner</u> fort und hatte in dieser Tätigkeit
                          f
<u>viel Erfolg</u>, als er seine Frau, <u>eine Tierärztin</u>, kennenlernte.
   g   h
<u>Vera Notzell</u> entwickelte mit ihrer <u>Kollegin</u>, <u>Frau Luna</u>, einen neuen,
    i   j
<u>verbesserten Seifenspender</u> und lernte <u>in Venedig</u> ihre <u>zwei Kinder</u>
         k   l   m
kennen …

Weitere Fragen:
2   Wie viele Kinder hatten die Eltern von Emil Koll?
3   Wie heißt Emil Kolls Frau aus erster Ehe?
4   Wie lange studierte Adele Notzell Ingenieurwissenschaft?
5   Wie viele Kinder hat sie zusammen mit ihrem Ehemann?

Noch nicht genug: Welche der folgenden Einzelheiten kommt in einer der beiden Geschichten vor?

6	a	Sass	b	Saß	c	Säs	d	Sääs
7	a	321 64 01	b	321 64 00	c	322 00 64	d	328 12 89
8	a	3. 11. 1959	b	29. 3. 1941	c	11. 3. 1951	d	11. 3. 1959

Erinnern Sie sich noch an die Fotos, können Sie noch die richtigen Namen zuordnen? Ordnen Sie bitte der folgenden Namensliste die richtige Foto-Nummer zu. Beachten Sie, dass es auch vorkommen kann, dass zu einem Namen gar kein Foto abgebildet war.

1   Emil Koll   2   Bruder von Emil Koll
3   Frau Wepp   4   Vera Puschmann
5   Adele Notzell

1

2

3

4

5

6

7

8

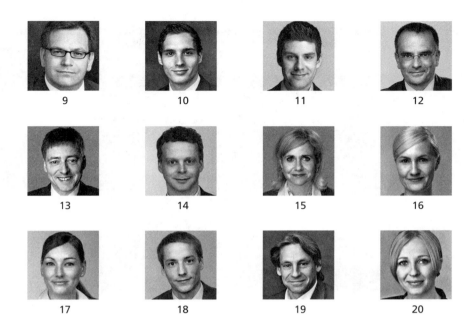

LÖSUNGEN

1	Falsch: b, e, h, i, j, k, m	2	5
3	Wepp	4	4 Jahre
5	4	6	d
7	b	8	d

Fotos:

1	11	2	unbekannt
3	17	4	unbekannt
5	unbekannt		

Situative Aufmerksamkeit

Dieser Test ist insbesondere für alle Tätigkeiten relevant, bei denen es auf situative Aufmerksamkeit und Merkfähigkeit ankommt. Die Aufgabenstellung ist sehr einfach: Sie bekommen kurz ein Bild gezeigt und sollen danach Fragen dazu beantworten.

Bitte lösen Sie nun die folgenden Aufgaben. Sie haben 10 Sekunden Zeit, sich möglichst viele Details des Aufgabenbildes einzuprägen. Anschließend stehen Ihnen 30 Sekunden Zeit zur Verfügung, um die zugehörigen Fragen zu beantworten.

1

Nach 10 Sekunden STOP! Bitte decken Sie nach Ablauf der Zeit das Foto ab.

a Wie viele Schiffe liegen (gut erkennbar) im Hafen?
b Steht der Zug rechts oder links des Bahnsteiges (aus Ihrer Perspektive)?
c Wie viele Busse sind auf dem Bild zu erkennen?
d Sind die Sonnenschirme vor dem Haus aufgespannt oder zu?
e Sind Vögel auf dem Bild erkennbar?

2

Nach 10 Sekunden STOP! Bitte decken Sie nach Ablauf der Zeit das Foto ab.

a Wie viele Häuser sind auf dem Bild mühelos zu erkennen?
b Und wie viele unüberdachte Bänke stehen im Vordergrund?
c Welcher Vorname steht auf dem zweiten Haus?
d Welches Material wurde als Fassade für meisten Häuser der Häuserreihe verwendet?
e Ist das vorderste Haus heller oder dunkler als das fünfte?

→ LÖSUNGEN

1 a 1
   b links
   c 3
   d aufgespannt
   e nein
2 a etwa 12 (ab 14 und unter 11 leider falsch!)
   b 2
   c Alfred
   d Holz
   e dunkler

Bearbeitungsgeschwindigkeit und Konzentration

In diesem Teil des Buches stellen wir Ihnen Tests vor, deren Ziel das Austesten Ihrer Bearbeitungsgeschwindigkeit und Konzentrationsfähigkeit ist. Versuchen Sie, alle folgenden Aufgaben so schnell, aber auch so genau wie möglich zu bearbeiten. Sie werden sehen, dass sich in der Regel Ihre Ergebnisse mit einem gezielten Training deutlich verbessern lassen.

a, b, q-Test

Im Folgenden finden Sie 5 Reihen zu je 40 Buchstaben, bei denen alle a, b und q mit einem waagerechten, geraden Strich markiert werden sollen. Es empfiehlt sich unbedingt, diesen Test vorher zu üben, damit er in der vorgegebenen Zeit zu schaffen ist. Lassen Sie sich gegebenenfalls von einem Helfer noch zusätzliche Buchstabenreihen erstellen. Mit einem Textverarbeitungssystem ist dies auf dem Computer eine Sache von wenigen Minuten.

Für diejenigen, die sich fragen, wie man bei diesem Test 100 Prozent erreicht, ein Trick: Bekommen Sie diesen Test schriftlich vorgelegt, so nehmen Sie ein Lineal und ziehen von links nach rechts einen geraden, waagerechten Strich durch alle Buchstaben. Damit haben Sie alle a, b und q wie in der Aufgabenstellung gefordert markiert. Am PC drücken Sie einfach immer den Knopf, mit dem Sie die Buchstaben markieren sollen bzw. markieren einfach alle Buchstaben. Aller Freude über 100 Prozent zum Trotz: Unter Umständen wird man Sie nach dem Hintergrund Ihres Handelns fragen. Dann sollten Sie sich auf die Aufgabenstellung berufen, denn in der stand nicht, dass die anderen Buchstaben nicht markiert werden durften … (Achtung! Steht in der Aufgabenstellung, dass nur alle a, b und q markiert werden sollen, so ist dieses Verfahren natürlich nicht zulässig! Also bitte Vorsicht!)

Für alle Leserinnen und Leser, die die althergebrachte Bearbeitungsmethode nutzen wollen, haben wir 5 Buchstabenreihen zusammengestellt, bei denen Sie nun bitte innerhalb von 1 Minute alle a, b und q (und nur die!) mit einem geraden, waagerechten Strich markieren und das Ergebnis/die Anzahl ans Ende der jeweiligen Zeile schreiben:

AUFGABEN

1   o i z a d f h z b t i q p f r t w q p p h a f q d e h j o e d c b d b h b d z

2   u k l k b z p b q t h j f e q p o b h t q b d s a ö p ü ä g b a q z q u h f a

3   n c g j b a r j g t e r s a m k b a r t z q m g v a d s b a q z u h j g r t f

4   v x y u l < h t z a g f d a h a z g q s s b j k a m n g f d s w a r z u q k l

5   l j g f d b f d h j k l o p j g d a z u b h t q q d e j u b t g q j k m n v c

➤ **LÖSUNGEN**

1 9	2 13	3 10	4 8	5 7

Zwei d/b/q-Test

Ihnen wird ein Blatt mit Buchstabenreihen vorgelegt, hier mit den Buchstaben d, b und q. Alle d mit zwei Strichen sollen markiert werden. Diese können so aussehen:

```
     ||   |
     d    d    d
          |   ||
```

Alle d, die insgesamt mehr oder weniger als zwei Striche haben (oben/unten), dürfen nicht markiert werden, ebenso wenig die Buchstaben b und q. Es empfiehlt sich, diesen Test rechtzeitig zu üben. Sie werden sehen: Je öfter Sie dies machen, desto schneller und besser werden Sie. Für die nun beginnenden 5 Zeilen haben Sie 1 Minute Zeit. Bitte notieren Sie am Zeilenrand jeweils die Anzahl der markierten d.

AUFGABEN

1 d d b q q b d d d b d d q b d d q q d b d q b d q
2 d b q q b d q q q d b d d b q q b d d d b d d q b
3 d b q q d d d d b d d b d d q b q d b d q b d q b
4 q q d b d q b d d q b q d b q b d d b q q d b q d
5 b q q d b q d d b q q q q d b d q d d b q d q q d
```

→ **LÖSUNGEN**

| 1  7 | 2  7 | 3  8 | 4  5 | 5  7 |
```

Fehler in Gesichtern erkennen

Schauen Sie sich bitte die folgenden drei Beispielaufgaben mit jeweils drei Gesichtern genau an. Zwei der drei Gesichter sind identisch, das dritte unterscheidet sich von den beiden anderen deutlich in einem Detail.

Beispiele

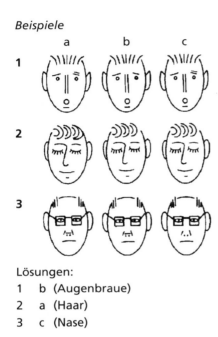

Lösungen:
1 b (Augenbraue)
2 a (Haar)
3 c (Nase)

Beachten Sie bitte, dass sich das gesuchte Gesicht von den beiden anderen deutlich unterscheiden muss. Etwas, ein Detail, wurde verändert, hinzugefügt oder weggelassen. Minimale Unterschiede in der Zeichnung, z. B. Strichlänge oder Form, haben keine Bedeutung.

AUFGABEN

Für die nun folgenden 6 Aufgaben haben Sie 1 Minute Zeit.

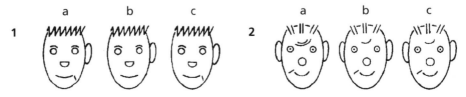

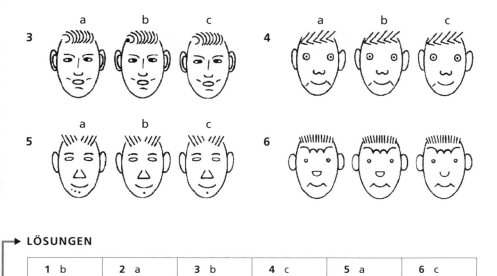

LÖSUNGEN

| 1 b | 2 a | 3 b | 4 c | 5 a | 6 c |

Rechenarten einfügen – Teil 1

Rechenarten kennen Sie sicherlich viele. In diesem Test bekommen Sie verschiedene Zahlen und ein Endergebnis präsentiert. In die Lücken zwischen den Zahlen müssen Sie die Rechenoperatoren eintragen, die am Schluss das angegebene Endergebnis ergeben. Dabei wird jeweils nur addiert und subtrahiert. Multiplikationen oder Divisionen finden nicht statt.

Beispiel 1
5 __ 5 __ 10 = 20

Um die Aufgabe richtig zu lösen, müssen Sie jeweils im ersten und im zweiten Feld addieren, also ein „+" einfügen.

5 + 5 + 10 = 20

Beispiel 2
25 __ 10 __ 2 = 17

Um die Aufgabe richtig zu lösen, müssen Sie erst subtrahieren, danach addieren.

25 – 10 + 2 = 17

AUFGABEN

Bitte lösen Sie die folgenden 6 Aufgaben innerhalb der nächsten Minute. Arbeiten Sie so schnell Sie können!
Beachten Sie bitte, dass Sie bei diesem Test vermutlich nicht alle Aufgaben lösen können. Das ist so beabsichtigt. Lassen Sie sich nicht verunsichern.

A   2 __ 4 __ 10 = 16   B   25 __ 6 __ 1 = 20
C   7 __ 7 __ 10 = 4   D   19 __ 7 __ 2 = 14
E   20 __ 30 __ 7 = 57   F   17 __ 9 __ 2 = 6

→ LÖSUNGEN

A   2 + 4 + 10 = 16   B   25 − 6 + 1 = 20
C   7 + 7 − 10 = 4   D   19 − 7 + 2 = 14
E   20 + 30 + 7 = 57   F   17 − 9 − 2 = 6

 Rechenarten einfügen – Teil 2

Nachdem Sie im vorigen Test bereits Rechenarten einfügen und mittels der Addition und Subtraktion eine korrekt gelöste Gleichung erstellen sollten, kommen in der verschärften Variante auch die Multiplikation und Division hinzu. Gleichzeitig werden die auszuführenden Operationen erweitert und es gilt nun die Regel „Punkt vor Strich".

Beispiel 1
2 __ 3 __ 5 = 17

Um die Aufgabe richtig zu lösen, müssen Sie zuerst 3 · 5 rechnen (Punkt vor Strich) und danach die 2 addieren, also ein „+" einfügen. Korrekt geschrieben erhalten Sie nun folgende Lösung:

2 + 3 · 5 = 17

Beispiel 2
8 __ 4 __ 2 = 10

Rechnen Sie hier zunächst 4 : 2 und addieren dann die 8, so erhalten Sie folgende richtige Lösung:

8 + 4 : 2 = 10

Theoretisch kann es vorkommen, dass es mehrere Wege gibt, mit den gegebenen Zahlen zum gesuchten Ergebnis zu kommen. In diesem Fall werden auch unterschiedliche Lösungen als korrekt gewertet.

AUFGABEN

Lösen Sie die nun folgenden 6 Aufgaben bitte innerhalb der nächsten 2 Minuten.

A 2 __ 3 = 5   B 2 __ 3 = 6
C 6 __ 4 __ 4 = 14   D 4 __ 2 __ 4 = 12
E 15 __ 3 __ 5 = 9   F 26 __ 3 __ 2 = 156

LÖSUNGEN

A 2 + 3 = 5   B 2 · 3 = 6
C 6 + 4 + 4 = 14   D 4 · 2 + 4 = 12
E 15 · 3 : 5 = 9   F 26 · 3 · 2 = 156

Speed-Rechnen – Teil 1

Beim Speed-Rechnen bekommen Sie ganz leichte Rechenaufgaben gestellt, bei denen nur addiert oder subtrahiert werden muss. Eine Testaufgabe besteht aus zwei Rechenaufgaben. Ihre Aufgabe ist es, beide Aufgaben zu lösen und dann das kleinere Ergebnis vom größeren abzuziehen. Das so ermittelte Ergebnis müssen Sie in einem Lösungsbogen notieren. Wichtig: Sie dürfen keine Nebenrechnungen vornehmen oder sich Notizen machen. Alles muss in Ihrem Kopf stattfinden!

Beispiel
3 + 6 + 5
2 + 7 + 4

Lösung
3 + 6 + 5 = 14
2 + 7 + 4 = 13
14 – 13 = 1

In Ihrem Lösungsbogen müssen Sie nun die 1 als richtige Lösung markieren. Hier schreiben Sie Ihr Ergebnis bitte separat auf und vergleichen später die Lösungen.

AUFGABEN

Für die folgenden 6 Aufgaben haben Sie 1 Minute Zeit.

Block 1

A	5 + 10	B	3 + 5	C	6 + 5
	6 + 10		6 + 5		2 + 7
D	3 + 7	E	6 + 7	F	7 + 6
	3 + 1		1 + 8		2 + 7

Für die folgenden 6 Aufgaben haben Sie nun 1 Minute Zeit.

Block 2

A	4 + 8 − 2	B	9 − 5 + 1	C	3 + 3 + 5
	5 + 1 + 2		8 − 4 + 4		6 − 4 + 7
D	8 − 2 − 6	E	2 + 5 + 4	F	8 − 9 + 3
	7 − 2 + 3		5 + 5 + 6		8 − 7 − 1

LÖSUNGEN

Block 1

| A 1 | B 3 | C 2 | D 6 | E 4 | F 4 |

Block 2

| A 2 | B 3 | C 2 | D 8 | E 5 | F 2 |

Speed-Rechnen – Teil 2

Nachdem Sie eben beim Speed-Rechnen die erste Variante kennengelernt haben, kann es vorkommen, dass man Sie bittet, auch noch eine andere Lösungsmöglichkeit auszuprobieren. Ist das Ergebnis der oberen Rechenoperation nun kleiner oder gleich dem Ergebnis der unteren Rechnung, so werden in diesem Fall beide Ergebnisse addiert, ansonsten wieder das kleinere Ergebnis vom größeren subtrahiert. Zur Verdeutlichung zwei Beispiele:

Beispielaufgaben

A 4 + 5 + 8
   2 + 8 + 8

B 2 + 2 + 2
   1 − 1 + 2

Lösungen

A 4 + 5 + 8 = 17
   2 + 8 + 8 = 18

B 2 + 2 + 2 = 6
   1 − 1 + 2 = 2

Im Fall A rechnen Sie nun 17 + 18 = 35.
Bei Aufgabe B würden Sie 6 − 2 = 4 als richtige Lösung erhalten.

AUFGABEN

Für die folgenden 6 Aufgaben haben Sie 1 Minute Zeit.

Block 1

A 5 + 6
   8 + 4

B 6 + 6
   5 + 5

C 5 + 6
   2 + 4

D 8 + 3
   3 + 9

E 5 + 2
   9 + 8

F 4 + 3
   7 + 5

Für die folgenden 6 Aufgaben haben Sie nun 1 Minute Zeit.

Block 2

A 4 + 7 − 5
   7 − 5 + 8

B 5 + 6 − 7
   1 + 1 + 2

C 4 − 2 + 8
   6 − 6 + 7

D 4 − 7 + 6
   4 − 6 + 8

E 4 − 7 + 6
   5 + 8 − 9

F 8 + 9 − 3
   9 − 4 − 1

► LÖSUNGEN

Block 1

| A 23 | B 2 | C 5 | D 23 | E 24 | F 19 |

Block 2

| A 16 | B 8 | C 3 | D 9 | E 7 | F 10 |

| T | **Muster vergleichen** |

Bei dieser Aufgabenstellung müssen Sie drei Muster miteinander vergleichen. Zwei Muster sind identisch, das dritte unterscheidet sich in einem Detail. Ein Zeichen (Kreuz, Kreis oder Schrägstrich) wurde ergänzt oder weggelassen.

Sehen Sie sich zunächst das Beispiel an. Welches Muster ist anders als die beiden anderen?

Beispiel

	a					b					c			
	/	x	o		x		/	x	o		x		/	x	o		x
/		o	x	x	o	/		o	x	x	o	/		o	x	x	o
	o		x		o	o		o	/	x		o	o		o		x		o	o
o	/	x		/	o	o	/	x		/	o	o	/	x		/	o
	x		/	/	x	o		x		/	/	x	o		x		/	/	x	o
x	/		x	o		x	/		x	o		x	/		x	o	
x	x	x		x	x	x	x		x	x	x	x		x

Lösung: b (in der dritten Zeile)

AUFGABEN

Für die folgenden 5 Musterreihen haben Sie nur 2 Minuten Zeit. Ein Tipp: Sollten Ihnen diese Reihen zum Üben nicht ausreichen, so finden Sie ähnliche Aufgabentypen in jeder Rätselzeitung.

1

	a								b								c					
	o	x	/	o	/				o	x	/	o	/				o	x	/	o	/	
/	o	/	o	x	o	o		/	o	/	o	x	o	o		/	o	/	o	x	o	o
/	o	/	x		x	/		/	o	/	x		x	/		/	o	/	x		x	/
	x	x	/	x		/			x	x	/	x		/			x	x	/	x		/
o	x		o	o	o	/		o	x		o	o	o	/		o	x		o	o	o	/
o	x	o		x	x			x	o		x	x				o	x	o		x	x	
	x	/	/	/					x	/	/	/					x	/	/	/		

2

a
```
  /  /  /  o  /  x
/  x     x  /  o  o
   /  /  o  o  o  x
o  o  x     /  x
   x  /  x     /  /
o  o        x  x  /
x  o  o  /  /  x  o
```

b
```
  /  /  /  o  /  x
/  x     x  /  o  o
   /  /  o  o  o  x
o  o  x     /  x
   x  /  x     /  /
o  o           x  /
x  o  o  /  /  x  o
```

c
```
  /  /  /  o  /  x
/  x     x  /  o  o
   /  /  o  o  o  x
o  o  x     /  x
   x  /  x     /  /
o  o           x  /
x  o  o  /  /  x  o
```

3

a
```
   x  x  /  x  x  /
/  /  o  /     o  /
x  /  o  x  o  /  x
o  x  o  o  x  o  /
o  /  /  x  o  x  o
   x  x  x     o  x
o  o  x  /  /  x
```

b
```
   x  x  /  x  x  /
/  /  o  /     o  /
x  /  o  x  o  /  x
o  x  o  o  x  o  /
o  /  /  x  o  x  o
   x  x  x     o  x
o  o  x  /  /  x
```

c
```
   x  x  /  x  x  /
/  /  o  /     o  /
x  /  o  x  o  /  x
o  x  o        x  o  /
o  /  /  x  o  x  o
   x  x  x     o  x
o  o  x  /  /  x
```

4

a
```
   /  /  o  /  /  o
   o  x  o  x  o  /
x  x  o  /  o  /  /
   o  /  x  x  x  o
   /  /  o  /  /  o
x     x  /  x  o  x
   o  o     o     x
```

b
```
   /  /  o  /  /  o
   o  x  o  x  o  /
x  x  o  /  o  /  /
   o  /  x  x  x  o
   /  /  o  /  /  o
x     x  /  x  o  x
   o  o     o     x
```

c
```
   /  /  o  /  /  o
   o  x  o  x  o  /
x  x  o  /  o  /  /
   o  /  x  x  x  o
   /  /  o  /  /  o
x  /  x  /  x  o  x
   o  o     o     o
```

5

a
```
   /  /  /  o  /
x     o  x  o  o  o
   x  x  o  x  /  o
/     /  o  o  x
/  x  o     x  /  o
/     /  x  /  o  /
   /  x     /  x  o
```

b
```
   /  /  /  o  /
x     o  x  o  o  o
   x  x  o  x  /  o
/     /  o  o  x
/  x  o     x  /  o
/  o  /  x  /  o  /
   /  x     /  x  o
```

c
```
   /  /  /  o  /
x     o  x  o  o  o
   x  x  o  x  /  o
/     /  o  o  x
/  x  o     x  /  o
/  o  /  x  /  o  /
   /  x     /  x  o
```

LÖSUNGEN

1 b, 6. Zeile	2 a, 6. Zeile	3 c, 4. Zeile
4 c, 6. Zeile	5 a, 6. Zeile	

T Mosaiken prüfen

Bei dieser Aufgabe sollen Sie zwei Quadrate, den Plan rechts für ein Mosaik und das fertige Mosaik links, miteinander vergleichen und gegebenenfalls Fehler feststellen. Im Plan sind die Nummern der Mosaikbausteine eingetragen. Möglicherweise ist eine Nummer falsch, es kann aber auch sein, dass Plan und Mosaik genau übereinstimmen. Ihre Aufgabe ist es, das Feld A, B, C, D oder E zu benennen, in dem der falsche Mosaikbaustein (wenn einer falsch ist) sitzt.

Beispiel 1

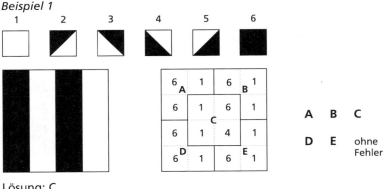

Lösung: C
Im Feld C ist ein Mosaikbaustein falsch (die 4).

Beispiel 2

Lösung: D
Hier ist der Mosaikbaustein 4 im Feld D links unten falsch.

Für die folgenden 5 Aufgaben haben Sie 3 Minuten Bearbeitungszeit.

| 1 | 2 | 3 | 4 | 5 | 6 |

1

A B C

D E ohne Fehler

2

A B C

D E ohne Fehler

3

A B C

D E ohne Fehler

4

A B C

D E ohne Fehler

5

A B C

D E ohne Fehler

Bearbeitungsgeschwindigkeit und Konzentration

LÖSUNGEN

| 1 A | 2 C | 3 D | 4 ohne | 5 D |

 ## Zahlenverbindungstest

Bitte versuchen Sie mit einem Kugelschreiber in nur 30 Sekunden bei 1 beginnend so viele Zahlen wie möglich in der richtigen Reihenfolge zu verbinden.

```
        7              17              6
           5                         19
        4        3           18
       16             26
        8    2      10              20
               1           11
       25              9          27
            28        30      21
          15         24               12
       22          13
                23         29
             14
```

LÖSUNGEN

Leider können wir Ihnen hier keine Musterlösung anbieten. Bitte kontrollieren Sie selbst, ob Sie die Zahlen in korrekter Reihenfolge miteinander verbunden haben. Als Ergebnis sollten Sie wenigstens bis zur Zahl 15 gekommen sein.

Und noch ein Hinweis: Wenn dieser Test am PC durchgeführt wird, erwartet Sie in der Regel eine Grafik wie untenstehend. Ihre Aufgabe wird es dann sein, die Zahlen in der richtigen (aufsteigenden) Reihenfolge am Touchscreen zu drücken. Korrekturen einer erfolgten Eingabe sind in der elektronischen Variante übrigens – genau wie in der analogen Welt – nicht möglich.

Hier ein Beispiel für einen Bildschirmaufbau mit insgesamt 90 Zahlen:

1	33	32	4	15	56	14	30	60	72
55	45	5	16	44	6	28	58	29	71
46	47	31	17	3	43	7	13	59	63
54	48	34	2	37	22	57	27	61	62
79	80	35	18	76	8	39	73	74	64
53	19	78	36	38	42	75	26	87	12
81	83	20	49	21	23	66	67	65	89
84	52	85	77	9	24	10	68	90	70
86	51	82	50	41	40	25	69	88	11

Zu beachten ist, dies als Tipp, dass die nächstfolgende Zahl meist in der Nähe der aktuellen Zahl liegt. Sie müssen in der Regel also nicht weit mit Ihrem Blick schweifen, um die nächste Eingabe vornehmen zu können.

Einfallsgeschwindigkeit und Kreativität

Das nun folgende Kapitel beschäftigt sich mit den Bereichen Einfallsgeschwindigkeit und Kreativität. So ungewohnt es vielleicht auch klingen mag, aber auch diese Bereiche lassen sich trainieren, und unsere Bearbeitungstipps können Ihnen helfen, Ihren Eignungs- und Einstellungstest erfolgreich zu bestehen:

- Erfassen Sie zunächst die genaue Aufgabenstellung. Gibt es bestimmte Regeln oder Einschränkungen, die Sie beachten müssen? Verdeutlichen Sie sich diese und verlieren Sie sie nicht aus dem Blick, da Sie sonst unter Umständen vermeidbare Fehler begehen.
- Nutzen Sie, wann immer es geht, Abwandlungen. Lautet die Aufgabe vierstellige Telefonnummern zu erstellen, so beginnen Sie mit 1234 und lassen danach 2345, 3456, 4567 usw. folgen. Auf diese Weise lassen sich schnell immer neue Reihen erstellen. Das Schema können Sie natürlich auch beliebig fortsetzen, indem Sie z. B. immer die Vorzahl +2 nehmen (also 2468 oder 3579) usw.

- Geht es um Wörter, so helfen Wortabwandlungen dabei, schnell viele richtige Lösungen zu produzieren. Hauptwörter mit „W" als Anfangsbuchstabe können dann z. B. sein Wand, Wandfarbe, Wandtafel, Wandbild, usw. Auch der Plural ist, so nicht anders erwähnt, erlaubt. In diesem Fall also Wandfarben, Wandbilder etc.
- Üben Sie solche Aufgaben bereits im Vorfeld intensiv zu Hause, insbesondere wenn sie Ihnen schwerfallen. Haben Sie bereits Lösungsstrategien im Hinterkopf, werden Sie auch im Test schnell erfolgreich sein. Vertiefende und neue Aufgaben aus dem Bereich „Einfallsgeschwindigkeit und Kreativität" finden Sie in den zu diesem Buch passenden Prüfungsbögen für den technischen oder nichttechnischen Dienst.

 Telefonnummern erstellen

Ihre Aufgabe wird es nun sein, sich Telefonnummern in unterschiedlicher Länge auszudenken, die man sich besonders leicht merken kann. Dabei geht es nicht nur um die Vielzahl der Nummern, diese müssen auch nach bestimmten Regeln aufgebaut sein, die möglichst unterschiedlich sein sollen.

Ein Beispiel für vierstellige Telefonnummern
- 1234 (Vorzahl + 1)
- 2468 (Vorzahl + 2)
- 1221 (+ 1 + 0 − 1)
- 0369 (Vorzahl + 3)

Bitte denken Sie sich nun möglichst verschiedene fünfstellige Telefonnummern aus, die durch eine bestimmte Regel besonders leicht zu merken sind. Variieren Sie diesen Test, indem Sie sich danach z. B. vierstellige, sechsstellige oder siebenstellige Nummern ausdenken. Sie haben insgesamt pro Aufgabe 2 Minuten Zeit.

_____ _____ _____

_____ _____ _____

_____ _____ _____

_____ _____ _____

_____ _____ _____

_____ _____ _____

_____ _____ _____

_____ _____ _____

_____ _____ _____

Leider können wir Ihnen an dieser Stelle keine Lösungen anbieten. Es gilt jedoch: Je mehr Lösungen Sie angeben und je kreativer sie ausfallen, desto besser werden Sie bewertet. Grundsätzlich erhalten Sie pro Telefonnummer 1 Punkt, das ergibt folgende Wertung: 6–8 Punkte Durchschnitt, ab 10 Punkte gut, ab 12 Punkte sehr gut.

Eigenschaften benennen

Jetzt geht es um kreative Einfälle. Sie haben die Aufgabe, Eigenschaften aufzuzählen, die ein Vertreter eines bestimmten Berufs haben bzw. nicht haben sollte. Gewollt oder nicht, Sie verraten unwillkürlich auch etwas über Ihr Weltbild, wie Sie bestimmte Verhaltensweisen, Personen oder Berufsgruppen beurteilen.

> *Beispiel*
> Zählen Sie bitte möglichst viele verschiedene Eigenschaften auf, die ein guter Verwaltungsangestellter haben sollte.
> ehrlich   zuverlässig   konkret   ehrgeizig   ...

Achten Sie bei der Beantwortung der Fragen trotz der Kürze der Zeit darauf, was Sie über sich selbst oder über andere indirekt dabei aussagen.

AUFGABEN

Versuchen Sie sich nun an den folgenden Aufgaben. Pro Aufgabe haben Sie 30 Sekunden Zeit.

1. Zählen Sie bitte möglichst viele Eigenschaften auf, die ein guter Techniker haben sollte.
2. Notieren Sie bitte möglichst viele Eigenschaften, die eine gute Politikerin <u>nicht</u> haben sollte.
3. Zählen Sie bitte möglichst viele Eigenschaften auf, die ein guter Sozialarbeiter <u>nicht</u> haben sollte.
4. Zählen Sie bitte möglichst viele Eigenschaften auf, die eine gute Schöffin haben sollte.

LÖSUNGEN

Leider können wir Ihnen keine pauschale Lösung anbieten, die hundertprozentig richtig ist. Grundsätzlich erhalten Sie pro Eigenschaft 1 Punkt, demnach ergibt sich folgende Wertung: 3–4 Punkte sind durchschnittlich, 6 und mehr Punkte gut und 8 und mehr Punkte sehr gut. Überprüfen Sie jetzt noch einmal Ihre Aussagen und die Fragestellung.
- Worauf zielt die Frage ab? Persönliche Meinung, Meinung vieler Menschen …?
- Welche Rückschlüsse lassen meine Antworten zu?
- Was sage ich mit meiner Antwort über mich selbst aus? Tendiere ich mehr zu Extremen, oder bin ich relativ ausgeglichen in meinen Anschauungsweisen?

N Sätze bilden

Bilden Sie mit den vorgegebenen Wörtern so viele neue Sätze wie möglich. Wichtig: Alle vorgegebenen Wörter müssen unverändert im Satz vorkommen. Also Anzahl und Fall müssen so wie vorgegeben bleiben. Die Reihenfolge spielt dabei keine Rolle.

Beispiel
Die vorgegebenen Wörter sind: Sonnenschein – Eis – heiß

Mögliche Sätze daraus gebildet sind beispielsweise:
- Selbst bei Sonnenschein wird dem Eis nicht heiß.
- Ist der Sonnenschein heiß genug, schmilzt auch das dickste Eis.
- Ohne Eis wird es bei Sonnenschein sehr heiß.

AUFGABEN

Jetzt sind Sie dran, mit diesen Wortvorgaben:
1. Maus – Vogel – Katze – Dach
2. Jugendamt – Kevin – Fürsorge – Wohnung
3. Polizei – Randale – Fußball – Eisenbahn
4. Konzert – Ski – Berg – Lift
5. Gericht – Urteil – Schöffe – Anklage

Bilden Sie so viele Sätze wie möglich. Sie haben pro Aufgabe 2 Minuten Zeit.

LÖSUNGEN

Auch hier können wir Ihnen leider keine Musterlösungen anbieten. Wieder gilt: je mehr, desto besser. Bitte prüfen Sie auch noch mal, ob Sie die Regeln eingehalten haben. Grundsätzlich erhalten Sie pro Satz 1 Punkt, wonach sich folgende Wertung ergibt: 4–5 Punkte pro Aufgabe sind durchschnittlich, 7 und mehr Punkte gut, 10 und mehr Punkte sehr gut.

Wörter finden N

1. Teil
Bei diesem Test sollen Ihre Sprachschöpfungsfähigkeiten ausgelotet werden. Sie bekommen einen Buchstaben genannt und müssen innerhalb von 10 Sekunden alle Hauptwörter (Substantive) aufschreiben, die Ihnen spontan mit diesem Anfangsbuchstaben einfallen.

> *Beispiel*
> Es wird Ihnen der Buchstabe „P" genannt. Nun haben Sie 30 Sekunden Zeit, alle mit „P" beginnenden Substantive aufzuschreiben, die Ihnen einfallen.
> Diese könnten z. B. sein:
> - Politik
> - Problem
> - Panne
> - Prolongation

Bitte üben Sie diesen Test mit der Unterstützung eines Helfers, der sich für Sie die Buchstaben ausdenkt und die Zeit misst. Für diesen Test finden Sie keine

Lösung, da Sie leicht nach Testende Ihre Ergebnisse selbst überprüfen können. Es gilt: Je mehr Wörter (richtig geschrieben!) Sie vorweisen können, desto besser.

Noch ein Tipp: Versuchen Sie, möglichst kurze Wörter aufzuschreiben. Das spart Zeit und erhöht Ihr Ergebnis!

AUFGABEN

Bei den folgenden Übungsaufgaben haben Sie pro Buchstabe 30 Sekunden Zeit.

1   Alle Hauptwörter (Substantive) mit den Anfangsbuchstaben
    1.1   G   1.2   W   1.3   H
    1.4   A   1.5   K   1.6   F

2   Eine kleine Abwandlung: Nun sollen nur Verben gefunden werden. Wieder haben Sie 30 Sekunden Zeit!
    2.1   A   2.2   G   2.3   D
    2.4   F   2.5   I   2.6   M

2. Teil

Eine weitere Variante ist, Ihnen nicht nur den Anfangs-, sondern auch den Endbuchstaben vorzugeben. Denken Sie sich z. B. Wörter mit dem Anfangsbuchstaben „S" und Endbuchstaben „N" aus (z. B. sagen, Süden, Südwesten etc.). Alle Wortklassen (Haupt-, Eigenschaftswörter etc.) und ihre Abwandlungen sind erlaubt. Auch Eigen- und Städtenamen gelten. Wörter, wie sie in Zeitungen und Büchern Verwendung finden, gelten als richtige Lösung. Nicht zugelassen sind Fremdsprachen, Wortneubildungen und Dialekte.

AUFGABEN

Für jede Aufgabe haben Sie nun 1 Minute Zeit.

1	Anfangsbuchstabe B	Endbuchstabe E (z. B. Blase)
2	Anfangsbuchstabe M	Endbuchstabe N
3	Anfangsbuchstabe A	Endbuchstabe N
4	Anfangsbuchstabe S	Endbuchstabe T
5	Anfangsbuchstabe E	Endbuchstabe L

EINSCHÄTZUNG

Im 1. Teil sollten Sie pro Aufgabe mindestens 10 Wörter gefunden haben, im 2. Teil 5 Wörter pro Aufgabe.

Wortergänzung

N

Eine weitere Aufgabe, mit der Ihre Sprachkenntnisse und Ihr Assoziationsvermögen getestet werden, ist die Variante, Ihnen nur Wortanfänge zu präsentieren, die Sie möglichst vielfältig ergänzen sollen.

Beispiel
Der vorgegebene Wortanfang lautet „Teil ...".
- Teilung
- Teilhaber
- Teilweise

Analog unserem Beispiel sollen Sie nun die folgenden Wortanfänge sinnvoll ergänzen. Dabei ist es egal, um welche Wörter es sich handelt (Substantive, Verben, Adjektive).

AUFGABEN

Für die folgenden Wortanfänge haben Sie pro Wort nur 30 Sekunden Zeit.

1   Auto_____   Auto_____   Auto_____
    Auto_____   Auto_____   Auto_____
    Auto_____   Auto_____   Auto_____

2   Fern_____   Fern_____   Fern_____
    Fern_____   Fern_____   Fern_____
    Fern_____   Fern_____   Fern_____

3   Wasch_____   Wasch_____   Wasch_____
    Wasch_____   Wasch_____   Wasch_____
    Wasch_____   Wasch_____   Wasch_____

4 Haus_____	Haus_____	Haus_____
Haus_____	Haus_____	Haus_____
Haus_____	Haus_____	Haus_____
5 Wein_____	Wein_____	Wein_____
Wein_____	Wein_____	Wein_____
Wein_____	Wein_____	Wein_____

EINSCHÄTZUNG

Sie sollten schon 5–8 Wörter pro Aufgabe gefunden haben.

 ## Zahlenmuster aufstellen

Dieser Test fordert neben Einfallsgeschwindigkeit, Kreativität und Rechenfähigkeit Ihr logisches Denkvermögen. Sie sollen nun möglichst verschiedene Zahlenmuster erstellen, die nach möglichst unterschiedlichen Rechenregeln aufgebaut sind.

Hierzu ein Beispiel:

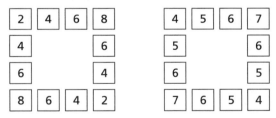

Bei diesem Test ist es wichtig, dass Sie möglichst viele unterschiedliche Zahlenfolgen erstellen. Diese sollten, um Zeit zu sparen, möglichst einfach aufgebaut sein. Nehmen Sie z. B. immer erst alle geraden, dann alle ungeraden Zahlen, bevor Sie sich kompliziertere Reihen ausdenken. Da wir Ihnen bei diesem Test keine Lösung anbieten können, sollten Sie ausreichend üben, um bei Ihrem Einstellungstest schon „ein paar Reihen" im Kopf griffbereit zu haben. Auch hier gilt wieder: Je mehr, desto besser!

Bitte erstellen Sie nun möglichst viele verschiedene Zahlenreihen für die folgenden Kästchen. Für 6 Aufgaben haben Sie 2 Minuten Zeit.

Ordnung und Sorgfalt

„Ordnung ist das halbe Leben" heißt es im Volksmund. Auch im Beruf sollen Sie zeigen, dass Sie über Ordnungssinn verfügen und organisieren können. Sorgfalt ist dabei erste Pflicht. Die folgenden Aufgaben werden Ihnen helfen, diese Eigenschaften ein wenig zu trainieren und weiter auszubauen. Weitere Übungen zum gezielten Training von „Ordnung und Sorgfalt" enthalten die Prüfungsbögen für den technischen und nichttechnischen Dienst, die als Ergänzung zu diesem Buch erhältlich sind.

N Sortierungen

Bei dieser Aufgabe geht es um Ordnung, Konzentration und Sorgfalt. Sie bekommen drei Listen, um daraus einen Zahlencode abzuleiten. Auf der ersten sind verschiedene Studienfächer durch eine Ziffer gekennzeichnet. Ein alphabetisches Namen-Codierschema ist Gegenstand der zweiten Liste. Eine dritte Liste enthält Dozentennamen, die bestimmten Studienfächern zugeordnet sind (z. B. Dr. E. Kluge/Archäologie).

Ihre Aufgabe besteht darin, mithilfe der Listen 1 und 2 nun die Dozenten-/Studienfächer-Liste (Liste 3) in Form von Zahlencodes umzusetzen und diese in die vierte Spalte einzutragen.

Beispiel
Dr. Gernot Pfeifer ist Dozent der Elektrotechnik
Dr. Gernot Pfeifer = 22, da Buchstabe P (gemäß Liste zwei)
Elektrotechnik = 23 (gemäß Liste eins)

Lösung = 2223

Beachten Sie bitte, dass bei den Doppelnamen der Anfangsbuchstabe des ersten Nachnamens entscheidend ist.

AUFGABEN

Für diese Aufgaben haben Sie 3 Minuten Zeit.

Liste 1: Studienfächer

01 = Medizin	16 = Bergbau
02 = Philosophie	17 = Architektur
03 = Mathematik	18 = Verfahrenstechnik
04 = Geografie	19 = Physik
05 = Chemie	20 = Altamerikanistik
06 = Geologie	21 = Biotechnologie
07 = Forstwissenschaft	22 = Kommunikationswissenschaft
08 = Archäologie	23 = Elektrotechnik
09 = Ethnologie	24 = Biologie
10 = Anglistik	25 = Maschinenbau
11 = Bibliothekswissenschaft	26 = Publizistik
12 = Germanistik	27 = Wasserbau
13 = Psychologie	28 = Umwelttechnik
14 = Slawistik	29 = Politik
15 = Amerikanistik	30 = Jura

Liste 2: Alphabetisches Namen-Codierschema

00 = Aa –Am
01 = An – Az
02 = Ba – Bo
03 = Bp – Bz
04 = C
05 = Da – Dn
06 = Do – Dz
07 = Ea – Ek
08 = El – Ep
09 = Eq – Ez
10 = Fa – Fm
11 = Fn – Fz
12 = Ga – Gz
13 = Ha – Ho
14 = Hp – Hz
15 = I – J
16 = Ka – Kl
17 = Km – Kz
18 = L
19 = Ma – Mz
20 = Na – Nm
21 = Nn – Nz
22 = O – P
23 = Q
24 = R – Sa
25 = Sb – Se
26 = Sf – St
27 = Su – Sz
28 = Ta – Tz
29 = U – W
30 = X – Z

Liste 3: Dozenten und Studienfächer / Lösungsfelder
Bitte tragen Sie rechts die richtige Codierung ein.

1   Prof. Dr. Müller / Archäologie   _____

2   Dr. G. Zacher / Verfahrenstechnik   _____

3   Dr. Dr. Egon Berg / Amerikanistik   _____

4   Dr. Ilse Stein / Psychologie   _____

5   Prof. Dr. Peter Ellenberg / Architektur   _____

LÖSUNGEN

1	1908	2	3018	3	0215	4	2613	5	0817

N | Post, Porto und Tarife

Von Hamburg, dem Tor zur Welt, aus sind verschiedene Postsachen (Briefe, Telegramme, Pakete) zu verschicken. Ihre Aufgabe besteht darin, die Post- bzw. Frachtgebühr anhand von Tabellen zu ermitteln. Durch unterschiedliche Beförderungsarten (z. B. Eilzustellung) wird alles etwas schwieriger. Hinzu kommt noch, dass gerade in dem Augenblick, in dem Sie an die Arbeit gehen wollen, eine Tarifänderung ins Haus steht. Aber sehen Sie selbst:

Beförderungsgegenstände	Tarifwert
Drucksache	1
Postkarte	2
Brief	3
Telegramm	4
Päckchen (bis 2 000 g)	5
Paket (bis 5 000 g)	6
(über 5 kg – 10 kg)	7
(über 10 kg – 15 kg)	8

Bestimmungsorte		
A	10 km von Hamburg aus	
B	20 km	
C	50 km	
D	100 km	
E	150 km	
F	180 km	
G	200 km	
H	400 km	
I	900 km	
J	1 000 km	
K	1 500 km	
L	2 500 km	

Beförderungsart / Zuschläge	
Einschreiben	5
Luftpost	3
Eilzustellung	5
Auslandszuschlag	4
Versicherungszuschlag bei Wertsachen	8

Kilometer-Tarife	
Entfernung	Tarifwert
0 – 10 km	1
10 – 50 km	2
50 – 100 km	3
100 – 500 km	4
500 – 1 000 km	5
über 1 000 km	6

Tarife

Tarifwerte	bis 31. 12.	ab 1. 1.
1	0,50 GE	0,70 GE (= Gebühreneinheit)
2	0,90	1,00
3	1,20	1,50
4	2,20	2,50
5	2,50	2,80
6	3,00	3,40
7	3,50	3,90
8	4,00	4,50
9	4,70	5,00
10	5,10	5,60
11	5,90	6,10
12	6,80	7,10
13	7,50	7,90
14	8,10	8,50
15	8,90	9,70
16	10,00	10,40
17	10,50	10,80
18	12,50	13,00
19	15,00	18,00
20	18,50	18,90
21	19,20	19,60
22	20,40	20,90
23	21,70	22,00
24	22,20	22,60
25	22,90	23,10

Beispiel 1
Ein Brief soll am 31. 12. von Hamburg aus nach D geschickt werden. Wie hoch ist die anfallende Gebühreneinheit?

Brief	Tarifwert	3			
nach D 100 km		+3	= 6 am 31. 12.	= 3,00 GE

Beispiel 2
Ein Telegramm soll am 1. 1. von Hamburg nach I geschickt werden.

Telegramm	Tarifwert	4			
nach I 900 km		+5	= 9 am 1. 1.	= 5,00 GE

AUFGABEN

Für 5 Aufgaben (Wie hoch ist jeweils die GE?) haben Sie 2 Minuten Zeit.

1. Eine Postkarte ist am 29. 12. auf dem Weg nach G.
2. Ein Telegramm wird am 13. 1. nach J ins Ausland (Zuschlag!) geschickt.
3. Nach D soll ein Luftpost-Brief am 4. 1. versandt werden.
4. Ein Brief soll per Luftpost nach E am 30. 12. geschickt werden.
5. Ein 1 100 g schweres Päckchen soll ins Ausland nach H geschickt werden (vor dem 1. 1.).

LÖSUNGEN

| 1 3,00 | 2 7,90 | 3 5,00 | 4 5,10 | 5 7,50 |

T Codes

Sie sind Mitarbeiterin bzw. Mitarbeiter im Beschaffungswesen von Musterstadt. Zu Ihren Aufgaben gehört es, ausgehende Rechnungen auf Richtigkeit zu prüfen.

Im Folgenden bekommen Sie 2 Rechnungen vorgelegt, in welche sich einige Fehler eingeschlichen haben. Sie haben 1 Minute Zeit, diese ausfindig zu machen und zu korrigieren.

A	Nadelstreifen-Blazer	35,00
	Hose mit Nadelstreifen	49,95
	Miedergürtel aus Glattleder	22,99
	GESAMT	EUR 107,94

B	Pullover mit Stehkragen	27,70
	Sweatshirt mit Kapuze	13,07
		40,77
	Gutschrift	−32,00
	GESAMT	EUR 8,97

LÖSUNGEN

A 0 Fehler   B 1 Fehler: Gesamt 8,77 wäre korrekt

Technisches Verständnis

In den folgenden Testverfahren sollen Sie komplexe Systeme erklären, auf Funktionsfähigkeit und eventuell nötigen Kraftaufwand hin prüfen sowie technische Detailfragen beantworten. Die Testfragen der Einstellungstests für den Öffentlichen Dienst und diejenigen in diesem Buch werden sich nicht sonderlich unterscheiden, sodass Sie mit einiger Übung diesem Prüfungsabschnitt gelassen entgegensehen können. Trotzdem noch ein wichtiger Hinweis: Es ist möglich, dass Ihnen Punkte für Fehler abgezogen werden, also Vorsicht beim Raten. Wer sich für den technischen Dienst bewirbt, sollte zusätzlich die Aufgaben zum technischen Verständnis in den Prüfungsbögen für den technischen Dienst, die passend zu diesem Buch erhältlich sind, bearbeiten.

Technische Bildaufgaben

Bitte bearbeiten Sie die folgenden 5 Bildaufgaben zum technischen Verständnis innerhalb der nächsten 5 Minuten.

1   Zeichnen Sie eine Flaschenzugvorrichtung, bei der die hydraulische Hebeeinrichtung des Feuerwehrfahrzeugs das Gewicht von 16 kN nur noch mit 4 kN zu heben braucht.

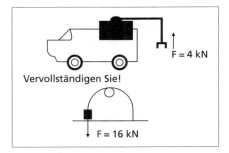

2   Welcher Bohrer ist für hartes Metall am besten geeignet?
    a   Bohrer A
    b   Bohrer B
    c   Bohrer C

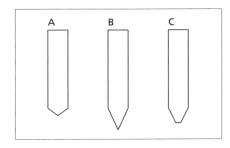

3 Ein abgebrochenes Schilfrohr schwimmt im Wasser. Ist es so richtig gezeichnet?
  a Ja
  b Nein

4 Welcher Wasserstrahl tritt mit dem größten Druck heraus?
  a Strahl A
  b Strahl B
  c Strahl C
  d Alle gleich

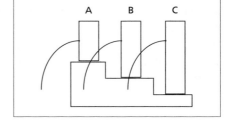

5 In welcher Richtung kann sich die Antriebswelle nur drehen, wenn die beiden anderen Rollen nicht fest montiert sind?
  a Richtung A
  b Richtung B
  c Dreht gar nicht
  d Beide Richtungen

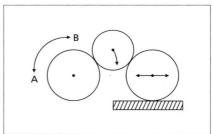

LÖSUNGEN

| 1 | Flaschenzug mit 2 Rollen und 4 Seilen. |

| 2 a | 3 b | 4 d | 5 b |

 Technische Textaufgaben

Für die folgenden 5 Fragen aus dem Bereich Physik haben Sie 5 Minuten Zeit.

1 Wie viel wiegen 100 m Kupferdraht von 2 mm Durchmesser?
(Die Dichte von Kupfer beträgt d = 8,9 g/cm^3.)
  a 2 796 kg
  b 2,796 kg
  c 11 184 g
  d 27,96 kg

2 Welche physikalische Größe ist keine Basisgröße?
  a Länge
  b Zeit
  c Leistung
  d Stoffmenge

3 Zu 40 Litern heißem Wasser von 80 °C gibt man 70 Liter kaltes Wasser von 15 °C. Berechnen Sie die Mischungstemperatur.
  a 16,5 °C
  b 19,5 °C
  c 38,6 °C
  d 45,7 °C

4 Wie lautet die goldene Regel der Mechanik?
  a Wird auf einen Körper eine Kraft ausgeübt, so erfährt dieser eine Beschleunigung.
  b Energie kann weder erzeugt noch vernichtet werden, sondern nur in eine andere Energieform umgewandelt werden.
  c Was an Arbeit gespart wird, muss an Weg zusätzlich aufgewendet werden.
  d Was an Kraft gespart wird, muss an Weg zusätzlich aufgewendet werden.

5 Zwei Kräfte F1 = 800 N und F2 = 1,5 kN greifen in einem Punkt an. Der Winkel zwischen beiden Kräften ist 90°. Wie groß ist die resultierende Kraft?
  a 1,7 kN
  b 47,96 N
  c 800 N
  d Zwei senkrecht aufeinander wirkende Kräfte addieren sich zu null.

▶ LÖSUNGEN

| 1 b | 2 c | 3 b | 4 d | 5 a |

Räumliches Vorstellungsvermögen

Insbesondere im technischen Bereich, ist räumliches Vorstellungsvorstellungsvermögen eine Grundvoraussetzung, um im Beruf erfolgreich zu sein. Die folgenden Tests trainieren Ihre Vorstellungskraft und helfen Ihnen, sich auf diese Art der Eignungs- und Auswahlverfahren vorzubereiten. Vor allem denjenigen, die sich für den technischen Dienst bewerben, empfehlen wir, mithilfe der weiteren Übungen aus den Prüfungsbögen für den technischen Dienst ihr räumliches Vorstellungsvermögen zu trainieren.

Abwicklungen

Im Folgenden sehen Sie jeweils eine Faltvorlage und vier Lösungsvorschläge. Bitte suchen Sie denjenigen Körper heraus, der aus der vorgegebenen Faltvorlage gebildet werden kann. Beachten Sie dabei, dass die Faltvorlage immer die Außenseite des Körpers darstellt.

Beispiel 1

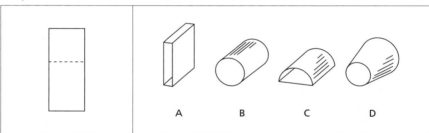

Lösung: C

Beispiel 2

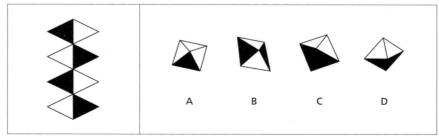

Lösung: B

AUFGABEN

Für die folgenden 5 Aufgaben haben Sie 2 Minuten Zeit.

1   A   B   C   D

2   A   B   C   D

3   A   B   C   D

4   A   B   C   D

5

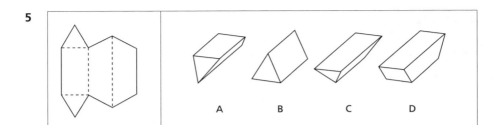

LÖSUNGEN

| 1 D | 2 C | 3 B | 4 B | 5 C |

Würfelrotation

Beim Würfelrotationstest wird intensiv Ihr dreidimensionales Vorstellungsvermögen getestet. Ihnen wird ein aufgeklappter Würfel gezeigt, und Sie sollen aus 5 möglichen Lösungswürfeln den richtigen aus der Aufgabenstellung wiedererkennen. Dabei ist zu beachten, dass die Augenanordnung auf den Würfeln nicht der Anordnung auf den Ihnen bekannten Spielwürfeln entspricht und dass Abwandlungen mit bis zu 9 Augen und anderer Augenanordnung die Regel sind.

Beispiel
Bitte versuchen Sie, den richtigen Würfel wiederzuerkennen.

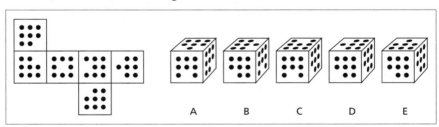

Lösung: B

AUFGABEN

Bitte versuchen Sie nun, die folgenden 5 Aufgaben innerhalb der nächsten 4 Minuten zu lösen.

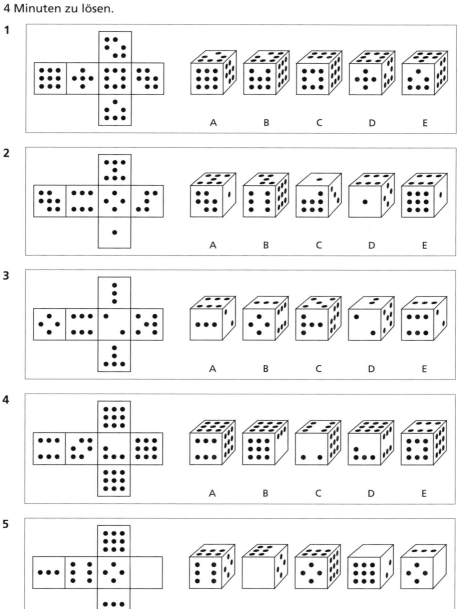

> **LÖSUNGEN**
>
> **Erläuterung**
> Wenn Sie Probleme mit einer Aufgabe haben, können Sie die Bilder kopieren, ausschneiden und die Würfel nachbasteln.
>
> | 1 A | 2 D | 3 E | 4 A | 5 B |

T Spiegelbilder

Die folgenden Figuren lassen sich durch einfaches Verschieben zur Deckung bringen – bis auf eine. Diese muss man erst umklappen, bis auch sie durch Verschieben zur Deckung mit den anderen Figuren gebracht werden kann. Welche Figur das ist, sollen Sie herausfinden.

Beispiel 1

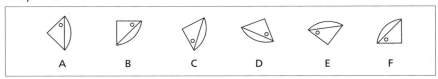

Lösung: C

Beispiel 2

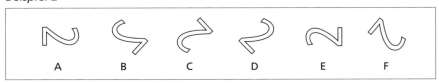

Lösung: B

Beispiel 3

Lösung: E

AUFGABEN

Für die folgenden 5 Aufgaben haben Sie 2 Minuten Zeit.

1. A B C D E F
2. A B C D E F
3. A B C D E F
4. A B C D E F
5. A B C D E F

→ **LÖSUNGEN**

Erläuterung

Tipp: Wenn Sie eine andere Lösung haben, können Sie die Bilder auf Transparentpapier kopieren, ausschneiden und übereinanderlegen.

| 1 C | 2 A | 3 F | 4 D | 5 B |

| T | **Figuren-Wiedererkennungstest**

Ihre Aufgabe ist es, aus einer in Stücke geschnittenen Figur eine der angebotenen Ausgangsfiguren zusammenzusetzen. Beachten Sie hierzu bitte das Aufgabenbeispiel, zunächst die Ausgangsfiguren:

Beispiel

Welche der nachstehend gezeigten Teile gehören zu welcher Figur?

Lösung: 1 E, 2 C, 3 A, 4 B, 5 D

AUFGABEN

Für die nun folgenden 5 Aufgaben haben Sie 2 Minuten Zeit.

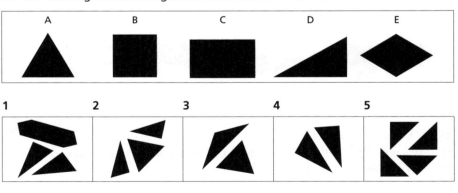

LÖSUNGEN

| 1 C | 2 E | 3 D | 4 A | 5 B |

Englisch und weitere Fremdsprachenkenntnisse

In einigen Bereichen des Öffentlichen Dienstes, insbesondere bei Tätigkeiten mit Auslandskontakten, aber auch beim Ein- und Aufstieg in den gehobenen oder höheren Dienst kann es vorkommen, dass Ihre Englischkenntnisse überprüft werden.

Vokabeltest

Please choose the word which fits best to the first one.
Time for this exercise: 4 minutes.

1	angry		2	succeed		3	suit	
	a	angina		a	suicide		a	dress
	b	angle		b	success		b	suite
	c	furious		c	follow		c	sweet

4	to think		5	pretty		6	security	
	a	to believe		a	weird		a	separate
	b	to suspect		b	tremble		b	safety
	c	to remark		c	graceful		c	vice versa

→ **LÖSUNGEN**

1 c	2 b	3 a	4 a	5 c	6 b

Orthografie & Grammatik

Identify the mistakes in the sentences below and write the correct version on the line. Don't change the meaning of the sentences!
Time for this exercise: 5 minutes.

1   I am living in Bremen since 6 months.

_____

2   I'm just waiting for an taxi.

_____

3 I will have to cancel appointments.

4 Fred always work on Sundays.

5 They will come, isn't it?

LÖSUNGEN

1. I have been living in Bremen for 6 months.
2. I'm just waiting for a taxi.
3. I will have to cancel some appointments.
4. Fred always works on Sundays.
5. They will come, won't they?

Weitere Fremdsprachenkenntnisse

… sind immer willkommen, bisweilen sogar sehr erwünscht! Die am häufigsten erwartete zweite Fremdsprache hierzulande ist Französisch, gefolgt von Spanisch. Jedoch wer in Flensburg wohnt, sollte halbwegs die wichtigsten Höflichkeitsfloskeln in Dänisch beherrschen, wer in der Nähe der holländischen Grenze lebt, sich auf Holländisch grob verständigen können usw. Sie kennen hoffentlich Ihre „Nachbarn" und könnten diese auch in ihrer Sprache angemessen begrüßen und wenigstens Danke und Bitte sagen. Ihre Sprachkenntnisse, selbst wenn sie bescheiden sind, spielen in dem Maße, in dem Sie möglicherweise Kontakt zu anderen Menschen aus eben diesen Nachbarländern haben, eine gewisse Rolle. Wenn Sie über ein wenig Übung verfügen, ist es nur von Vorteil, dies bei Ihrer Bewerbung einfließen zu lassen.

Das gilt auch für den Umgang mit Menschen, die einen Migrationshintergrund haben, die Sie möglicherweise in Ihrer Schule als Klassenkameraden kennen. Also, in Berlin ist ein Minimum an Türkisch hilfreich und falls Sie noch 3 Sätze auf Arabisch zu sprechen in der Lage sind, prima! Vielleicht haben Sie auch selbst einen Migrationshintergrund und sind zwei- oder mehrsprachig – geben Sie das in Ihrer Bewerbung an! Falls nicht, dann ist es bei Ihrer Vorbereitung nicht unbedingt verkehrt, sich erstmalig oder nochmals mit den Sprachen, die neben Deutsch in Deutschland gesprochen werden, zu beschäftigen.

Persönlichkeit, Charaktereigenschaften und Sozialverhalten

Im letzten großen Kapitel dieses Buches werden wir Ihnen jetzt ausgewählte Testverfahren vorstellen, die sich mit Ihrer Persönlichkeit (Wesensart, Charakter) und Ihrem Sozialverhalten beschäftigen. Dabei soll es zunächst um das sogenannte Assessment Center gehen, später um weitere gängige Persönlichkeitstestverfahren.

Assessment Center

Assessment Center (kurz AC) sind mittlerweile fast Standard, wenn es um die Auswahl neuer Mitarbeiterinnen und Mitarbeiter in größeren Unternehmen, aber auch im Öffentlichen Dienst wie beispielsweise bei der Verwaltung oder im technischen Dienst geht. In einem AC geht es vorrangig um die Überprüfung Ihres sozialen Verhaltens. Wie treten Sie auf, wie gehen Sie mit anderen um und wie reagieren diese auf Sie? Etwas verkürzt dargestellt: Es geht um die Frage, wie gut Sie in die Organisation passen.

Das recht zeit- und organisationsaufwendige Auswahlverfahren besteht aus unterschiedlichen Übungen und Tests, die in der Gruppe, manchmal auch nur zu zweit, seltener ganz allein gelöst werden müssen. Aspekte wie Kontakt- und Kommunikationsvermögen, Problemlösungskompetenz und Konzentrationsfähigkeit werden dabei so ganz nebenbei auch gleich noch mit abgeprüft. Die Beobachtung der Umgangs- und Verhaltensweisen der Bewerberinnen und Bewerber übernimmt eine besonders geschulte Expertengruppe. In der Regel setzt sich diese aus Vertreterinnen und Vertretern der Personalstelle, der Ausbildungsabteilung bzw. ausbildenden Abteilung/Hochschule sowie der Gleichstellungsbeauftragten und dem Personalrat zusammen. Während sich über die Teilnehmerzahl und Dauer (wenige Stunden bis hin zu mehreren Tagen) keine allgemein gültigen Angaben machen lassen, tauchen einzelne Aufgabentypen (wie Vorstellungsrunde, Gruppendiskussion etc.) immer wieder auf.

Allgemeine Informationen

In der Regel beginnt ein AC mit einer **Vorstellungsrunde**, bei der die Bewerberinnen und Bewerber aufgefordert werden, sich selbst oder eine andere Bewerberin/einen anderen Bewerber vorzustellen. Hier, wie auch bei Vorträgen über ein vorgegebenes oder frei wählbares Thema, geht es immer um Ihr Kontakt- und Kommunikationsvermögen. Wirken Sie selbstsicher und können Sie sich gut ausdrücken? Vermeiden Sie ausschweifende Reden, aber seien Sie auch nicht zu wortkarg. Eine kleine Selbstpräsentation lässt sich vorher gut vorbereiten und vor Freunden ausprobieren. Dabei kommt es darauf an, in wenigen Minuten (1, 2, maximal 3) durch klare Botschaften zu vermitteln, wer man ist und wie man sich seine (berufliche) Zukunft vorstellt.

Ganz typisch bei solchen ACs sind **Diskussionsrunden** oder Aufgaben, die es mit anderen zusammen zu lösen gilt. Zwar soll jeder seinen Standpunkt vertreten, doch am Ende soll möglichst ein gemeinsam erarbeitetes Ergebnis vorliegen. Diese Übungen dienen (neben der Prüfung Ihrer Ausdrucksfähigkeit) dazu, Ihre Kompromissbereitschaft und Ihre Durchsetzungsfähigkeit zu überprüfen. Wählen Sie wiederum den goldenen Mittelweg: Nicht in den Vordergrund drängen, aber sich auch nicht bevormunden lassen oder gar schweigen. Zeigen Sie Interesse daran, was andere zu sagen haben, gehen Sie auf deren Argumente ein, fassen Sie Standpunkte zusammen und geben Sie der Diskussion – wenn möglich – eine Richtung.

In **Rollenspielen** werden vielfältige Anforderungen an die Mitspieler/Darsteller gestellt. Es geht darum, Ihre Sprachgewandtheit, Ihr diplomatisches Geschick, Ihre Entscheidungs- und Überzeugungskraft zu erleben und zu bewerten. Dazu bekommen Sie eine Aufgabe gestellt, z. B. Bürger von der Sinnhaftigkeit der Mülltrennung zu überzeugen, oder Sie müssen ein schwieriges Mitarbeitergespräch führen. In der Regel haben zwei oder mehr Konfliktparteien einen Kompromiss herauszuarbeiten und zu verhandeln. Am besten probieren Sie vorher aus, wie Sie eine Argumentation aufbauen können, um Einwände überzeugend zu widerlegen.

Schriftliche Tests, die im AC vorkommen können, sind z. B. Intelligenz-, Konzentrations-, Leistungs- und Persönlichkeitstests. Daneben erwartet Sie häufig auch noch eine **Postkorbübung**. Unter deutlichem Zeitdruck müssen Sie eine Anzahl unterschiedlichster Vorgänge und Aufträge bearbeiten und dabei schnell wichtige Entscheidungen treffen. Was muss als Erstes bearbeitet werden? Was kann warten, ist vielleicht sogar zu vernachlässigen oder kann delegiert werden? Verschaffen Sie sich zunächst einen Überblick und setzen Sie dann Prioritäten. Damit beweisen Sie Organisationstalent, Entscheidungsfähigkeit und Weitblick. Im anschließenden Gespräch sollten Sie Ihre Entscheidungen plausibel machen können und sich von kritischen Bemerkungen nicht aus der Fassung bringen lassen. Denn auch Ihre Kritikfähigkeit steht hierbei auf dem Prüfstand und man will herausfinden, ob Sie sich schnell verunsichern lassen.

Um das Wichtigste auf den Punkt zu bringen, können wir Ihnen folgende Tipps und Hinweise geben: In einem AC geht es zum Großteil darum, Sympathien und Vertrauen zu gewinnen. Zeigen Sie sich offen, kommunikativ und bemühen Sie sich um eine aktive Teilnahme. Dann wird man Ihnen den Job auch zutrauen! Ihr Auftreten, Ihre Kleidung und Körpersprache werden ebenso bewertet, wie Ihr verbales Verhalten. Erscheinen Sie pünktlich und angemessen gekleidet. Wenn die Dauer des ACs aus dem Einladungsschreiben nicht hervorgeht, informieren Sie sich am besten telefonisch oder im Internet. Möglicherweise erfahren Sie auch etwas über den Tagesablauf und einzelne Übungen. Auch das hilft, Anspannung abzubauen!

Testen Sie, ob Sie gut genug über das Thema AC informiert sind anhand eines Wissenstests auf www.testtraining-forum.de.

www.

Vorbereitung

Es ist zwar wichtig, sich rechtzeitig mithilfe von Büchern auf ein AC vorzubereiten, den Tag vor dem AC sollten Sie jedoch möglichst ruhig gestalten. Lassen Sie die Party mit Freunden besser sausen und gehen Sie früh ins Bett. Denn am nächsten und gegebenenfalls übernächsten Tag brauchen Sie volle Konzentration und Ihre ganze Energie. Verzichten Sie auf Beruhigungsmittel – wenn Sie wie eine Schlaftablette vor der Prüfungskommission sitzen, sammeln Sie mit Sicherheit keine Pluspunkte. Im Gegenteil: Ein bisschen Aufregung kann sympathischer wirken als totale Coolness. Etwas Anspannung macht auch munter. Sollten Sie so etwas wie Prüfungsangst haben, dann setzen Sie lieber auf Entspannungsmethoden wie autogenes Training, Yoga oder progressive Muskelentspannung statt auf pharmazeutische Produkte. Falls Sie extrem unter Prüfungsangst leiden, nehmen Sie besser professionelle Hilfe in Anspruch. Erfahrene Fachleute können Ihnen bestimmt helfen.

Wenn Sie zu einem AC fahren, denken Sie bitte an Kopien Ihrer Bewerbungsunterlagen. Damit können Sie sich bei Bedarf, z. B. vor dem „Interview", schnell in Erinnerung bringen, wie Sie sich schriftlich präsentiert haben. Stecken Sie Stifte, Papier und eventuell sogar Linienpapier zum Unterlegen ein. Meistens werden Sie mit diesen Utensilien versorgt, doch Ausnahmen bestätigen die Regel. Nehmen Sie auch Bonbons für den Hals mit und Traubenzucker oder einen kleinen Snack für die Stärkung zwischendurch. Manche AC-Übungen ziehen sich ziemlich lang hin. Dann sinkt der Blutzuckerspiegel und damit auch Ihre Konzentration. Wenn Sie am Ort des ACs übernachten müssen, denken Sie an entspannende Lektüre oder Musik, falls Sie so abends besser abschalten können. Vergessen Sie nicht, Ihr Handy mitzunehmen (gegebenenfalls auch Ladekabel), und packen Sie eventuell sogar einen Reisewecker ein. Sollten Sie vor lauter Anstrengung Kopfschmerzen bekommen, ist es gut, Tabletten dabeizuhaben.

Aufgabentypen

Die Aufgabentypen im AC werden gern Arbeitsproben oder Übungen genannt. Doch diese harmlos klingenden Bezeichnungen dürfen nicht darüber hinwegtäuschen, dass es sich um Prüfungen handelt. Die wichtigsten Einzelverfahren des ACs im Überblick:

- Selbstvorstellungsrunde oder Vorstellung einer anderen Bewerberin/eines anderen Bewerbers durch Sie, welche/-r dann im Gegenzug Sie vorstellt (beurteilt wird aber nur der Vortragende, nicht das, was über Sie/Ihren Nachbarn ausgesagt wird!)
- individuell auszuführende Arbeitsproben und Aufgabensimulationen wie Organisations-, Planungs-, Entscheidungs-, Kontroll- und Analyseaufgaben
- Gruppendiskussion (mit und ohne Rollenvorgabe)
- Gruppenaufgaben (mit Wettbewerb und/oder Kooperation)
- Vorträge und Präsentationen
- Rollenspiele, z. B. Mitarbeiter-/Problem-/Konfliktgespräche, meist zu zweit
- Einzel-, Gruppen- und Panel-Interviews (Befragung einer Bewerberin/eines Bewerbers durch mehrere Interviewer)
- Planspiele
- Intelligenz- und Leistungs-/Konzentrationstests (wie hier im Buch gezeigt)
- Persönlichkeits- und Interessentests
- biografische Fragebögen
- Interviews in Form von Abschluss- und/oder Beurteilungsgesprächen

Um sich gezielt vorzubereiten, sollten Sie wissen, was eigentlich erfasst und bewertet wird. Hierzu stellen wir Ihnen im Folgenden die wichtigsten Beurteilungskriterien vor.

Beurteilungskriterien

ACs sind standardisierte Ausleseverfahren. Wichtig ist zu wissen, worum es dabei genau geht. Die Eignung der Bewerberinnen und Bewerber wird meist anhand von drei Kriterien (abgekürzt mit KLP) erfasst:

1. **K wie Kompetenz** (bedeutsam): Haben Sie berufsrelevante Erfahrungen, Kenntnisse, Eigenschaften, stellen Sie sich klug an, wirken Sie wach, aufgeschlossen und lernwillig?
2. **L wie Leistungsmotivation** (sehr wichtig): Sind Sie engagiert? Haben Sie Biss? Sind Sie wirklich lern-, einsatz- und arbeitswillig? Können Sie sich mit den Aufgaben, die der Beruf stellt, identifizieren?
3. **P wie Persönlichkeit** (absolut entscheidend): Sind Sie sympathisch, vertrauenswürdig, anpassungsfähig? Passen Sie zur Organisation, in das Team der anderen Mitarbeiterinnen und Mitarbeiter?

Wenn Sie wollen, können Sie sich **K L P** als Eselsbrücke merken. Die Auswahlkriterien lassen sich dabei nicht immer klar abgrenzen. So könnte man z. B. Eigenschaften wie Verantwortungsbewusstsein, Zuverlässigkeit und Teamfähigkeit allen drei Kategorien zuordnen.

Um sich gut vorzubereiten, ist es sinnvoll, sich zu verdeutlichen, welche Punkte in eine Beurteilung der Beobachterinnen und Beobachter einfließen. Dabei ist es egal, um welchen Teil eines ACs es sich handelt. Grundsätzlich sind es immer wieder die gleichen Kriterien, nach denen Ihr Verhalten beurteilt und bewertet wird:

1. **Ihre Fähigkeit, Ihr Gespür für soziale Prozesse (Stichwort: soziale Kompetenz)**
    a   Kontaktfähigkeit (aktives Zugehen auf andere, Beratung anbieten, Vertrauen entgegenbringen)
    b   Einfühlungsvermögen (Erkennen/Berücksichtigen von Bedürfnissen/Gefühlen anderer)
    c   Integrationsfähigkeit (Fähigkeit, Konflikte zu analysieren und zu lösen, Bündelung auseinandergehender Interessen auf ein Ziel hin)
    d   Kooperationsfähigkeit (kein Dominanzstreben auf Kosten anderer, Verzicht auf Druck- und Machtmittel, anderen aus Schwierigkeiten heraushelfen)
    e   Informationspolitik (Weitergabe von Informationen, Fähigkeit, zuzuhören)
    f   Selbstdisziplin (moderat-freundlicher Umgang mit anderen, auf Angriffe angemessen reagieren)

2. **Ihr systematisches Denken und Handeln**
    a   Analytisches und abstraktes Denken (didaktisch sinnvoller und logischer Aufbau des Vortrags, Fähigkeit, zu strukturieren)

- b Arbeitsorganisation (sich einen Überblick verschaffen, Einhalten von Zeitvorgaben, Belastbarkeit, Stressresistenz, Delegationsfähigkeit, Überblick behalten, gewissenhafte Bearbeitung, Konzentrationsfähigkeit)
- c Kombinationsfähigkeit (Übernahme/Verarbeitung von Informationen/ Denkstilen anderer, die Fähigkeit, Alternativen zu entwickeln)
- d Entscheidungsfähigkeit (Entwicklung und Beurteilung von Alternativen, angemessene Entscheidungsfreudigkeit, kein Aufschieben, Nachdenken darüber, welche Konsequenzen die jeweiligen Entscheidungen haben)
- e Planung und Kontrolle (Strukturierung komplexer Sachverhalte, Arbeitsziele setzen)

3 Ihr Aktivitätspotenzial

- a Arbeitsantrieb/-motivation (schnelles Erledigen anstehender Arbeiten/ Probleme)
- b Führungspotenzial/-motivation (Anstreben einer Führungsposition/ -rolle, Initiativen zur Strukturierung/Koordination sozialer Prozesse)
- c Selbstwertgefühl (positiv und erfolgsorientiert, angemessene Selbstsicherheit)
- d Selbstständigkeit (erkennbares Bemühen um Optimierung eigener Arbeitsergebnisse)
- e Durchsetzungsvermögen (Zielstrebigkeit, Beharrlichkeit)
- f Kreativität

4 Ihre Ausdrucksmöglichkeiten

- a Flexibilität (rhetorische Fähigkeiten/Argumentationstechnik, plastische Vergleiche/Bilder, Variationen des Ausdrucks, Einsatz didaktischer und/ oder optischer Hilfsmittel)
- b Die Fähigkeit, mündlich und schriftlich zu formulieren (flüssig und unmissverständlich, akustisch gut zu verstehen)
- c Überzeugungskraft (eingebrachte Vorschläge/Plausibilität/Ziele/Methoden, Argumentation erzeugt bei anderen keinen Widerstand, Flexibilität in Ausdruck/Argumentation)

Pluspunkte sammeln Sie auch, wenn Sie die folgenden <u>allgemeinen Verhaltensregeln</u> in einem AC beachten:
- andere ansehen, wenn man miteinander redet
- Aufmerksamkeit signalisieren
- kontrolliert reagieren
- angemessenes Engagement

- deutlich und ruhig sprechen
- freundliches Interesse zeigen
- sachliche Argumentation, alles vermeiden, was die Gesprächsharmonie stören könnte
- auf Argumente eingehen und sie konstruktiv weiterentwickeln
- sich nicht in den Vordergrund spielen
- sich nicht zu sehr zurück- und raushalten
- kein Sarkasmus, keine Ironie, niemanden herabsetzen
- insbesondere in Gruppendiskussionen oder ähnlichen Tests auf eine ausgeglichene Rollenverteilung achten (z. B. nicht zu allen Themen Kontra-Beiträge liefern, da sonst die Gefahr besteht, als Nörgler wahrgenommen zu werden)
- Teilnehmerinnen und Teilnehmer, die Fragen aufwerfen, auch mal loben („wichtig/bemerkenswert" etc.)
- Mängel offen zugeben („Sie haben da einen heiklen Punkt angesprochen.")
- stets bedenken: Man muss nicht immer alles (besser) wissen und ständig versuchen, Patentrezepte und -lösungen „aus dem Hut zu zaubern"
- auch mal die eigene Meinung zur Diskussion stellen („Mich würde interessieren, wie Sie darüber denken.")
- konstruktiv mit eigenen Schwächen umgehen
- und: bleiben Sie halbwegs authentisch! Wenn Sie sich im AC zu sehr verstellen, eine Rolle nur spielen, werden die Beobachter das unter Umständen erkennen und entsprechend negativ bewerten.

Lassen Sie uns nun aber einmal direkt in Bestandteile eines ACs Einblick nehmen.

Gruppendiskussionen

Bei Gruppendiskussionen geht es darum, sich im direkten Vergleich mit den Mitbewerberinnen und Mitbewerbern gut einzubringen, sich positiv zu präsentieren. Wichtig: Es gibt Diskussionsrunden mit und ohne Rollenvorgabe (s. u.). Insgesamt sollten Sie – in der Regel – zwischen vier und sechs Teilnehmerinnen und Teilnehmer sowie zwei bis vier Beobachterinnen und Beobachter erwarten.

Unsere wichtigste Empfehlung für die Gruppendiskussion: Seien Sie weder ein „stummer Fisch" noch ein eloquenter, selbstverliebter „Vielquatscher". Verstellen Sie sich nicht zu sehr, und beteiligen Sie sich in angemessener Form.

Aufbau und Ausgestaltung

Bei der Gruppendiskussion lassen sich grob drei Formen unterscheiden:
1. **Diskussion eines (eher globalen) Themas mit oder ohne Zielvorgabe**
   Hier besteht die Aufgabe darin, ein vorgegebenes oder frei zu wählendes Thema zu diskutieren. Manchmal wird verlangt, dass die Gruppe zu einem gemeinsamen Ergebnis gelangt (Stellungnahme, Konsens). Möglich ist auch, dass Sie die Aufgabe bekommen, sich als Gruppe auf eins unter zehn Themen zu einigen, um es anschließend zu diskutieren. Bereits die Auswahl des Themas, die erfahrungsgemäß nicht leicht vonstattengeht, wird aufmerksam beobachtet und beurteilt. Wer hier eine von den anderen Gruppenmitgliedern akzeptierte Führungsrolle übernehmen kann, steht natürlich bei Weitem besser da als die völlig unscheinbare Mitläuferin bzw. der völlig unscheinbare Mitläufer oder eine/ein ewig nörgelnde/-r Neinsager/-in. Manchmal wird man auch vor der Gruppendiskussion aufgefordert, vorab die eigene Meinung zum Thema schriftlich zu äußern. Damit werden individuelle Standpunkte/Beurteilungen festgehalten, um hinterher vergleichen zu können, ob und inwieweit die Gruppenbeurteilung davon abweicht und wie leicht bzw. schwer es jemandem fiel, sich anzupassen.

2. **Diskussion eines speziellen Problems in Form eines Planspiels**
   Etwas Besonderes hat sich ereignet, ist passiert, wie gehen Sie damit um? Ein Beispiel: Sie arbeiten in der Stadtverwaltung und haben eine wichtige Pressekonferenz mit vorbereitet. Eine Stunde vor dem Beginn fällt Ihnen auf, dass die vorbereitete PowerPoint-Präsentation defekt ist. Eine Sicherungskopie fehlt. Ihre Aufgabe besteht dann darin, gemeinsam in der Gruppe einen Handlungsplan zu entwickeln. Die Rahmenbedingungen sind vorgegeben und es müssen Entscheidungen auf organisatorischer Ebene gefällt werden. Bei diesen Planspielen ist ein Ergebnis nur dann sinnvoll, wenn alle Mitspieler einbezogen werden, da es möglich ist, dass jedem Gruppenmitglied unterschiedliche Informationen (z. B. auf Extrakärtchen) zur Verfügung stehen und die auf den Karten vermerkten Infos erst einen Sinn ergeben, wenn sie untereinander ausgetauscht werden. Sorgen Sie also dafür, dass alle Informationen allen zugänglich gemacht werden.

3. **Diskussion eines vorgegebenen Themas, bei der die Teilnehmerinnen und Teilnehmer eine bestimmte Rolle bzw. Position zu vertreten haben**
   Bei dieser Variante wird jedem Einzelnen ein Standpunkt vorgegeben. Man erhält vorab eine „Regieanweisung" und hat anschließend diese Rolle, den vorgegebenen speziellen Standpunkt, zu vertreten.

Handlungsempfehlungen

Nicht selten kommt eine Diskussion nur schleppend in Gang, weil keiner vorpreschen möchte oder das Thema so unumstritten ist, dass sich nur schwer unterschiedliche Positionen finden lassen. Das macht die Sache nicht gerade einfach, kann aber auch eine Chance sein: Wenn Sie versuchen, Struktur in die Diskussion zu bringen, und damit einen konstruktiven Beitrag zum Austausch der Argumente liefern, können Sie Pluspunkte sammeln. Gehen Sie dazu systematisch und schrittweise vor:

1. **Schritt: Orientierung**
   Jeder Versuch, sich bereits im Anfangsstadium auf ein Diskussionsziel zu einigen, dürfte zu Problemen führen. Zu Beginn empfiehlt es sich daher, eine Einschätzung vorzunehmen, in welchem Ausmaß das Thema von subjektiven Werthaltungen und emotional begründeten Einstellungen beeinflusst wird. Oft lässt sich das Thema auch durch Fragen griffiger machen. Mögliche „Eisbrecher-Fragen" sind u. a.:
   a   Wo sieht jeder Einzelne in der Gruppe die Problematik (Kurzumfrage/Meinungsbild)?
   b   Wo sind die Meinungsschwerpunkte?
   c   Wo gibt es Gemeinsames/Trennendes?

2. **Schritt: Zielsetzung**
   Machen Sie sich davon frei, ein Thema bis in alle Facetten durchdiskutieren zu wollen, um mit einem perfekten, für alle Gruppenmitglieder zufriedenstellenden Ergebnis aufwarten zu können. Das ist schon angesichts der knappen Zeit nicht möglich. Wenn Sie dies der Gruppe deutlich machen, kann es dazu beitragen, von allen etwas Druck zu nehmen und das Miteinander zu fördern. Über Fragen (z. B.: „Welche Diskussionsziele sind in der Kürze der Zeit realisierbar?" oder „Wie kann das Thema eingegrenzt werden und ist das hilfreich?") kann man unter Umständen einen Konsens herbeiführen, der hilft, in kurzer Zeit ein Optimum und damit einen Etappensieg zu erzielen.

3. **Schritt: Lösungsweg**
   Mit den richtigen Fragen kommt man oft am besten voran. Fragen Sie die anderen Teilnehmerinnen und Teilnehmer, wie man am besten zu einem Ergebnis kommt oder welche Möglichkeiten sich anbieten und welche davon den größten Erfolg verspricht. Diese Fragen können helfen, dass alle in dieselbe Richtung (wenn auch mit unterschiedlichen Ergebnissen) denken und Sie ganz nebenbei Pluspunkte für den Versuch erhalten, Struktur ins Ge-

spräch zu bringen. Versuchen Sie, möglichst alle in die Bearbeitung des Themas einzubeziehen und ermuntern Sie auch passivere Teilnehmerinnen und Teilnehmer zum Mitdiskutieren, z. B. indem Sie Ideen und Anregungen anderer aufgreifen und weiterentwickeln. Hierdurch beweisen Sie Kooperationsfähigkeit.

4. **Schritt: Ergebnisprüfung**
Im Verlauf des Gesprächs (nicht erst gegen Ende) können Sie zur Überprüfung des Ergebnisses anregen. Fragen Sie in die Runde, wie weit man mit der Bearbeitung des Themas gekommen ist (Meinungsbild/Schwerpunkte). Was kann zum jetzigen Zeitpunkt zusammenfassend gesagt werden? Lässt sich bereits ein Resümee ziehen? Diese Fragen helfen, das Ziel im Auge zu behalten, ergebnisorientiert vorzugehen und damit eine gute Figur zu machen. Nicht selten ist das Diskussionsthema so komplex, dass das geforderte gemeinsame Ergebnis, z. B. ein Gruppenkonsens, in der vorgegebenen Zeit nicht erreicht werden kann. Dies kann zu einer aggressiv-gereizten Stimmung führen, da alle den Leistungsdruck spüren und Versagensängste aufkommen. Lassen Sie sich nicht verunsichern. Dieser Stress wurde zum Teil absichtlich erzeugt, da die Beobachter/-innen sehen möchten, wie Sie in einer solchen Drucksituation agieren. Wer sich dabei sichtbar aufregt, sammelt möglicherweise Minuspunkte. Manchmal wird später (z. B. im Einzelinterview) erfragt, wie man die Diskussionsrunde erlebt hat, wie man seinen eigenen Part und den der anderen einschätzt. Haben z. B. alle Teilnehmerinnen und Teilnehmer eine bestimmte Person positiv oder negativ erlebt, wird sich das darauf auswirken, wie der oder die Betreffende von den Beobachterinnen und Beobachtern bewertet wird.
Optimal wäre es, wenn Sie grafische Hilfs- und Darstellungsmittel (Flipchart, Tafel etc.) einsetzen, um das Vereinbarte sichtbar zu machen. Das gilt übrigens für sämtliche Diskussions- und Präsentationsübungen im AC. Wenn Ihnen Overheadprojektor, Flipchart, Tafel etc. angeboten werden, nutzen Sie diese unbedingt. In der Gruppendiskussion könnten Sie z. B. Ihre Dienste anbieten, nach vorn gehen und die wichtigsten Punkte notieren. Aber Vorsicht: Fragen Sie zuvor die anderen, ob es ihnen recht ist. Sonst sieht es so aus, als wollten Sie sich zu sehr in den Vordergrund drängen.

Rollenspiele

Das Rollenspiel ist eine Art Mini-Diskussionsgruppe. Teamleiter, Vorgesetzter, Mitarbeiter – das sind die typischen Rollen, in die AC-Teilnehmerinnen und -Teilnehmer schlüpfen sollen. In der Regel geht es um ein simuliertes Gespräch zwischen einer Teilnehmerin bzw. einem Teilnehmer und einer Beobachterin bzw. einem Beobachter. Rollenspiele untereinander, also zwischen zwei Bewerbungskandidaten sind eher selten.

Im Rollenspiel werden Situationen simuliert, wie sie im Arbeitsalltag auftreten, etwa ein Konfliktgespräch zwischen Vorgesetztem und Mitarbeiter (Stichworte: schlechte Leistung, sonstige Kritik, Unangenehmes). Die Rolle, in die Sie schlüpfen müssen, ist weder leicht noch angenehm. Auch dürfen Sie nicht mit allzu viel Entgegenkommen bei Ihrer Rollenspielpartnerin bzw. Ihrem Rollenspielpartner rechnen. Denn ihre/seine Rolle sieht vor, Ihnen das Leben schwer zu machen. Für dieses Stegreif-Rollenspiel hat man zwischen 10 und 30 Minuten Zeit. In der Vorbereitungszeit (etwa 5 bis 15 Minuten) kann man sich mit der schriftlichen Rollen- und Situationsbeschreibung vertraut machen.

Situationen im Rollenspiel

Häufig werden Überzeugungs- oder Motivationsgespräche verlangt. Beliebt sind auch „Kundengespräche", wie z. B. das folgende: Sie sind im Jugendamt tätig und betreuen eine Familie, bei der das Elternpaar größte Schwierigkeiten miteinander hat, die jetzt auch das Kindeswohl gefährden könnten. Leider eskaliert in einem gemeinsamen Gespräch zwischen Ihnen und dem Familienvater die Situation, da dieser die Schuld für die drohende Trennung von seiner Ehefrau plötzlich Ihnen zuschiebt. Immerhin hätten Sie mit dem Entzug des gemeinsamen Kindes gedroht, so seine Argumentation. Jetzt sollen Sie eine Klärung herbeiführen und eine gute Basis für die künftige Zusammenarbeit schaffen. Die Ausgangsbasis für das Gespräch ist also durchaus schwierig.

Ableitung persönlicher Eigenschaften

Aus Ihrem Gesprächsverhalten wird versucht, Rückschlüsse auf Ihre persönlichen Eigenschaften zu ziehen. Hierbei geht es z. B. um Ihre soziale Durchsetzungskraft, Ihr Verhalten, etc.
- Wie werden Sie einmal mit Mitarbeitern und Kollegen, für die Sie später ggf. auch Personalverantwortung haben könnten, umgehen?
- Zeigen Sie Ansätze einer Gesprächsstrategie, gelingt Ihnen eine Klärung?

- Wie geschickt sind Sie im verbalen Umgang mit anderen Menschen?
- Wie stark ist Ihr Einfühlungsvermögen (Empathie), d. h., wie gut können Sie sich in Ihr Gegenüber hineinversetzen?
- Sind Sie in der Lage, die Situation zu analysieren und gemeinsam eine Lösung zu erarbeiten?
- Können Sie ein Verhandlungsergebnis vorweisen bzw. sind Sie in der Lage, am Ende des Gesprächs klare Vereinbarungen, ggf. Entscheidungen, zu treffen?
- Besonders wichtig ist das sich anschließende Gespräch. Hier geht es dann um das von Ihnen gezeigte Verhalten beim Rollenspiel: Übernehmen Sie, falls Ihnen kritische Fragen gestellt werden, Verantwortung. Fallen Sie also nicht bei der ersten Kritik um, bleiben Sie stattdessen ruhig und liefern Sie sachliche Gründe für Ihr Verhalten, Ihre Sichtweise.

Präsentationen

Ob Sie als Moderatorin oder Moderator auftreten, eine Fallstudie lösen oder ob Sie – nach kurzer Vorbereitungszeit – einen Vortrag über ein gesellschaftspolitisches Thema halten sollen: Es handelt sich bei diesen und ähnlichen Aufgaben immer um eine Präsentation. Dabei geht es darum, ein Thema in der zur Verfügung stehenden Zeit inhaltlich zu erfassen und den Zuhörern per mündlichem Vortrag zu vermitteln. Entweder sollen Sie einen bestimmten Standpunkt vertreten oder Überzeugungsarbeit leisten. Es kann z. B. sein, dass Sie dabei in die Rolle einer Beraterin/eines Beraters schlüpfen müssen, um einem fiktiven Leitungsgremium bestimmte Aktionen vorzuschlagen. Möglich ist auch, dass Sie sich gleich bei der Eingangsrunde einfach selbst vorstellen sollen. Entweder ganz frei, sodass Sie selbst entscheiden können, wie und was Sie über sich erzählen, oder mit einer Vorgabe wie „Stellen Sie uns Ihre drei größten Stärken und Schwächen vor!" oder „Erläutern Sie die wichtigsten Stationen in Ihrem Lebenslauf!" oder „Beschreiben Sie Ihren Lieblingsurlaubsort!".

Eine Präsentation kann entweder aus dem Stand heraus verlangt werden (mit einer Vorbereitungszeit von fünf bis zehn Minuten für einen drei- bis fünfminütigen Vortrag) oder mit abendlichem, mehrstündigen Unterlagenstudium vor dem Prüfungstag. Denkbar ist bei dieser zweiten Variante die zusätzliche Aufgabe, Ihren Vortragstext schriftlich auszuarbeiten. Das bedeutet jedoch nicht, dass Sie ihn dann einfach ablesen dürfen. Die Gruppe der Beobachter konzentriert sich auf das „Wie" Ihres Vortrags und nimmt die inhaltliche Beurteilung Ihres Referats später vor. Worauf bei Ihrem Vortrag besonders geachtet wird, entnehmen Sie bitte den Abschnitten zu den Beurteilungskriterien im Assessment Center auf Seite 218 ff.

Allgemein geht es bei Präsentationen weniger um das zwischenmenschliche Verhalten, sondern mehr um Sprache, Form, Ausdruck, Klarheit und Sicherheit, Ausstrahlung, Überzeugungskraft und erst an letzter Stelle um Inhaltliches bzw. Sachkompetenz.

Das gilt vor allem für sehr offene Ein-Wort-Themen wie „Der Glaube" oder Allerweltsthemen wie „Tempolimit – pro und kontra", die nichts mit dem späteren Arbeitsplatz zu tun haben. Fachliche Kompetenz wird erst dann wichtiger, wenn es um Themen Ihres künftigen Arbeitsgebiets geht.

Vorbereitungsmöglichkeiten

„Lassen Sie Ihren Gedanken freien Lauf" könnte das Motto für die Bearbeitung der Themen lauten. Es geht also zunächst darum, Material zu sammeln. Notieren Sie alles – ruhig ungeordnet –, was Ihnen zu dem Thema einfällt. Hilfreiche Fragestellungen sind z. B.:
- Welchen Kernbegriff (welches Keyword) enthält das Thema?
- Welche weiteren Begriffe stecken im Thema?
- Welche anderen Begriffe/Stichworte (vergleichbare, gegensätzliche, Ober-/Unterbegriffe) assoziiert man mit dem Kernbegriff?

Auch die bekannten W-Fragen (wer, wie, was, wann, wo, warum?) können einen wichtigen Beitrag leisten:
- Was heißt …? Was ist …? Was bedeutet (für mich/den Einzelnen/die Gesellschaft) …?
- Wer ist mit … befasst?
- Welche Arten von … gibt es?
- Wann geschieht …?
- Wo geschieht …?
- Warum …?
- Welche Ursache …?
- Welchen Zweck …?
- Welche Folgen, Vor-/Nachteile, Gefahren …?
- Wem nützt/schadet …?
- Wozu dient …?

Schlüpfen Sie gedanklich in andere Personen (Freunde, Arbeitskollegen, Eltern, Nachbarn etc.). Wie würden die argumentieren? Ordnen Sie die so gewonnenen Stichworte nach Zusammengehörigkeit und in die Gliederungsabschnitte Einleitung, Hauptteil, Schluss. Es gibt bestimmte Gliederungsformen, die die Vorbereitung von speziellen Aufgaben erleichtern:

Bei Themen, die eine **Pro-/Kontra-Erörterung** erfordern, hat sich diese Gliederung des Hauptteils bewährt:
- These (Argumente für ...)
- Antithese (Gegenargumente)
- Wenn möglich: Lösung, Entscheidung (Synthese)

Haben Sie es mit einem berufstypischen Fachproblem zu tun, bietet sich eine Gliederung anhand dieser Fragen an:
- Worin besteht das Problem?
- Wie ist bisher damit verfahren worden?
- Welche Lösungsansätze sind praktikabel, welche nicht?
- Wie sieht meine Empfehlung aus?

Handlungsempfehlungen

Die für den Vortrag vorgesehene Zeit sollten Sie unbedingt einhalten. Die fünf oder zehn Minuten sind angesichts des Prüfungsstresses jedoch schneller vorbei, als Sie ahnen. Wenn Sie mit dem Vortrag aufhören müssen, weil die Zeit abgelaufen ist, und wichtige Argumente ungesagt bleiben, haben Sie Ihre Präsentation möglicherweise „in den Sand gesetzt". Verzichten Sie also lieber auf ein paar zusätzliche, aber schwächere Argumente, und lassen Sie sich genügend Zeit für die wirklich guten. Sehr wichtig ist, wie Sie den Vortrag beginnen. Denn hier entscheidet sich, ob Sie das Interesse der Zuhörer erregen.

Journalisten geht es, wenn sie Artikel schreiben, nicht anders. Deshalb sollten Sie sich ein „Lockmittel" überlegen, z. B. eine knackige Headline, eine spannende Einleitung, eine unvermutete Frage oder eine witzige, kurze Anekdote. Machen Sie Ihre Zuhörer neugierig auf das, was folgt. Beleuchten Sie das Thema von verschiedenen Seiten. Machen Sie Gebrauch von sprachlichen Bildern, Vergleichen etc. und greifen Sie auch bei dieser Übung zu didaktischen Hilfsmitteln (Flipchart, Beamer, Tafel). Visualisieren Sie (komplizierte) Zusammenhänge – nach dem Motto: Ein Bild sagt mehr als tausend Worte –, wann immer es möglich und sinnvoll ist. Zusammenhänge, die Sie durch Pfeile, Kreise o. Ä. sichtbar machen, werden deutlicher und besser verstanden – eine Methode, die immer gut ankommt. Zögern Sie nicht, ein Keyword an die Tafel zu schreiben, um seine

Bedeutung zu unterstreichen. Halten Sie mit Ihren Zuhörern Blickkontakt. Werden Sie unterbrochen, gehen Sie auf Zwischenfragen ein. Auf diese Weise soll Ihre Flexibilität getestet werden. Aber lassen Sie das Zwiegespräch nicht ausufern. Geben Sie Ihren Zuhörern etwas zum Nachdenken, beteiligen Sie sie an Ihrem Thema. Sollten diese nicht von sich aus fragen, können Sie – um ein wenig mehr Leben in die Sache zu bringen – auch Fragen stellen. Es ist besser, nicht eine einzelne Person „anzufragen", denn das könnte dieser peinlich sein. Stellen Sie Fragen am besten an die ganze Runde. Fassen Sie die wichtigsten Aspekte des Themas am Ende kurz und prägnant zusammen, und kommen Sie zum Schluss, der ähnlich gestrickt sein sollte wie der Anfang – nämlich interessant. Sollten Sie sehr aufgeregt sein, ist es eine gute Taktik, das offen und humorvoll anzusprechen, statt sich zu verkrampfen und zu hoffen, dass es niemand merkt – das bringt sogar Sympathiepunkte. Auf diese Weise machen Sie eine kleine Schwäche zu einer Stärke, indem Sie zeigen, dass Sie auch mit einem Manko gut umgehen können.

Postkorbübungen

Neben der Gruppendiskussion ist der Postkorb eine häufige Übung im AC. Die Aufgabe wird als sogenannter Paper-Pencil-Test bzw. auf dem PC dargeboten. Jede Teilnehmerin, jeder Teilnehmer muss diesen Test allein bearbeiten. Ihre Aufgabe beispielsweise: Sie müssen als Chefin bzw. Chef (Mitarbeiterin/ Mitarbeiter) vieles durcharbeiten, was sich während einer längeren Dienstreise in Ihrer Post angesammelt hat. Dabei müssen sehr viele Entscheidungen getroffen werden, zu …
- finanziellen Dingen,
- geschäftlichen Angelegenheiten und
- familiären oder sonstigen privaten Dingen.

Hinzu kommt, dass Sie unter enormem Zeitdruck stehen, da Sie kurz danach wieder auf Dienstreise müssen oder in den Urlaub fahren. Allein die Papiere in Ihrem „Postkorb" (bzw. Ihrem elektronischen Postfach) durchzulesen, erfordert schon einen erheblichen Teil der Bearbeitungszeit. Es wird jedoch auch verlangt, dass Sie schnell und angemessen auf die Ereignisse, Anforderungen, Probleme etc. reagieren. Später wird man Sie fragen, wieso Sie diese oder jene Entscheidung getroffen haben. Gehen Sie daher bei der Bearbeitung immer systematisch vor!

Bei dem Interview, das häufig im Anschluss an die Postkorbübung folgt, fragen die Beobachter oft – manchmal auch sehr detailliert – nach den Gründen für Ihre Entscheidungen. Dabei sind sie auf der Suche nach Ihrem Organisations- und Planungstalent. Besonders interessiert sie Ihr Weitblick, d. h., ob Sie auch die Konsequenzen Ihrer Entscheidungen berücksichtigt haben. Schlechte Bewertung handelt sich ein, wer unsystematisch, also eher aus dem Gefühl heraus, Entscheidungen trifft oder sich gar davor drückt.

Bei der Postkorbübung und später beim Interview geht es auch um Ihre Belastbarkeit, Auffassungsgabe und Flexibilität. Können Sie vermitteln, dass Sie bei komplexen Aufgaben planvoll und überlegt organisieren, Ihre Arbeitsleistung selbst bei deutlich erhöhtem Zeitdruck nicht abfällt, Ihre Konzentration konstant bleibt und Sie bemüht sind, begonnene Arbeiten zügig abzuschließen?

Hier ein typisches Beispiel für eine Postkorbaufgabe:
Stellen Sie sich die folgende Situation vor ... Man kehrt abends von einem Kongress nach Hause zurück und findet die Nachricht vor, dass am nächsten Morgen um 9.00 Uhr eine unaufschiebbare Geschäftsreise für mehrere Tage ansteht. Die Wohnung ist leer, das Au-pair-Mädchen ist für einige Tage verreist, Ehefrau und Tochter machen Urlaub und sind telefonisch zunächst nicht zu erreichen. Der Sohn kommt später am Abend heim. Auf dem Anrufbeantworter sind vier Telefonanrufe aufgezeichnet, und im Postkorb liegt ein Stapel von Briefen und Mitteilungen. Verlangt sind nun Entscheidungen, welche Informationen und Aufgaben Vorrang haben und welche Dinge man delegieren kann bzw. selbst erledigen muss. Beispielsweise befindet sich im Postkorb eine Karte, auf der die Telefonnummer von Ehefrau und Tochter notiert ist, d. h., man kann sie anrufen und ihnen bestimmte Aufgaben übertragen. Genauso kann man die Sekretärin benachrichtigen und den später heimkehrenden Sohn bitten, z. B. die Tante anzurufen, damit diese an einem bestimmten Tag keinen Kuchen backt, weil das Gas wegen Reparaturarbeiten am Gaszähler abgestellt wird. Aus dem gleichen Grund muss der Sohn gebeten werden, zu Hause bleiben. Man darf nicht vergessen, ihm Geld hinzulegen, weil er Theaterkarten besorgen soll. Die Tochter informiert man über den Anruf eines Bekannten, der eigenen Frau trägt man auf, bei Gericht anzurufen, um einen Termin zu verschieben. Sie könnte eventuell auch die Mieterversammlung besuchen, um sich um die falsche Heizkostenabrechnung zu kümmern, usw. usw. usw.

Handlungsempfehlungen

Um sich einen Überblick zu verschaffen, sollten Sie zunächst alle vorgelegten Informationen durchlesen und sich auf einem Extrazettel Notizen machen. Dabei helfen diese Fragen:
- Habe ich einen Überblick gewonnen?
- Kann ich einen Zeitplan aufstellen?
- Welche Vorgänge/Ereignisse sind wirklich wichtig und warum?
- Welche können zurückgestellt bzw. vorerst vernachlässigt werden und warum?
- Wie hängen die einzelnen Vorgänge/Ereignisse zusammen?
- Gibt es weitere Gemeinsamkeiten?

Fürs weitere Vorgehen sind auch folgende Punkte wichtig:
- Welche Aufgaben muss man selbst bearbeiten?
- Welche Termine müssen eingehalten werden?
- Was geschieht, wenn ein Termin verpasst wird?
- Lässt sich ein Ordnungssystem (Unterscheidungsmerkmale) für die einzelnen Vorgänge finden?
- Wo sind Prioritäten zu setzen, aus welchen Gründen?
- Wie ist dabei die Interessenlage?
- Wird bei der Bearbeitung eine systematische Leitlinie erkennbar?

Diese Fragen helfen beim Delegieren:
- Was lässt sich an andere Personen delegieren und warum?
- Kontrollfrage dabei: Könnte bei den Beobachtern der Eindruck entstehen, dass man sich vor Entscheidungen und Aufgaben drückt?
- Wie lassen sich Effizienz und Erfolg kontrollieren?

Unterziehen Sie Ihre Entscheidungen abschließend einer kritischen Kontrolle mit den folgenden Fragen:
- Fließen in die Entscheidungen alle verfügbaren Informationen ein?
- Welche Konsequenzen, möglicherweise auch Probleme, ziehen die Entscheidungen nach sich? Gibt es Alternativen?
- Wie lassen sich die Entscheidungen erklären, rechtfertigen, begründen?
- Werden die Beobachter Ihre Motive verstehen?

Bei der Bearbeitung der Aufgaben sollten Sie möglichst gelassen wirken, denn auch Ihre Körpersprache wird von den Beobachtern registriert.

Übrigens gibt es bei den Postkorbübungen fast nie einen Königsweg, also eine allein richtige Lösung. Wichtig ist vielmehr, dass Sie im Interview begründen können, weshalb Sie sich für eine bestimmte Aufgabenverteilung entschieden haben. Gehen Sie daher bei der Postkorbübung selbstbewusst und entscheidungsfreudig vor. Auch wenn es in der realen Arbeitswelt wichtig ist, die Dinge gründlich zu durchdenken – bei der Postkorbübung machen Sie damit kaum Punkte. Stattdessen sollen Sie hier Mut zur Entscheidung und Entschlossenheit demonstrieren. Dazu gehört immer ein gewisses Maß an Selbstsicherheit und Optimismus.

Ziel der Postkorbübung

- Was lässt sich im Hinblick auf Ihr Entscheidungs- und Führungsverhalten sowie Ihren Arbeitsstil und Ihre Arbeitssystematik erkennen?
- Können Sie Wichtiges von Unwichtigem unterscheiden und Prioritäten setzen?
- Können Sie Aufgaben delegieren und dennoch die Dinge im Auge behalten, indem Sie eine Effizienz- und Erfolgskontrolle einplanen?

Für eine Postkorbübung steht meistens eine Stunde zur Verfügung, für „Mini-Postkörbe" weniger. Oftmals werden Sie unmittelbar danach oder auch im weiteren Verlauf des ACs zu einem Gespräch gebeten, um Ihre Entscheidungen zu erklären und zu begründen. Wer dabei einen zu zögerlichen Eindruck macht und nicht vermittelt, dass er/sie in der Lage ist, Entscheidungen zu treffen und die Verantwortung dafür zu übernehmen, wird mit Kritik an seinem Führungspotenzial rechnen müssen. Bleiben Sie gelassen, wenn Ihre Herangehensweise an die Probleme und möglichen Lösungsstrategien als logisch wenig sinnvoll und als nicht systematisch und angemessen genug bezeichnet wird. Es könnte sein, dass man jetzt nur testen will, ob Sie leicht von Ihrem Standpunkt abzubringen sind. Verkneifen Sie sich Entschuldigungen wie „Wenn die Zeit nicht so knapp gewesen wäre, hätte ich gern noch dies oder jenes erledigt." Erstens wissen die Beobachterinnen und Beobachter selbst, wie viel Zeit zur Verfügung stand, zweitens verfügen sie über Erfahrungswerte, was sich im Schnitt schaffen lässt, und drittens wirken Entschuldigungen und Ausreden nicht sonderlich überzeugend. Man könnte daraus sogar folgern, dass Sie überfordert oder zu schnell gestresst sind.

Die wichtigsten Tipps

Auch wenn der Name banal klingt, stellt die Postkorbübung hohe Anforderungen an die AC-Kandidaten. Hier die wichtigsten Tipps für das Bestehen solcher Aufgaben:
- Gehen Sie mit Ruhe und Überlegung an die Arbeit.
- Treffen Sie nicht vorschnell Entscheidungen. Lesen Sie erst einmal alles quer.
- Denn: Später stellen sich Sachverhalte anders dar ...
- Seien Sie jedoch auch nicht zu zögerlich in Ihren Entscheidungen.
- Setzen Sie klare Prioritäten und verdeutlichen Sie Ihren Prüfern diese.
- Bleiben Sie äußerlich ruhig und gelassen, denn Sie werden beobachtet, auch wenn man Ihnen im direkten Gespräch vorhalten sollte, Sie lägen völlig falsch.
- Versuchen Sie nicht, Ihre (angeblich) zu langsame Arbeitsweise zu erklären, zu rechtfertigen. Das schwächt Sie eher, als dass es hilft.
- Nehmen Sie eventuelle Vorwürfe aufmerksam, aber mit Gelassenheit zur Kenntnis, möglicherweise will man Sie nur testen. Zeigen Sie Zuhörbereitschaft und setzen Sie sich offen und interessiert mit alternativen Vorgehensweisen auseinander, ohne gleich Fehler oder Schwächen einzugestehen.

Interview

Beim Interview, einem Frage-und-Antwort-Spiel, geht es meist um die speziellen Anforderungen, die mit dem angestrebten Ausbildungs- und Arbeitsplatz verbunden sind. Es sind sogar mehrere Einzel- oder Kleingruppeninterviews denkbar. Verwechseln Sie das Interview nicht mit einem gewöhnlichen Vorstellungs- bzw. dem AC-Abschlussgespräch oder mit dem Small Talk beim Mittag- oder Abendessen. Persönlichkeit, Leistungsmotivation und Kompetenz (KLP) sind auch hier die Kriterien, die im Mittelpunkt stehen.

Beim Interview ist – unabhängig von den Einzelfragen, mit denen man konfrontiert wird – eine gute Portion Selbstdarstellung erforderlich. Wer von sich und seinen Fähigkeiten überzeugt ist, ohne anmaßend zu sein und zu dick aufzutragen, und darüber hinaus andere überzeugen kann, hat hier relativ leichtes Spiel.

Vorbereitung

Vor dem Interview sollten Sie sich Gedanken darüber machen, wie Sie diese Aspekte präsentieren:
- Ihren schulischen Werdegang,
- Ihre Kompetenzen und Ihre Eignung für den angestrebten Beruf,
- aus welchen Gründen, Sie sich bei der Organisation beworben haben und
- Ihre Leistungsmotivation sowie
- Ihren persönlichen, sozialen Hintergrund.

Das wird Ihnen umso leichter fallen, je intensiver Sie sich auf das Bewerbungsverfahren vorbereitet haben. Bevor Sie sich überhaupt irgendwo bewerben, sollten Sie sich über diese zentralen Fragen im Klaren sein:
- Was für ein Mensch bin ich und wie kann ich mich selbst anderen Menschen beschreiben?
- Was kann ich, was sind meine Stärken, worin bin ich ziemlich gut?
- Was will ich, was sind meine Interessen, Neigungen, Wünsche, Ziele?

Sonderfall: Das Stressinterview

Eine Abwandlung des normalen Interviews stellt das sogenannte Stressinterview dar. Hier versucht man, Sie unter Stress zu setzen, Sie in die Enge zu drängen, Ihnen „auf den Zahn zu fühlen". Rechnen Sie z. B. mit folgenden Fragen:
- Was spricht gegen Sie als Kandidatin/Kandidaten?
- Was sind Ihre größten Schwächen, Nachteile, Defizite?
- Was war bisher Ihr größter Misserfolg, Ihre größte Enttäuschung?
- Was haben Sie daraus gelernt?
- Wovor fürchten Sie sich?
- Was kann Sie richtig ärgerlich bis wütend machen?
- Was mögen Sie nicht, schätzen Sie bei z. B. Freunden, Klassenkameraden, Lehrern und Eltern nicht?
- Welche Anti-Vorbilder haben Sie, welche Personen lehnen Sie ab und warum?
- Was wollen Sie wann und wie beruflich in Ihrem Leben erreicht haben?
- Was ist Ihr Lebensmotto?
- Wie definieren Sie für sich die Begriffe Verantwortung, Schwäche, Leistung und Führung?
- Was machen Sie, wenn wir Sie nicht nehmen?
- Was würden Sie tun, wenn Sie im Lotto ein paar Millionen gewinnen?

Das Schwierige an Stressinterviews sind nicht nur die Fragen. Es kann sein, dass man Sie auch auf andere Art und Weise aus der Fassung zu bringen versucht. Etwa indem man Sie zwischendurch länger warten lässt oder Schweigepausen im Interview einlegt. Da Sie die Absichten jedoch durchschauen, bleiben Sie ruhig und gelassen. Ein kleiner Hinweis noch: Missverstehen Sie nicht jede kritische Frage als den Beginn eines Stressinterviews, und begegnen Sie Ihrem AC-Interviewpartner nicht von vornherein „übermisstrauisch". Bleiben Sie ruhig und gelassen und erinnern Sie sich: Es könnte sich bei dieser Frage, bei dieser Kritik, Anschuldigung oder Provokation vielleicht lediglich um den Versuch handeln, Ihre „Nervenstärke" zu testen. Wie belastbar sind Sie, wenn Sie angegriffen werden, unter Druck geraten ... Gut zu wissen, denn das hilft doch, relativ entspannt zu bleiben, oder?

Handlungsempfehlungen

Um ein (Stress-)Interview sicher zu absolvieren empfiehlt es sich, folgende Handlungsempfehlungen zu berücksichtigen:
1. Hören Sie aufmerksam und konzentriert zu.
2. Halten Sie angemessenen Blickkontakt.
3. Beobachten Sie genau (ohne zu mustern).
4. Überlegen Sie, bevor Sie antworten. Nehmen Sie sich bisweilen ruhig einen Moment Zeit.
5. Scheuen Sie sich nicht, nachzufragen.
6. Reden Sie lieber etwas weniger als zu viel, aber bitte nicht schweigen oder verstummen.
7. Lassen Sie Ihren Gesprächspartner immer (aus-)reden.
8. Warten Sie ab, stehen Sie auch mal eine kleine Gesprächspause durch.
9. Seien Sie lieber etwas zurückhaltend, statt zu forsch aufzutreten.
10. Bleiben Sie sachlich, ruhig, geduldig und gelassen.
11. Last but not least: Versuchen Sie, die wichtigsten Regeln der Körpersprache zu berücksichtigen (s. folgendes Kapitel).

Die wichtigste Grundregel beim (Stress-)Interview lautet, sich nicht aus der Ruhe bringen zu lassen. Bleiben Sie stets sachlich und konzentriert und (wenigstens halbwegs) freundlich. Weichen Sie nicht zu sehr aus und begründen Sie Ihre Standpunkte. Akzeptieren Sie die Meinung Ihres Gegenübers, verdeutlichen Sie aber sehr höflich, dass Sie einen anderen Standpunkt (aus diesem oder jenem Grund) vertreten. Es gibt nichts, wofür Sie sich schämen oder entschuldigen müssen! Ergo: Bleiben Sie geduldig und gelassen, nach einer gewissen Zeit könnte der erlösende Satz fallen: *Entschuldigung, Sie haben vollkommen Recht, wir wollten nur mal sehen, wie Sie in einer schwierigen Situation reagieren, wenn man Ihnen so richtig „auf den Zahn fühlt", Sie persönlich angreift ...*

Körpersprache

Mittels Körpersprache drücken wir viel mehr von unserem Gefühlszustand aus, als uns selbst bewusst ist. Die meisten Menschen ahnen nicht, dass sie mit ihrem Körper genauso (wenn nicht sogar noch deutlicher) sprechen wie mit ihren Worten. Erhobener Zeigefinger, hochgezogene Augenbrauen, gerümpfte Nase und eine in Falten gelegte Stirn sind jedoch ziemlich klare Signale. Wer die Hände im Schoß faltet oder hinter dem Kopf verschränkt, signalisiert seiner Umwelt bewusst oder unbewusst etwas. In eine Beurteilung Ihres Verhaltens fließen damit – ob gewollt oder ungewollt – unter Umständen folgende Dinge mit ein:
- Blickverhalten
- Gesten
- Mimik
- Körperhaltung
- Sprechweise
- Geruch

Machen Sie sich also bewusst, dass Ihre nonverbale Kommunikation mit bewertet werden kann, und Sie daher im AC auch ein wenig auf Ihre körperlichen Signale achten sollten. Von einer einstudierten Körpersprache ist jedoch abzuraten – abgesehen davon lässt sie sich auf Dauer gar nicht durchhalten, da Körpersprache sehr eng mit dem Unterbewusstsein in Verbindung steht. Versuchen Sie, sympathisch, gelassen, konzentriert und dennoch auch halbwegs locker zu wirken. Zugegeben, das ist leichter gesagt als umgesetzt, insbesondere in so einer Situation. Verstellen, „verbiegen" Sie sich nicht zu sehr!

Handlungsempfehlungen

Die wichtigsten Empfehlungen sind vielleicht diese: Schauen Sie Ihr Gegenüber immer wieder freundlich an, lächeln Sie gelegentlich. Kontrollieren Sie Ihre Hände, das bedeutet vor allem: Hände aus dem Gesicht, weg vom Kopf. Nicht, dass

Sie aus lauter Verlegenheit am Finger knabbern, sich am Ohr kratzen oder Sie sich mit der Hand durchs Haar fahren und noch Ihr Kinn aufstützen, weil Sie über die eben gestellte Frage nachdenken möchten.

Eine Liste mit verschiedenen Körpersignalen und ihrer Wirkung finden Sie **www.** unter www.testtraining-forum.de.

Kleidung

Wir wissen, dass der erste und sehr wichtige Eindruck, den wir von einem Menschen gewinnen, in den ersten Sekunden und Minuten entsteht. Es ist meist schwer, ihn rückgängig zu machen oder in eine andere Richtung zu lenken. Deshalb sollten Sie alles tun, um einen positiven ersten Eindruck zu hinterlassen. Dazu trägt auch Ihre Kleidung bei. Sie sollte modisch und „berufsangemessen" sein. Auf den Punkt gebracht: schlichte Eleganz! Was das heißt, können Sie schnell feststellen, wenn Sie sich in der Organisation, bei der Sie sich bewerben, umschauen. Wie sind die Beschäftigten gekleidet? Geht es formal und sehr korrekt zu – die Herren in Schlips und Anzug, die Damen im Kostüm? In anderen Branchen und Institutionen kann es lässiger zugehen. Trotz aller Lässigkeit sollten Sie jedoch grundsätzlich auf ein gewagtes Dekolleté oder weit aufgeknöpfte Hemden verzichten. Informieren Sie sich, welches Outfit angesagt ist. Außerdem sollte Ihre Garderobe zu Ihrem Typ und Ihrem Alter passen und vor allem gepflegt sein. Packen Sie deshalb, wenn Sie zum AC fahren, stets etwas Ersatzkleidung ein – etwa für den Fall, dass Sie sich beim Essen bekleckern oder in den Regen geraten.

Und achten Sie darauf, dass weder Sie noch Ihre Kleidung unangenehme Gerüche transportieren, im Klartext: Ihre Kleidung sollte frisch gewaschen/gereinigt sein und Sie frisch geduscht. Zu schwitzen ist eine Sache, nach Schweiß zu riechen, eine andere. Es gibt Deos, die ganz wunderbare Dienste leisten ...

Körpersprache und Kleidung sind also sehr wichtig für den Eindruck von Ihrer Person. Achten Sie darauf, dass Sie ein stimmiges und authentisches Bild von sich abgeben, das im Idealfall bestens zur angestrebten Position passt. Auch hier gilt: Verstellen Sie sich nicht zu sehr und bleiben Sie Sie selbst.

Abschlussgespräche

Das Abschlussgespräch soll das Auswahlverfahren abrunden und zum Ausklang und zur Verabschiedung eine gute Atmosphäre schaffen. Dazu können Ihnen unterschiedlichste Fragen gestellt werden:
- Wie haben Sie das AC-Verfahren erlebt?
- Was war gut am AC, was schlecht, was sollten wir ändern?
- Wo sehen Sie Ihre persönlichen Stärken und Schwächen?
- Wie zufrieden sind Sie mit Ihrer Leistung?
- Wie beurteilen Sie Ihre Mitbewerber?

Nach der Befragung werden die Leistungen der Bewerberinnen und Bewerber von den Beobachterinnen und Beobachtern in der Regel mehr oder minder ausführlich bewertet. Dabei werden auch die Kandidaten, die das AC nicht bestanden haben, in freundlich-moderater Weise gelobt. Gelegentlich gibt man ihnen auch einige Tipps mit auf den Weg, an welchen Punkten sie nach Ansicht der Prüfungskommission noch arbeiten müssen, um bei künftigen ACs erfolgreich zu sein. Und natürlich wünscht man allen alles Gute für ihre berufliche Zukunft.

Sollten Sie das AC nicht bestanden haben, war es dennoch eine wertvolle Erfahrung für Sie, aus der Sie nur lernen können. Mit Sicherheit gehen Sie entspannter in das nächste AC, da Sie nun wissen, wie der Hase läuft. Nicht umsonst gibt es viele Bewerberinnen und Bewerber, die erst ein oder zwei ACs bei Organisationen durchlaufen, bei denen sie eigentlich nicht arbeiten wollen, um sich dann mit dieser Erfahrung dort zu bewerben, wo sie wirklich anfangen möchten.

Das Abschlussgespräch bedeutet noch nicht, dass nun alles vorbei ist. Bleiben Sie bis zur letzten Minute konzentriert und aufmerksam. Nutzen Sie die Gelegenheit, an dieser Stelle des Verfahrens noch einmal zu punkten. Bewerten Sie sich realistisch und halbwegs ehrlich, ohne zu pessimistisch zu sein (zugegeben, alles leichter gesagt als umgesetzt!). Es geht darum, weder zu behaupten, man sei doch wohl super toll gewesen, noch sich mit durch Verzweiflung verzerrter Miene und Stimme selbst niederzumachen, gar zu stottern und zu stammeln, man hätte wohl leider komplett versagt ... Ergo: Loben Sie durchaus auch die Leistungen Ihrer Mitbewerberinnen und Mitbewerber, ohne dass Sie sich selbst dabei ins Abseits stellen.

Persönlichkeitstests

Während vor etwa zwei Jahrzehnten fachliche Qualifikationen das Erfolgskriterium für Aufstieg und Karriere waren, spielen heute Persönlichkeitsmerkmale, soziale Kompetenz oder auch soziale Skills (so der Fachjargon) eine immer größere Rolle. Ein Arbeitnehmer muss heutzutage zwar nicht seine Persönlichkeit verkaufen, aber er muss sie nutzen, einbringen und weiterentwickeln, so der neuere Tenor aus der Wirtschaftspsychologie-Forschung. Und genau dafür gibt es die Persönlichkeitstests.

„Mit was für einem Menschen habe ich es zu tun?" lautet wohl eine der wichtigsten Fragen für einen Ausbildungsplatzanbieter und Arbeitgeber, um festzustellen, ob Bewerberinnen und Bewerber auch von der Persönlichkeit her in das vorhandene Team passen. Im Öffentlichen Dienst müssen Sie im Team arbeiten können – entweder zu zweit, beispielsweise in einem Streifenwagen bei der Polizei, oder in einem etwas größeren Team in der öffentlichen Verwaltung. Teamgeist, Stressstabilität, angemessenes Verhalten in komplexen, dynamischen Situationen und beim Bürger- und Kundenkontakt sowie eine gute psychische Belastbarkeit sind die Persönlichkeitsfaktoren, die sicherlich unerlässlich sind. Um zu überprüfen, ob Sie diese und andere benötigte Persönlichkeitsmerkmale und soziale Kompetenzen mitbringen, wird man Sie auch einem Persönlichkeitstest unterziehen. An dieser Stelle wollen wir Ihnen daher einen Einblick in die Fragen der gängigsten Verfahren geben. Zu manchen Fragen gibt es wahrscheinlich nur Antwortmöglichkeiten, die nicht hundertprozentig auf Sie zutreffen. Versuchen Sie dann, die Antwort zu geben, die auf Sie noch am ehesten zutrifft. Oftmals haben Sie auch die Möglichkeit, „teils-teils" anzukreuzen. Dies sollten Sie jedoch auf keinen Fall zu oft tun! Sie wirken unter Umständen unglaubwürdig, und man könnte denken, Sie wollten etwas verheimlichen. Eine Zeitvorgabe gibt es bei diesen Testfragen in der Regel nicht, überlegen Sie aber auch nicht zu lange. In maximal 20 Minuten sollten Sie diesen ersten Persönlichkeits-Beispieltest mit 66 Fragen schon absolviert haben. Also wenden Sie sich jetzt den folgenden 66 Fragen zu und entscheiden Sie, was auf Sie zutrifft (stimmt) und was nicht (stimmt nicht).

Der 12-Persönlichkeitsfaktorentest

AUFGABEN

1. Gleiches Gehalt vorausgesetzt, wäre ich lieber ...
   a   Chemiker im Labor
   b   unsicher
   c   Manager im Hotel

2. Ich halte viel von dem Satz „Erst die Arbeit, dann das Vergnügen".
   a   stimmt
   b   teils-teils
   c   stimmt nicht

3. Ich arbeite lieber ...
   a   mit Zahlen und Statistiken
   b   unsicher
   c   mit Menschen zusammen

4. Karriere ist nicht alles im Leben.
   a   stimmt
   b   teils-teils
   c   stimmt nicht

5. Ich vermeide es, mich mit Leuten herumzustreiten.
   a   ja
   b   manchmal
   c   nein

6. Wenn Leute mit der Moral argumentieren, regt mich das auf.
   a   stimmt
   b   teils-teils
   c   stimmt nicht

7. In unserer Wirtschaftsordnung sollte im Prinzip alles so bleiben, wie es ist.
   a   stimmt
   b   teils-teils
   c   stimmt nicht

8 Lieber ein ganz sicherer Arbeitsplatz mit festem, aber kleinerem Gehalt als das Gegenteil.
   a stimmt
   b teils-teils
   c stimmt nicht

9 Wenn andere die Köpfe zusammenstecken und tuscheln, denke ich, dass sie schlecht über mich reden könnten.
   a stimmt
   b teils-teils
   c stimmt nicht

10 Ich denke, dass ich Herausforderungen mutig begegne.
    a ja, meistens
    b manchmal
    c sehr selten

11 Mit einer schweren Erkältung im Bett liegend, …
    a versuche ich, die Zeit als eine Art Urlaub zu genießen
    b teils-teils
    c mache ich mir Gedanken über die versäumte Arbeit

12 Ich fühle mich öfter einsam.
    a stimmt
    b teils-teils
    c stimmt nicht

13 Nachts habe ich bisweilen schlechte Träume.
    a stimmt
    b teils-teils
    c stimmt nicht

14 Ich lese lieber ein gutes Buch, als mich mit anderen angeregt zu unterhalten.
    a stimmt
    b teils-teils
    c stimmt nicht

15 Wenn andere erfolgreich sind, kann ich sie schon ein bisschen beneiden.
    a stimmt
    b teils-teils
    c stimmt nicht

16 Wenn jemand es verdient, kann ich sehr spöttisch sein.
   a   im Allgemeinen
   b   manchmal
   c   nie

17 Wenn jemand besonders freundlich zu mir ist, frage ich mich schnell, warum – und was möglicherweise dahintersteckt.
   a   stimmt
   b   teils-teils
   c   stimmt nicht

18 Auch kleinere Experimente können ein schwer kalkulierbares Risiko beinhalten.
   a   stimmt meistens
   b   teils-teils
   c   stimmt selten

19 Ich glaube nicht, dass mir jemand wirklich Schwierigkeiten wünscht.
   a   stimmt
   b   teils-teils
   c   stimmt nicht

20 Jemandem, der mein Vertrauen enttäuscht, ...
   a   bin ich sehr böse
   b   teils-teils
   c   kann ich recht schnell wieder verzeihen

21 Ich habe Qualitäten, die mich vielen anderen überlegen machen.
   a   stimmt
   b   teils-teils
   c   stimmt nicht

22 Es ist mir unangenehm, andere in Verlegenheit zu bringen.
   a   stimmt
   b   teils-teils
   c   stimmt nicht

23 Ich möchte im Leben vorankommen.
   a   stimmt
   b   teils-teils
   c   stimmt nicht

24 Wenn ich mit mehreren Menschen im Fahrstuhl fahre, beschleicht mich ein unangenehmes Gefühl.
  a   stimmt
  b   teils-teils
  c   stimmt nicht

25 Wenn ich zu Bett gehe, kann ich gut einschlafen.
  a   stimmt
  b   teils-teils
  c   stimmt nicht

26 Es passiert mir häufiger, dass ich die Arbeit anderer kritisiere.
  a   stimmt
  b   teils-teils
  c   stimmt nicht

27 Die Welt braucht zur Orientierung mehr …
  a   Beständigkeit und Verlässlichkeit
  b   unsicher
  c   Ideale und Utopien

28 Nur aus Angst vor Strafe verhalten sich die meisten Menschen korrekt.
  a   stimmt
  b   teils-teils
  c   stimmt nicht

29 Als Kind war ich selten anderer Meinung als meine Eltern.
  a   stimmt
  b   teils-teils
  c   stimmt nicht

30 Im Straßenverkehr lasse ich mich nicht unterkriegen.
  a   stimmt
  b   teils-teils
  c   stimmt nicht

31 Jemanden, der schlecht über mich redet, …
  a   lasse ich links liegen
  b   unsicher
  c   versuche ich zu ertappen und zur Rede zu stellen

32 Oft fällt es mir schwer, angefangene Arbeiten auch zu vollenden.
   a stimmt
   b teils-teils
   c stimmt nicht

33 Es macht mir Spaß, mit anderen Leuten zu reden.
   a stimmt
   b teils-teils
   c stimmt nicht

34 Bei gleichem Gehalt wäre ich lieber …
   a Lehrer
   b unsicher
   c Förster

35 Bei mir läuft manches schief.
   a oft
   b manchmal
   c selten

36 Tagträumereien kenne ich bei mir nicht.
   a stimmt
   b teils-teils
   c stimmt nicht

37 Ziele, die ich mir gesetzt habe, erreiche ich fast immer.
   a stimmt
   b teils-teils
   c stimmt nicht

38 Bei gleicher Arbeitszeit und gleichem Gehalt wäre ich in einem guten Restaurant lieber …
   a Kellner
   b unsicher
   c Koch

39 In einer Fabrik wäre ich gerne verantwortlich für …
   a den Maschinenpark
   b unsicher
   c die Personalabteilung

40 Das ganze Jahr über freue ich mich auf den Urlaub.
 a stimmt
 b teils-teils
 c stimmt nicht

41 Lieber schreibe ich in einer schwierigen Situation einen Brief, als ein Telefonat zu führen.
 a stimmt
 b teils-teils
 c stimmt nicht

42 Am liebsten gehe ich in allen Dingen meine eigenen Wege.
 a stimmt
 b teils-teils
 c stimmt nicht

43 Wer viel lächelt, meint es oft nicht gut.
 a stimmt
 b teils-teils
 c stimmt nicht

44 Ein unaufgeräumter Schreibtisch stellt für mich und meinen Ordnungssinn eine Herausforderung dar.
 a stimmt
 b teils-teils
 c stimmt nicht

45 Einen besonderen, ausgefallenen Wunsch zu äußern, fällt mir schwer.
 a stimmt
 b teils-teils
 c stimmt nicht

46 Das Sprichwort „Lieber den Spatz in der Hand als die Taube auf dem Dach" ist für meine Einstellung zum Leben …
 a zutreffend
 b unsicher
 c unzutreffend

47 Wenn Leute freundlich zu mir sind, habe ich den Verdacht, dass sie hinter meinem Rücken schlecht über mich reden.
   a   stimmt
   b   teils-teils
   c   stimmt nicht

48 Wenn mir im Restaurant das Essen nicht schmeckt, fällt es mir schwer, beim Kellner zu reklamieren.
   a   stimmt
   b   teils-teils
   c   stimmt nicht

49 Das Sprichwort „Was der Bauer nicht kennt, das isst er nicht" gilt für mich.
   a   stimmt
   b   teils-teils
   c   stimmt nicht

50 Ich bin lieber dafür, dass man bei Problemlösungen …
   a   auf bewährte Methoden zurückgreift
   b   teils-teils
   c   neue Wege und Vorschläge ausprobiert

51 Bei einer wichtigen Arbeit lasse ich mich nicht gerne unterbrechen.
   a   stimmt
   b   teils-teils
   c   stimmt nicht

52 Wenn ich eine große Geldsumme für wohltätige Zwecke zur Verfügung hätte, würde ich …
   a   lieber den vollen Betrag der Kirche geben
   b   jedem die Hälfte
   c   den vollen Betrag für die Wissenschaft spenden

53 Wenn das Wetter sich verändert, spüre ich Auswirkungen auf meine Arbeitsleistung und Stimmung.
   a   zutreffend
   b   gelegentlich
   c   unzutreffend

54 Ich bin lieber für mich allein als mit anderen zusammen.
- a stimmt
- b teils-teils
- c stimmt nicht

55 Ich bin selten krank.
- a stimmt
- b teils-teils
- c stimmt nicht

56 Oft denke ich über Möglichkeiten nach, wie man die Gesellschaft verändern müsste, damit alles besser funktioniert.
- a stimmt
- b teils-teils
- c stimmt nicht

57 Wenn ich in einem Laden oder Kaufhaus nicht so bedient werde, wie ich es für angemessen halte, lasse ich – wenn nötig – den Abteilungsleiter rufen.
- a stimmt
- b teils-teils
- c stimmt nicht

58 Hätte ich mein Leben noch einmal vor mir, würde ich …
- a es ganz anders planen
- b weiß nicht
- c es mir ziemlich genauso wünschen

59 Ich bin für eine gewissenhafte Planung und Organisation bei der Arbeit.
- a stimmt
- b teils-teils
- c stimmt nicht

60 Ich neige zu Stimmungsschwankungen.
- a stimmt
- b gelegentlich
- c stimmt nicht

61 Mir geht im Leben manches daneben.
   a   selten
   b   manchmal
   c   oft

62 Oftmals leide ich unter einem Gefühl des Alleinseins.
   a   stimmt
   b   teils-teils
   c   stimmt nicht

63 Der berufliche Aufstieg ist nicht das Wichtigste im Leben.
   a   stimmt
   b   teils-teils
   c   stimmt nicht

64 Ich streite nicht gern mit anderen Menschen.
   a   stimmt
   b   teils-teils
   c   stimmt nicht

65 Öfter kann ich an den Leistungen anderer kein gutes Haar lassen.
   a   stimmt
   b   teils-teils
   c   stimmt nicht

66 Am System der sozialen Marktwirtschaft gibt es viel zu reformieren.
   a   stimmt
   b   teils-teils
   c   stimmt nicht

Geschafft! – Sie sind sicher schon auf Ihr „persönliches" Ergebnis gespannt …

AUSWERTUNG

Dazu die folgende Aufstellung (Angabe der Persönlichkeitsmerkmale sowie der Punktzahlen für die a/b/c-Ankreuzungen):

Item	Persönlichkeitsmerkmal	Punkte a	b	c	Item	Persönlichkeitsmerkmal	Punkte a	b	c
1	Kontakt	2	1	0	34	Kontakt	0	1	2
2	Leistung	0	1	2	35	Ausgeglichenheit	2	1	0
3	Kontakt	2	1	0	36	Ausgeglichenheit	0	1	2
4	Leistung	2	1	0	37	Ausgeglichenheit	0	1	2
5	Durchsetzung	2	1	0	38	Kontakt	0	1	2
6	Vertrauen	2	1	0	39	Kontakt	2	1	0
7	Veränderung	2	1	0	40	Leistung	2	1	0
8	Veränderung	2	1	0	41	Kontakt	2	1	0
9	Vertrauen	2	1	0	42	Durchsetzung	0	1	2
10	Durchsetzung	0	1	2	43	Vertrauen	2	1	0
11	Leistung	2	1	0	44	Leistung	0	1	2
12	Kontakt	2	1	0	45	Durchsetzung	2	1	0
13	Ausgeglichenheit	2	1	0	46	Veränderung	2	1	0
14	Kontakt	2	1	0	47	Vertrauen	2	1	0
15	Leistung	0	1	2	48	Durchsetzung	2	1	0
16	Durchsetzung	0	1	2	49	Veränderung	2	1	0
17	Vertrauen	2	1	0	50	Veränderung	2	1	0
18	Veränderung	2	1	0	51	Leistung	0	1	2
19	Vertrauen	0	1	2	52	Veränderung	2	1	0
20	Vertrauen	2	1	0	53	Ausgeglichenheit	2	1	0
21	Durchsetzung	0	1	2	54	Kontakt	2	1	0
22	Durchsetzung	2	1	0	55	Ausgeglichenheit	0	1	2
23	Leistung	0	1	2	56	Veränderung	0	1	2
24	Ausgeglichenheit	2	1	0	57	Durchsetzung	0	1	2
25	Ausgeglichenheit	0	1	2	58	Ausgeglichenheit	2	1	0
26	Vertrauen	2	1	0	59	Leistung	0	1	2
27	Veränderung	2	1	0	60	Ausgeglichenheit	2	1	0
28	Vertrauen	2	1	0	61	Ausgeglichenheit	0	1	2
29	Veränderung	2	1	0	62	Kontakt	2	1	0
30	Durchsetzung	0	1	2	63	Leistung	2	1	0
31	Vertrauen	0	1	2	64	Durchsetzung	2	1	0
32	Leistung	2	1	0	65	Vertrauen	2	1	0
33	Kontakt	0	1	2	66	Veränderung	0	1	2

Addieren Sie bitte die Punktwerte für Ihre Ankreuzungen pro Persönlichkeitsmerkmal:

A Kontakt	B Leistung	C Durchsetzung
Item 1 _____	Item 2 _____	Item 5 _____
3 _____	4 _____	10 _____
12 _____	11 _____	16 _____
14 _____	15 _____	21 _____
33 _____	23 _____	22 _____
34 _____	32 _____	30 _____
38 _____	40 _____	42 _____
39 _____	44 _____	45 _____
41 _____	51 _____	48 _____
54 _____	59 _____	57 _____
Summe: _____	Summe: _____	Summe: _____

D Vertrauen	E Ausgeglichenheit	F Veränderung
Item 6 _____	Item 13 _____	Item 7 _____
9 _____	24 _____	8 _____
17 _____	25 _____	18 _____
19 _____	35 _____	27 _____
20 _____	36 _____	29 _____
26 _____	37 _____	46 _____
28 _____	53 _____	49 _____
31 _____	55 _____	50 _____
43 _____	58 _____	52 _____
47 _____	60 _____	56 _____
Summe: _____	Summe: _____	Summe: _____

Tragen Sie jetzt bitte Ihre Punktwerte hier ein:

A   Kontaktfähigkeit   _____
B   Leistungsbereitschaft   _____
C   Durchsetzungsvermögen   _____
D   Vertrauensbereitschaft   _____
E   Ausgeglichenheit   _____
F   Veränderungsbereitschaft   _____

Sie müssen pro Persönlichkeitsmerkmal jeweils einen Punktwert zwischen 0 und 20 erreicht haben. Tragen Sie jetzt bitte Ihre Punktwerte für die Themenbereiche A–F in die nachstehende Tabelle ein und verbinden Sie die Punkte durch eine Linie:

Profil

		0	1	2	3	4	5	6	7	8	9	10	11	12	13	14	15	16	17	18	19	20	
A	Kontaktfähigkeit																						Kontaktunfähigkeit
B	Leistungsbereitschaft																						Leistungsvermeidung
C	Durchsetzungsvermögen																						Unterordnungsbereitschaft
D	Vertrauensbereitschaft																						Misstrauensbereitschaft
E	Ausgeglichenheit																						Unausgeglichenheit
F	Veränderungsbereitschaft																						Sicherheitsdenken

Wie sieht Ihre „Persönlichkeits-Linie" aus? Ein Blitz mit extremen Zacken, Ausschlägen (nahe an 0 oder 20), eine Diagonale wie im Firmenzeichen der Deutschen Bank, eine Senkrechte in der Mitte (10) oder mehr rechts bzw. links davon?
Die Form Ihrer Linie – man kann auch von einem (Persönlichkeits-)Profil sprechen – hat eine Bedeutung. Wie bzw. was hier aus dem Verlauf der Linie herausgelesen wird, wollen wir Ihnen jetzt demonstrieren:
Es wäre denkbar, dass Sie z. B. beim Persönlichkeitsmerkmal A „Kontakt" 20 Punkte haben, was zum Ausdruck bringen würde: Sie sind – vorsichtig formuliert – ein sehr kontaktscheuer, ein Kontakt vermeidender Mensch.
Das andere Extrem wäre ein Punktwert von 0, der für eine extrem hohe Kontaktbereitschaft spräche. Beide Extremwerte sind sicherlich selten. Sie sollen aber verdeutlichen, dass der Persönlichkeitsbereich „Kontaktfähigkeit" aus zwei gegenüberliegenden Positionen auf einer Achse bzw. Skala besteht (vereinfacht: vergleichbar der Ost-West-Achse auf einem Kompass). Es geht um die extremen Pole „heiß" und „kalt" und alles, was an Abstufungen dazwischen denkbar ist.
Wie kommt der Punktwert auf der Skala „Kontaktfähigkeit" zustande? Für eine Ankreuzung, die für Kontaktfähigkeit spricht, haben Sie 0 Punkte erhalten, für eine Antwort in Richtung Kontaktvermeidung 2 Punkte, für eine mittlere Position („teils-teils") 1 Punkt.
10 Items zum Thema „Kontakt" ergeben den von Ihnen oben addierten Gesamtpunktwert.
Diese Vorgehens-, Aufbau- und Auswertungsweise trifft für alle aus gegensätzlichen Positionen aufgebauten Persönlichkeitsmerkmale zu:

A   Kontakt: Kontaktfähigkeit – Kontaktunfähigkeit
B   Leistung: Leistungsbereitschaft – Leistungsvermeidung/-unwilligkeit
C   Durchsetzung: Durchsetzungsvermögen – Unterordnungsbereitschaft
D   Vertrauen: Vertrauensbereitschaft – Misstrauensbereitschaft
E   Ausgeglichenheit: Ausgeglichenheit – Unausgeglichenheit
F   Veränderung: Veränderungsbereitschaft – Sicherheitsdenken

Sie merken schon, dass die auf den ersten Blick relativ wertfreien Themen- bzw. Persönlichkeitsmerkmale zunehmend mehr Inhalt bekommen und ein Charakterbild ermöglichen, wenn auch im Sinne einer etwas groben „Schwarz-Weiß-Malerei".
Klingt der Themenbereich A „Kontakt" noch recht harmlos, gilt das für die beiden Pole „kontaktfähig" gegenüber „kontaktunfähig" nicht mehr. „Kontaktfähig" bedeutet im Extrem (Punktwert: 0 oder 1) eine hochgradige, übertriebene Kontaktsucht oder -gier, „Kontaktunfähigkeit" (20 oder 19 Punkte) eine Kontaktstörung, für die die Charakterisierung „kontaktscheu" noch eine Untertreibung darstellen würde.

Die mittleren Werte 7–13 (in der genauen Mitte 10 bzw. 9 und 11) zeigen eine unauffällige neutrale Position auf der Skala zwischen „heiß" und „kalt" (kontaktbesessen – kontaktgestört). Hätten Sie bei den Entscheidungsfragen zum Themenbereich „Kontakt" immer die ausgewogene Mitte (b = teils-teils etc.) angekreuzt, wäre die Punktzahl 10 das Ergebnis.

Die Punktwerte 12 und 13 geben ebenso wie 8 und 7 eine Tendenz an – im Sinne einer Ausprägung in Richtung weniger oder stärker kontaktorientiert.

6 und 5, auf der anderen Seite 14 und 15 zeigen deutlicher, in welche Richtung Ihre Persönlichkeit in Sachen Kontaktverhalten „ausschlägt".

4 und 3 als Punktwerte einerseits bzw. 16 und 17 andererseits sind in diesem Persönlichkeitstest sehr deutliche Hinweise auf die Art Ihres Kontaktverhaltens (bis hin zum extremen Rand: 2 bzw. 18).

Schauen wir uns jetzt einmal inhaltlich an, wie sich ein extrem kontaktbetonter Mensch in diesem Test beschreibt: Er arbeitet bevorzugt als Manager im Hotel, Lehrer oder Kellner (Items 1, 34, 38), grundsätzlich jedenfalls eher mit Menschen als mit Zahlen (3) und kennt somit keine Einsamkeitsgefühle (12); er unterhält sich lieber mit anderen, als zu lesen (14, 33); klar, dass dieser Mensch und Testankreuzer sich mehr für die Personalabteilung als für den Maschinenpark interessiert (39) und viel lieber telefoniert als Briefe schreibt (41).

Wer sich als dermaßen kontaktorientiert beschreibt, sammelt 0 Punkte und riskiert damit (auch bei 1 Punkt) die eben erwähnte Charakterisierung als „hochgradig kontaktsüchtig".

Nun das andere Extrem: Der Kontakt vermeidende Mensch arbeitet bevorzugt als Förster, Koch oder Chemiker (34, 38, 1), in jedem Fall lieber mit Zahlen als mit Menschen (3); in einem Unternehmen möchte er eher für den Maschinenpark als für das Personal verantwortlich sein (39); es macht ihm keinen Spaß, mit Leuten zu reden (33), er ist lieber mit einem guten Buch (14) allein für sich (54), kennt Einsamkeitsgefühle (12), und in schwierigen Situationen schreibt er lieber, als zu telefonieren (41).

Klar – wer alle diese Items so ankreuzt (20 Punkte), stellt sich als völlig kontaktuninteressiert, im Psycho-Klartext gesprochen: als extrem kontaktgestört dar (gilt auch für das Ergebnis 18 oder 19 Punkte).

Überblick

Das Persönlichkeitsmerkmal A „Kontakt" bedeutet
Kontaktfähigkeit – Kontaktunfähigkeit
in den extremen Punktwerten:
Kontaktbesessenheit gegenüber schwerer Kontaktstörung
- übersprudelnd
- distanzlos
- verschlossen
- zurückgezogen

Das Persönlichkeitsmerkmal B „Leistung" bedeutet
Leistungsbereitschaft – Leistungsvermeidung
in den extremen Punktwerten:
absolute Leistungsorientierung gegenüber Leistungsverweigerung
- übermotiviert sein
- mehr wollen als können
- Drückebergerei
- Faulheit

Das Persönlichkeitsmerkmal C „Durchsetzung" bedeutet
Durchsetzungsvermögen – Unterordnungsbereitschaft
in den extremen Punktwerten:
starkes Dominanzstreben gegenüber ausgeprägter Gefügigkeit
- Selbstbehauptung, Selbstbewusstsein
- Egoismus, Unnachgiebigkeit
- Anpassungsbereitschaft
- Unterwürfigkeit, Kriecherei

Das Persönlichkeitsmerkmal D „Vertrauen" bedeutet
Vertrauensbereitschaft – Misstrauensbereitschaft

in den extremen Punktwerten:
Vertrauensseligkeit gegenüber misstrauischem Argwohn
- Vertrauensduselei
- dümmliche Naivität
- kritische Skepsis
- Nörgelsucht

Das Persönlichkeitsmerkmal E „Ausgeglichenheit" bedeutet
Ausgeglichenheit – Unausgeglichenheit
in den extremen Punktwerten:
extreme Dickfelligkeit gegenüber psychischer Gestörtheit
- kühle Robustheit
- seelische Unberührbarkeit
- extreme Stimmungsschwankungen
- „hysterische" Charakterzüge

Das Persönlichkeitsmerkmal F „Veränderung" bedeutet
Veränderungsbereitschaft – Sicherheitsdenken
in den extremen Punktwerten:
hohe Risikobereitschaft gegenüber starrem Konservatismus
- Radikalismus
- revolutionäre Tendenzen
- keine Flexibilität
- absolute Starrheit

Hier eine Kurzinterpretation im Überblick:

A Kontakt
0–1 Punkt: Was ist mit Ihnen los? Sie stürzen sich ja auf alles, was sich bewegt, so kontaktbesessen sind Sie. Stimmt das wirklich? Können Sie nicht mal fünf Minuten für sich alleine sein?
2–4 Punkte: Sie sind sehr, sehr kontaktfreudig. Das macht Sie vielen Leuten sympathisch, manche reagieren aber auch mit deutlicher Zurückhaltung darauf. Bei denen kommen Sie trotz aller Bemühungen nicht besonders gut an.
5–7 Punkte: Sie sind ein wirklich aufgeschlossener und überzeugend kontaktfreudiger, sympathischer Mensch. Das spürt man, und so kommt man Ihnen gerne näher.
8–9 Punkte: Sie sind kontaktfreudig, aber in Grenzen.
10 Punkte: Bei Ihnen herrscht eine ausgewogene Balance. Sie mögen die Kontaktaufnahme mit anderen, wenn Ihnen der Sinn danach steht. Aber Sie sind auch gerne für sich.
11–12 Punkte: Sie sind im Kontakt mit Ihren Mitmenschen ein wenig zurückhaltend. Warum auch nicht?
13–15 Punkte: Sie sind eher abwartend, was das Anknüpfen von Kontakten betrifft. Vielleicht sind Sie nur einfach wählerisch und suchen sich Ihre Mitmenschen besonders gut aus. Oder haben Sie gewisse Hemmungen, auf andere zuzugehen?
16–18 Punkte: Sie sind deutlich kontaktscheu. Dadurch wirken Sie vielleicht eher kühl bzw. reserviert. Woher kommt Ihre Angst vor Menschen?
19–20 Punkte: Was ist mit Ihnen los? Sind Sie eine im eigenen Haus gefangene Schnecke? Lehnen Sie wirklich alle Kontakte so rigoros ab und möchten Sie nur für sich bleiben?

B Leistung
0–1 Punkt: Sie sind ohne Rast und Ruhe, wie ein Löwe auf der Jagd, und wollen stets Größtes leisten. Gelingt Ihnen das wirklich oder übernehmen Sie sich damit nicht ein wenig? Zählt bei Ihnen wirklich nur Leistung?
2–4 Punkte: Sie sind ausgesprochen stark leistungsorientiert. Ruhepausen sind nichts für Sie und Ihre Schaffenskraft. Ziele, die Sie sich vornehmen, verwirklichen Sie in der Regel – koste es, was es wolle.
5–7 Punkte: Sie leisten etwas und fühlen sich dabei wohl. Leistung macht Ihnen einfach Spaß. Sie scheuen keine Aufgabe.
8–9 Punkte: Leistung ist für Sie kein Fremdwort. Man kann sich diesbezüglich auf Sie verlassen.

10 Punkte: Sie zeigen eine ausgewogene Leistungsbalance. „Nicht zu viel und nicht zu wenig" könnte Ihr Motto sein.
11–12 Punkte: Bevor Sie drauflosarbeiten, überlegen Sie zunächst, wie Sie sich die anstehende Aufgabe erleichtern könnten.
13–15 Punkte: Sie stehen Leistungsanforderungen kritisch gegenüber. Bevor Sie sich anstrengen, wollen Sie erst mal wissen, wofür und ob sich die Mühe denn auch wirklich lohnt.
16–18 Punkte: Die Arbeit wurde für Sie nicht unbedingt erfunden. Wenn es nicht sein muss, kommen Sie bestens ohne aus. Leistungsvermeidung ist das Stichwort.
19–20 Punkte: Sie stellen sich als ausgesprochen faul dar. Stimmt das denn so, sind Sie wirklich ein Leistungsverweigerer und rechter Tunichtgut? Gibt es wirklich rein gar nichts, was Sie anspornen kann?

C Durchsetzung

0–1 Punkt: So manch einer hält Sie für einen unnachgiebigen Egoisten, der sich absolut um jeden Preis durchsetzen muss. Sehen Sie sich auch so machtbesessen?
2–4 Punkte: Sie scheinen ausgesprochen willensstark zu sein. Deshalb bestimmen Sie gerne und fast immer, wo es langgeht. Sie sind ein „Leader"-Typ.
5–7 Punkte: Sie wissen, was Sie wollen und wie Sie es bekommen. Sie lassen sich die Butter nicht vom Brot nehmen.
8–9 Punkte: Wenn Sie etwas Wichtiges für sich wollen, schaffen Sie es meistens auch. Sie wissen recht gut, wie Sie Ihre Vorhaben durchsetzen können.
10 Punkte: Sie können sich einfügen oder führen – je nach Situation. Dabei haben Sie ein ausgewogenes Verhältnis zu Befehl und Gehorsam.
11–12 Punkte: Sie sind gerne bereit sich anzupassen, wenn es Sinn macht. Damit haben Sie keine Probleme und machen keine.
13–15 Punkte: Anpassungs- und Einordnungsbereitschaft gehört zu Ihren starken Seiten. Dabei kommt Ihr Durchsetzungsvermögen logischerweise zu kurz. Schade.
16–18 Punkte: Sie sind wirklich extrem anpassungswillig, häufig auf Kosten Ihrer eigenen Person. Ist Ihnen das bewusst?
19–20 Punkte: Diese unterwürfige Anpassungsbereitschaft kann bis zur (A ...-)Kriecherei gehen. Haben Sie sich verrechnet?

D Vertrauen

0–1 Punkt: Sie sind das ideale Opfer für jeden Trickbetrüger und fallen wegen Ihrer hochgradigen Vertrauensseligkeit wirklich auf alles rein.
2–4 Punkte: Ein unerschütterliches Vertrauenspotenzial zeichnet Sie aus, und mit Ihrem Glauben an das Gute können Sie Berge versetzen.
5–7 Punkte: Ihr Vertrauen hilft Ihnen und anderen. Das gibt und macht Mut.
8–9 Punkte: In der Beziehung zu anderen Menschen sind Sie von einer positiven, vertrauensbereiten Grundstimmung getragen.
10 Punkte: Vertrauen und Misstrauen halten sich bei Ihnen die Waage.
11–12 Punkte: Kein blindes Vertrauen, sondern eine gesunde Portion Skepsis beschreibt Ihre Grundhaltung.
13–15 Punkte: Eine deutlich kritische Skepsis zeichnet Sie aus. Sicherlich haben Sie Ihre Erfahrungen gemacht.
16–18 Punkte: „Vertrauen ist gut, Kontrolle ist besser" lautet Ihre Devise. Diese Art von ständigem Misstrauen steigert nicht gerade Ihre Beliebtheit bei anderen.
19–20 Punkte: Sind Sie wirklich ein so misstrauischer, argwöhnischer und nörgelnder Typ? Kaum zu glauben!

E Ausgeglichenheit
0–1 Punkt: Sie sind wirklich „cool wie die Tagesschau", nichts berührt Sie. Oder ist das alles nur „Mache"?
2–4 Punkte: Sie haben ein dickes Fell und lassen sich überhaupt nicht aufregen. So kommt es, dass Sie mit einer ausgeprägten seelischen Robustheit durchs Leben gehen.
5–7 Punkte: Gelassenheit ist eine Ihrer wichtigsten Charaktereigenschaften. Sie behalten die Nerven, wenn andere ihre verlieren.
8–9 Punkte: Eine gewisse innere Ruhe nennen Sie Ihr Eigen. Es gibt viele Menschen, die Sie deshalb bewundern.
10 Punkte: Zwischen Aufregung und Ruhe halten Sie die Balance.
11–12 Punkte: Sie können mitfühlen, ohne den Boden unter den Füßen zu verlieren.
13–15 Punkte: Sie geraten schon mal aus dem Gleichgewicht – auch bei kleineren Anlässen.
16–18 Punkte: Sie wissen, was Stimmungsschwankungen bedeuten – Ihre Umwelt auch. Wünschen Sie sich nicht manchmal etwas mehr seelische Stabilität?
19–20 Punkte: Wie ein Grashalm im Wind schwanken Sie von Krise zu Krise. Sind Sie wirklich ein solches Sensibelchen?

F Veränderung
0–1 Punkt: Sie geben sich wirklich total revolutionär. Sind Sie wirklich so radikal oder möchten Sie nur so erscheinen?
2–4 Punkte: Sie nehmen jedes Risiko auf sich und zeigen einen extremen Mut zur Veränderung. Alles Bestehende wird kritisch hinterfragt.
5–7 Punkte: Neuem stehen Sie stets aufgeschlossen und interessiert gegenüber.
8–9 Punkte: Auf Veränderungen reagieren Sie mit Gelassenheit. Sie kommen schon klar.
10 Punkte: Zwischen Verändern und Bewahren halten Sie die Balance.
11–12 Punkte: Sie sind kein großer Freund von Veränderungen. Warum auch nicht?
13–15 Punkte: Sie lieben das Bestehende und beklagen den Wandel. Aber immerhin kommen Sie mit der Realität noch klar.
16–18 Punkte: Sie sind erzkonservativ. Haben Sie schon einmal an eine politische Karriere gedacht? Zu großes Risiko? Klar.
19–20 Punkte: Sie wollen nun wirklich alles beim Alten belassen und klammern sich an bestehende Verhältnisse, die möglicherweise längst passé sind. Stimmt das?

Lügenfallen
Bisher haben Sie sich mit den 60 Items (= Fachausdruck für Testfragen) beschäftigt, die als Auswertungsgrundlage dem Ziel dienten, Licht in Ihre Persönlichkeitsmerkmale „Kontakt", „Leistung" usw. zu bringen.
Vielleicht ist Ihnen aufgefallen, dass die letzten Items des Fragebogens (61–66) bisher noch nicht in die Auswertung einbezogen wurden. Dies wollen wir jetzt nachholen. Dabei handelt es sich um sogenannte „Lügenfragen". Damit bezeichnen die Persönlichkeitstester Items, die der Überprüfung Ihrer Glaubwürdigkeit dienen. Fangen wir an:
Da gibt es das Item 35 (aus der Persönlichkeitsdimension „Ausgeglichenheit"):
Bei mir läuft manches schief.
a oft (2 Punkte)
b manchmal (1 Punkt)
c selten (0 Punkte)
Für welche Ankreuzung hatten Sie sich entschieden?
Bitte vergleichen Sie jetzt dazu Ihre Ankreuzung bei Item 61:
Mir geht im Leben manches daneben.
a selten (0 Punkte)
b manchmal (1 Punkt)
c oft (2 Punkte)

Im Wesentlichen sind beide Aussagen gleich und Sie sollten deshalb bei den Ankreuzungen keine große Abweichung in der Punktzahl haben. Das bedeutet: Wer in Item 35 2 Punkte hat, sollte auch in Item 61 2 Punkte (wenigstens aber 1 Punkt) haben. Eine etwaige Differenz notieren Sie sich bitte auf einem gesonderten Blatt. Bitte vergleichen Sie nun Ihre Ankreuzungen bei den folgenden 5 Item-Paaren und ermitteln Sie die etwaige Differenz in den Punktwerten:

Vergleichen Sie Item 12 („Kontakt") → mit Item 62:
Ich fühle mich öfter einsam. Oftmals leide ich unter einem Gefühl des Alleinseins.

a stimmt (2 Punkte)
b teils-teils (1 Punkt)
c stimmt nicht (0 Punkte)

a stimmt (2 Punkte)
b teils-teils (1 Punkt)
c stimmt nicht (0 Punkte)

Vergleichen Sie Item 4 („Leistung") → mit Item 63:
Karriere ist nicht alles im Leben. Der berufliche Aufstieg ist nicht das Wichtigste im Leben.

a stimmt (2 Punkte)
b teils-teils (1 Punkt)
c stimmt nicht (0 Punkte)

a stimmt (2 Punkte)
b teils-teils (1 Punkt)
c stimmt nicht (0 Punkte)

Vergleichen Sie Item 5 („Durchsetzung") → mit Item 64:
Ich vermeide es, mich mit Leuten herumzustreiten. Ich streite nicht gern mit anderen Menschen.

a ja (2 Punkte)
b manchmal (1 Punkt)
c nein (0 Punkte)

a stimmt (2 Punkte)
b teils-teils (1 Punkt)
c stimmt nicht (0 Punkte)

Vergleichen Sie Item 26 („Vertrauen") → mit Item 65:
Es passiert mir häufiger, dass ich die Arbeit anderer kritisiere. Öfter kann ich an den Leistungen anderer kein gutes Haar lassen.
a stimmt (2 Punkte)
b teils-teils (1 Punkt)
c stimmt nicht (0 Punkte)

a stimmt (2 Punkte)
b teils-teils (1 Punkt)
c stimmt nicht (0 Punkte)

Vergleichen Sie Item 7 („Veränderung") → mit Item 66:
In unserer Wirtschaftsordnung sollte im Prinzip alles so bleiben, wie es ist. Am System der sozialen Marktwirtschaft gibt es viel zu reformieren.
a stimmt (2 Punkte)
b teils-teils (1 Punkt)
c stimmt nicht (0 Punkte)

a stimmt (0 Punkte)
b teils-teils (1 Punkt)
c stimmt nicht (2 Punkte)

Sie haben jetzt bei den sechs Item-Paaren eine maximale Differenz von 12 Punkten ausrechnen können bzw. – wenn Sie immer gleich geantwortet haben – 0 Punkte. Tragen Sie Ihren Punktwert auf der nachstehenden Skala (der sogenannten „Lügenskala") ein:

Überein-   0 1 2 3 |4| 5 |6| 7 8 9 10 11 12
stimmung   Abweichung

Sollte Ihr Abweichungswert bis zu 4 betragen, würde man Ihnen in der Testinterpretation noch eine relativ hohe „Wahrheitstendenz in Ihrem Antwortverhalten" bescheinigen.
Bei mehr als 6 Punkten ist die „Ehrlichkeit" beim Bearbeiten des Tests infrage zu stellen, sodass eine Interpretation eigentlich fragwürdig erscheint.

Allgemeine Anforderungen in Persönlichkeitstests

Im Wesentlichen geht es bei dieser Art von Tests um drei Persönlichkeitsmerkmale, aufgrund derer man glaubt, entscheiden zu können, ob Sie für eine bestimmte Position die richtige Bewerberin/der richtige Bewerber sind:
- Kontakt- und Kommunikationsfähigkeit
- Leistungsbereitschaft
- Emotionale Stabilität

Was unter diesen drei Begriffen zu verstehen ist, verdeutlicht die folgende Übersicht:

1. Kontakt- und Kommunikationsfähigkeit
- Man ist von der Grundstimmung her Optimist,
- fühlt sich zusammen mit vielen Menschen wohl,
- man trifft sich gern mit Freunden,
- schließt schnell Freundschaften,
- verfügt über einen großen Bekannten- und Freundeskreis,
- ist aktiv, gesprächig, temperamentvoll, kurzum lebhaft,
- geht gerne und oft aus,
- glaubt, erfolgreich zu sein,
- fühlt sich auch in großen Gruppen unbefangen,
- ist in der Lage, in Gesellschaften aus sich herauszugehen,
- man sucht die Geselligkeit anderer Leute,
- ergreift gewöhnlich bei neuen Bekanntschaften die Initiative,
- übernimmt in Gruppen gerne eine Führungsposition,
- bevorzugt gesellige Freizeitbeschäftigungen,
- man lässt sich leichter auf Risiken ein,
- bevorzugt Berufe, die einen Kontakt zu anderen Menschen schaffen bzw. herstellen,
- telefoniert lieber, als Briefe zu schreiben,
- geht eher auf eine Party, als ein Buch zu lesen,
- man schätzt sich als schlagfertig ein und hat immer eine passende Antwort parat,
- erzählt auch gerne mal einen Witz,
- behält selbst in kritischen Situationen, bei Problemen und Ärger die gute Laune,
- man hält es für wichtig, allgemein beliebt zu sein,
- empfindet keine Hemmungen beim Sprechen vor größeren Gruppen
- usw.

2. Leistungsbereitschaft

- „Erst die Arbeit, dann das Vergnügen" ist der Lebensgrundsatz,
- man schiebt Arbeiten nicht auf,
- lässt begonnene Arbeiten nicht liegen,
- man lässt sich bei der Arbeit nur schwer unterbrechen,
- arbeitet planvoll, überlegt und organisiert,
- vorher überlegt man sich genau, was zu tun ist,
- man kann sich auf seine Arbeit leicht konzentrieren,
- bereitet sich z. B. auf Prüfungen intensiv vor,
- man scheut einen Wettkampf nicht,
- vergleicht die eigene Leistung und Fähigkeit mit der von anderen,
- zeigt Ehrgeiz und verfolgt seine Ziele mit Entschlossenheit,
- lässt sich nicht von der Arbeit abhalten,
- zeigt sich bemüht, begonnene Arbeiten abzuschließen,
- man beneidet den Erfolg anderer,
- besitzt genug Kraft, um mit eigenen Problemen fertigzuwerden,
- man möchte gerne eine wichtige oder berühmte Persönlichkeit sein,
- selbst in den Ferien denkt man an die Arbeit,
- ständig zeigt man sich bemüht, voranzukommen,
- und genießt seine Freizeit erst dann, wenn die Arbeit getan ist,
- usw.

3. Emotionale Stabilität

- Man unterliegt nicht grundlos Stimmungsschwankungen,
- wird nicht von diffusen Ängsten und Sorgen gequält,
- kennt keine Schuldgefühle,
- neigt nicht zum Perfektionismus,
- ist nicht launenhaft,
- nur sehr selten krank,
- hat keine Schwierigkeit, sich auf seine Arbeit zu konzentrieren,
- kennt keine Tagträumereien,
- man ist mit seinem Leben zufrieden und würde sich ein neues Leben genauso wünschen und vorstellen,
- leidet nicht unter Platzangst,
- plant seine Arbeit und geht ihr zügig nach,
- fühlt sich selten schlecht oder elend,
- ist gewöhnlich nicht nervös, sondern ausgeglichen,
- nach dem Aufwachen frühmorgens frisch und munter,
- leidet nicht unter Schlafstörungen und kann auch gut einschlafen,
- ist nicht wetterfühlig,

- man lässt sich durch Unordnung nicht stören,
- leidet nicht unter Kopfschmerzen, Migräne oder Schwindelanfällen,
- sorgt sich nur wenig um die eigene Gesundheit,
- hat als Kind auch schon mal etwas gegen den Willen der Eltern getan,
- fühlt sich den Anforderungen des Lebens gut gewachsen,
- zeigt Toleranz,
- hat Selbstvertrauen und kennt keine Minderwertigkeitsgefühle,
- handelt nicht impulsiv,
- neigt nicht zu Grübeleien,
- ist eher offen,
- kennt keine ständig wiederkehrenden unnützen Gedanken,
- man fühlt sich nicht unverstanden, verkannt oder im Stich gelassen,
- leidet nicht unter Appetitlosigkeit,
- usw.

Die drei großen Themenbereiche Kontakt- und Kommunikationsfähigkeit, Leistungsbereitschaft und emotionale Stabilität sind Bereiche, aus denen viele Persönlichkeitstestfragen stammen. Sie zielen darauf ab, Ihren Charakter zu erforschen. Mit ein wenig Übung gelingt es Ihnen, alle nur erdenklichen Fragen in diese drei Bereiche einzuordnen. Eine Vielzahl an Persönlichkeitstests werden in Auswahlverfahren eingesetzt. Wir können Ihnen hier nicht alle Tests auflisten und aufschlüsseln, aber wir geben Ihnen im Folgenden einen tieferen Einblick in die gängigen Persönlichkeits-Testverfahren, wie beispielsweise den Berufsbezogene-Persönlichkeitsmerkmale-Test und biografische Fragebögen.

Hilfen für die Testbearbeitung

Wichtig ist für Ihren Test, dass Sie sich immer wieder verdeutlichen, für welche Stelle Sie sich bewerben. Arbeiten Sie nun noch einmal die 66 Persönlichkeitsfragen durch und überlegen Sie bei jeder Frage, in welche der vorgestellten Bereiche diese fällt. Was sollten Sie wohl besser ankreuzen? Diese Frage ist jetzt etwas leichter zu beantworten. Natürlich sind Sie als zukünftige Mitarbeiterin/ zukünftiger Mitarbeiter im Öffentlichen Dienst kontaktfreudig, leistungsmotiviert und emotional gefestigt.

Der Berufsbezogene-Persönlichkeitsmerkmale-Test

Auch wenn immer wieder von Seiten der Testentwickler beteuert wird, es ginge nicht darum, sich und seine Persönlichkeit „zu verkaufen", schon umgangssprachlich kennen wir den Ausdruck: Er bzw. sie „kann sich gut verkaufen" ...

Ihre Wesensart soll erforscht werden, Sie sollen sie im Arbeitsalltag einbringen, nutzen und weiterentwickeln, so wie gesagt der Tenor der Wirtschaftspsychologie-Forschung. Und dafür gibt es den folgenden Test, der zwar nicht den Anspruch einer „Durchleuchtung" der Testperson erhebt, sondern sich als selbstbildkompatible Beschreibung anbietet, die Grundlage für ein weiter- und tiefergehendes Gespräch sein kann. Vier große Untersuchungsthemen sollen die persönliche Eignungsvoraussetzung ermitteln.

1. Die sozialen Komponenten (Sozialverhalten)
(oder: Wie gehen Sie mit anderen um? Wie kommen Sie mit anderen klar?) unterteilt nach:
- Teamorientierung
- Kontaktfähigkeit
- Verträglichkeit
- Einfühlungsvermögen

2. Die berufliche Orientierung (Macht- und Leistungsanspruch)
(oder: Welche beruflichen Ziele haben Sie? In welcher „Liga", auf welcher Hierarchieebene wollen Sie spielen?) unterteilt nach:
- Führungsmotivation
- Gestaltungsmotivation
- Leistungsmotivation
- Durchsetzungsfähigkeit

3. Das Arbeitsverhalten (Arbeitsweise)
(oder: Wie ist Ihr Arbeitsstil? Wie gehen Sie an Aufgaben heran?) unterteilt nach:
- Handlungsorientierung
- Flexibilität
- Gewissenhaftigkeit
- Einfallsreichtum

4. Die psychische Konstitution (Seelenzustand)
(oder: Wie normal, wie stabil, wie gesund sind Sie?) unterteilt nach:
- Selbstbewusstsein
- emotionale Stabilität
- Belastbarkeit
- Sympathiemobilisierungspotenzial

Es geht also um ...
- um Ihre sozialen Kompetenzen (Sozialverhalten)
- um Ihre berufliche Orientierung (Macht- und Leistungsanspruch)

- um Ihr **A**rbeitsverhalten (Arbeitsweise)
- und um Ihre **p**sychische Konstitution (Seelenzustand)

Als Eselsbrücke können Sie sich die Abkürzung **SOAP** (engl. Seife, Sie kennen diesen Ausdruck auch für TV-Serien) merken.

Und so versucht man sich ein Bild von Ihnen zu machen:

1. Einschätzungsfragen zu sozialen Komponenten

Teamorientierung (TO)
Was bedeutet Ihnen Autonomie, was Kooperation? Sehen Sie sich eher als starken Einzelkämpfer, oder sind Sie erfolgreicher, wenn Sie in einem Team arbeiten? Brauchen Sie andere, um etwas zu erreichen, oder kommen Sie am besten allein zum Ziel? Wie weit ist Ihre Kompromiss- und Kooperationsfähigkeit ausgebildet? Wie sehr sind Sie bereit, auf andere Rücksicht zu nehmen, sich ein- und gelegentlich unterzuordnen? Wie wichtig sind Ihnen andere bei der Lösung von Problemen? Treffen Sie Entscheidungen lieber allein, oder stimmen Sie sich zu Ihrer eigenen Sicherheit lieber mit anderen ab (und gehen so ein kleineres Risiko ein, denn: auch andere haben über die Entscheidung mit nachgedacht ...)? Ein niedriger Wert in diesem Bereich spricht eher für eine ausgeprägte Selbstständigkeit und Unabhängigkeit, ein hoher für die Fähigkeit zu teilen, Kooperationsbereitschaft und den Wunsch, im Team gemeinsam etwas zu bewirken. Es geht um die Einschätzung folgender Aussagen – stimmen Sie überhaupt nicht (1) oder vollkommen (6) zu?

- Davon bin ich überzeugt: Gemeinsam geht es meist besser, erreicht man häufig mehr.
- Am besten arbeite ich allein. (Ablehnung = keine Teamorientierung)
- Ich mag es nicht, ständig alles mit anderen diskutieren zu müssen. (dito)
- Am liebsten arbeite ich mit anderen gemeinsam an einer Aufgabe.

Kontaktfähigkeit (KO)
Wie leicht fällt es Ihnen, auf andere zuzugehen? Fühlen Sie so etwas wie Unsicherheit und Befangenheit in (beruflichen) Situationen, in denen Sie auf neue, Ihnen unbekannte Personen stoßen? Oder bereitet es Ihnen eher Spaß, neue Leute in und aus Ihrem Arbeitsumfeld kennenzulernen? Haben Sie ein großes Netz aus wichtigen und hilfreichen Kontakten? Oder reicht Ihnen eher ein ganz kleiner Kreis von ausgewählten Unterstützern? Neigen Sie zu einem umfangreichen Erfahrungsaustausch, oder tun Sie sich eher schwer mit dem aktiven Aufbau von persönlichen Beziehungen? Sicherlich alles auch eine Frage Ihres Temperaments, ob Sie offen sind für Small Talk oder doch eher etwas zurückhaltend

mit Personen, die Sie noch nicht lange genug kennen. Ein hoher Wert spricht für eine deutliche Außenorientierung, Offenheit im Umgang mit anderen, eine spielerische Leichtigkeit in der Kontaktaufnahme und -pflege, ein niedriger Wert für das Gegenteil. Vereinfacht ausgedrückt: Zu hohe Werte würden Sie nicht für den Job des Leuchtturmwärters empfehlen, zu niedrige sicherlich nicht als Mitarbeiter an einer Hotelrezeption. Es geht um die Einschätzung folgender Aussagen:

- Schnell mit anderen ins Gespräch zu kommen ist für mich kein Problem.
- Es fällt mir schwer, mich mit fremden Personen über etwas zu unterhalten. (Ablehnung = Kontaktfähigkeit)
- Wegen meiner guten Kontaktfähigkeit werde ich von anderen beneidet.
- Es fällt mir leicht, auf andere Menschen zuzugehen.

Verträglichkeit (VE)

Wie freundlich wirken Sie auf andere? Sind Sie aufgrund Ihrer liebenswürdigen Art überall beliebt und gern gesehen? Oder schätzt man Sie bestenfalls für Ihre ehrliche, unverblümte Art, anderen offen Ihre Meinung zu sagen? Kommt es Ihnen vor allem auf Harmonie und gutes Einvernehmen mit anderen an? Oder scheuen Sie sich vor keiner Auseinandersetzung und sagen auch jedem ziemlich direkt und schonungslos, was Sie von ihm denken? Mit einem hohen Punktwert erscheinen Sie als jemand, der stets freundlich und sympathisch wirkt (bzw. wirken möchte), mit einem etwas zu hohen Wert aber auch als jemand, dem es schwerfällt, unangenehme Dinge beim Namen zu nennen, und der eher einen faulen Kompromiss eingeht, als ein klares Nein oder Stopp zu riskieren. Ein niedriger Wert spricht eher für das Gegenteil. Es gibt nicht wenige berufliche Situationen, die eine etwas geringere Soziabilität von Vorteil erscheinen lassen. Es geht um die Einschätzung folgender Aussagen auf einer Skala von 1 (Ablehnung) bis 6 (völlige Zustimmung):

- Die meisten Menschen, die ich kenne, mag ich eigentlich auch gut leiden.
- Wer sich mit mir anlegt, wird es schnell bereuen. (Ablehnung = Verträglichkeit)
- Ich komme nicht mit jedem gleich gut aus. (dito)

Einfühlungsvermögen (EI)

Überschätzen Sie (nicht) Ihr Einfühlungsvermögen? Fällt es Ihnen leicht, zu erspüren, was andere denken und – noch wichtiger – was andere fühlen? Sind Sie dabei eher unbeholfen und bisweilen sogar hilflos? Verfügen Sie über ein Gespür für Stimmungen? Oder sind Sie weniger darauf ausgerichtet, die Befindlichkeit Ihres Gegenübers wahrzunehmen, und kommen auch so prima mit allem klar? Mit einem sehr niedrigen Punktwert erleben Sie Situationen häufig als völlig unproblematisch, die es gar nicht sind, und staunen dann nicht schlecht, wenn plötzlich die Stimmungslage umschlägt, vielleicht sogar explodiert, und man

Ihnen Vorwürfe macht. Ein hoher Wert dagegen könnte bedeuten, dass Sie mit den unterschiedlichsten und auch schwierigen Menschen selbst in heiklen Situationen sehr gut klarkommen. Aber Vorsicht: In keinem anderen Beurteilungsbereich sind die Abweichungen zwischen Selbsteinschätzung und Fremdwahrnehmung so groß wie in diesem. Es geht um die Einschätzung folgender Aussagen:
- Ich kann mich gut in andere Menschen hineinversetzen.
- In heiklen Situationen treffe ich fast immer den richtigen Ton.
- Wenn sich jemand in meiner Gegenwart nicht wohlfühlt, bemerke ich das ziemlich schnell.
- Ich bin mir oft nicht sicher, was andere von mir erwarten. (Ablehnung = Einfühlung)

Das nächste große SOAP-Thema:

2. Einschätzungsfragen zu Ihrer beruflichen Orientierung

Führungsmotivation (FM)
Wären Sie gerne der Chef? Welchen Anspruch auf die Führung einer Gruppe, eines Teams von Mitarbeitern haben Sie? Würden Sie gerne „anderen sagen, wo es langgeht"? Hier soll die Bereitschaft zur Übernahme einer Leitungsfunktion mit Personalverantwortung abgefragt werden. Sind Sie bereit, in den „Handlungsspielraum" anderer aktiv einzugreifen? Haben Sie Lust auf Macht über andere, oder möchten Sie damit besser nichts am Hut haben? Ein niedriger Wert bedeutet wenig Interesse, andere anzuleiten, führen zu wollen, Anordnungen, „Befehle" zu erteilen. Ein hoher Wert wird als Bereitschaft interpretiert, Führungsaufgaben zu übernehmen, für andere liebend gerne den Leithammel, den Chef zu spielen. Extrem hohe (Punkt-)Werte sind aber ebenso ein Problem wie auffällig niedrige. Einerseits könnte der Eindruck entstehen, Sie akzeptierten nur etwas, wenn es „nach Ihrer Nase" geht, wenn Sie über andere bestimmen können. Ein extrem niedriger Wert deutet andererseits darauf hin, dass Sie weniger Wert auf soziale Einflussnahme als auf fachlich anspruchsvolle Aufgaben legen. Es geht um die Einschätzung folgender Aussagen:
- Kollegen zu sagen, was getan werden muss, kann ich mir für mich gut vorstellen. (Machtanspruch)
- Es gefällt mir, wenn ich andere beeinflussen kann. (Machtanspruch)
- In einer Führungsposition zu sein reizt mich nicht besonders. (Ablehnung = Machtanspruch)
- Andere zu kritisieren fällt mir nicht schwer. (Machtanspruch)

Gestaltungsmotivation (GM)

Wie stark ist Ihr Wunsch nach aktiver Einflussnahme und Gestaltung? Spüren Sie den starken inneren Antrieb, sich Ihre berufliche Umgebung selbst zu gestalten? Damit ist weniger das Tapetenmuster gemeint als die beruflichen und sozialen Rahmenbedingungen. Ein hoher Punktwert würde hier beispielsweise signalisieren, dass Sie sich gerne aktiv und engagiert an der Veränderung Ihrer Umgebung beteiligen. Ein niedriger bedeutet, dass Sie eher auf die Kontinuität und Bewahrung des Bestehenden setzen, sich lieber einordnen, als alles grundsätzlich infrage zu stellen. Die eigenen Vorstellungen durchzusetzen, erkannt geglaubte Missstände zu beseitigen, etwas Neues zu gestalten sind Präferenzen, die mit einem hohen Punktwert einhergehen und ebenso gut mit hohen Werten aus den Bereichen Führungs- und Leistungsmotivation zusammenpassen. Es geht um die Einschätzung folgender Aussagen:

- Ich mag es, Dinge oder Prozesse so zu beeinflussen, wie ich es als richtig empfinde.
- Ich habe schon eine ganze Menge bewegt in meinem Leben.
- Bisweilen muss ich schon mal in meinem Tatendrang gebremst werden.
- Ich bin sicher für einige so etwas wie ein unbequemer Querdenker.

Leistungsmotivation (LM)

Wie hoch ist Ihre Leistungsmotivation? Wer hier auf einen hohen Punktwert kommt, signalisiert, dass er sich selbst stets etwas auferlegt, sich immer wieder etwas abfordern muss, sich permanent Höchstleistungen abringt. Mit anderen Worten: „Immer höher, schneller, weiter" scheint das rastlose Motto, wenn Sie den entsprechenden Aussagen deutlich zustimmen – im Extremfall jedoch häufige Unzufriedenheit und Ruhelosigkeit. Vielleicht fehlt es Ihnen aber auch am nötigen Drive oder Schwung, und Sie sind schnell mit dem Vorhandenen, einmal Erreichten zufriedenzustellen und machen daher bei diesen Aussagen nicht allzu viele Punkte. Im Extrem, bei sehr wenigen Punkten, laufen Sie Gefahr, für antriebsschwach bis faul gehalten zu werden. Es geht um die Einschätzung folgender Aussagen:

- Für mich kommt an erster Stelle meine Arbeit.
- Ich bin nicht besonders ehrgeizig. (Ablehnung = Leistungsmotivation)
- Wegen der vielen Arbeit vernachlässige ich schon mal mein Privatleben.
- Es reizt mich, besonders schwierige Probleme zu lösen.

Durchsetzungsfähigkeit (DU)

Knicken Sie sehr schnell ein, oder sind Sie eher etwas zu halsstarrig? Kämpfen Sie schon mal für die Durchsetzung Ihrer Auffassung? Oder sind Sie eher schnell kompromissbereit und anpassungswillig? Über dominantes Verhalten oder Nachgiebigkeit bis hin zur Unterwürfigkeit sollen Sie hier Auskunft geben. Mit anderen Worten: Muss einfach alles nach Ihrem Willen geschehen, oder lassen Sie sich eher leicht den Wind aus den Segeln nehmen und die Butter vom Brot? Gar nicht so einfach zu beantworten, denn es kommt ja immer darauf an ... Ein höherer Punktwert bedeutet: Sie wissen sich durchzusetzen, können sich Gehör verschaffen und geben nicht so schnell klein bei. Sie haben und zeigen Rückgrat. Bei einem sehr hohen Punktwert erlebt man Sie aber auch als autoritär und kompromisslos. Sehr niedrige Werte zeigen an: Sie geben eventuell zu schnell auf, wenn Sie Ihre Ideen durchsetzen sollten. Sie sind leicht zu beeinflussen und von Ihrem Anliegen abzubringen. Es geht um die Einschätzung folgender Aussagen auf der Skala von 1 (Ablehnung) bis 6 (völlige Zustimmung):

- Ich weiß, wie ich mich durchsetzen kann.
- Es fällt mir auf der Arbeit leicht, andere Kollegen für meine Ideen einzunehmen.
- Anderen gegenüber bin ich meist etwas zu nachgiebig. (Ablehnung = Durchsetzungsfähigkeit)
- Bei einem Streit haben es andere mit mir schwer.

Und jetzt das nächste große SOAP-Thema:

3. Einschätzungsfragen zu Ihrem Arbeitsverhalten

Handlungsorientierung (HO)
Überlegen Sie zu viel und handeln Sie zu wenig oder umgekehrt? Zögern und zaudern Sie, bevor Sie endlich – aber noch immer sehr bedachtsam – mit der Bearbeitung eines Problems, einer Aufgabe beginnen? Oder gehen Sie mutig entschlossen, rasch, ziel- und ergebnisorientiert vor? Wissen Sie, worauf es bei einem Job vor allem ankommt, und wählen Sie die Prioritäten richtig? Oder verzetteln Sie sich leicht, verlieren schnell den Überblick und damit auch das Ziel aus den Augen? Bei niedrigen Werten werden Sie kaum zu Schnellschüssen neigen. Arbeiten, die ein beherztes, entschlossenes Handeln verlangen, sind Ihnen eher ein Graus. Hohe Punktzahlen signalisieren, dass Sie ein souveräner Macher sind, vielleicht ein handfester Praktiker, ein Mensch, der auch wirklich etwas tut und sich nicht nur in Ankündigungen ergeht. Zu hohe Werte verweisen auf die Gefahr, dass Sie etwas auch unter allen Umständen durchboxen ... Es geht um die Einschätzung folgender Aussagen:

- Während andere noch nachdenken und reden, handle ich bereits.
- Oftmals komme ich mir bei der Bearbeitung eines Problems wie vor einem Berg vor. (Ablehnung = Handlungsorientierung)
- Wenn ich mir etwas tagsüber vornehme, habe ich es am Abend meistens auch erledigt.
- Habe ich ein klares Ziel vor Augen, verzettle ich mich auch nicht.

Flexibilität (FL)
Wie schwer tun Sie sich mit notwendig werdender Anpassung? Wie leicht können Sie sich neuen Gegebenheiten anpassen? Wie umständlich stellen Sie sich an, wenn unvorhergesehene Ereignisse Ihnen völlig andere Rahmen- und Arbeitsbedingungen aufgeben und ein ganz neues Verhalten erforderlich wird? Brauchen Sie ein sehr stabiles, klar geordnetes Umfeld, um sich bei der Arbeit wohlzufühlen? Oder ist genau das eher langweilig und Sie bevorzugen die Überraschung, das ständig Neue oder wenigstens den gelegentlichen Wechsel? Ein hoher Punktwert signalisiert Ihre Vorliebe für immer neue Herausforderungen, den beständigen Wandel. Ein zu hoher Wert würde aber auch bedeuten: Sie ertragen kaum die Kontinuität, die tägliche Routine ist Ihnen verhasst, Sie sind unbedingt auf permanente Abwechslung aus, langweilen sich ansonsten zu Tode. Ein niedriger Wert bedeutet etwa: Sie sind berechenbar und stabil, bevorzugen dementsprechend ein klar geordnetes Arbeitsumfeld mit Aufgaben, die, auch wenn sie zur Routine werden, Sie nicht so schnell langweilen. Es geht um die Einschätzung folgender Aussagen:

- Ich kann mich veränderten Gegebenheiten schnell und gut anpassen.
- Mir sind Aufgaben lieber, bei denen ich weiß, was auf mich zukommen kann. (Ablehnung = Flexibilität)
- Aufgaben, die ein sofortiges Handeln bedingen, sind für mich eine positive Herausforderung.
- Wenn alles seinen gewohnten Gang geht, langweile ich mich schon mal.

Gewissenhaftigkeit (GE)
Sehen Sie sich eher als fixen Überflieger oder mehr als peniblen Erbsenzähler? Arbeiten Sie lieber schnell und dafür zwangsläufig etwas oberflächlicher? Oder haben Sie die sprichwörtliche Liebe zum Detail und sind sehr präzise, dadurch bedingt aber auch ein bisschen langsamer? Sehr pointiert: Überflieger oder Erbsenzähler, besser: Pragmatiker oder Perfektionist? Das sind in etwa die Pole, um die es hier geht. Natürlich spielen auf der einen Seite die Aspekte von Sorgfalt, Genauigkeit und Zuverlässigkeit wie z. B. Termintreue eine wichtige Rolle, auf der anderen Seite Spontaneität, der „Mut zur Lücke", das Vorantreiben und der Abschluss eines Vorhabens. Niedrige Punktwerte sprechen eher für den weniger geduldigen, weniger am Detail orientierten, hohe Werte eher für einen besonders gründlichen, sehr verantwortungsbewussten Menschen. Zu hohe Werte könnten als Indiz für einen zwanghaften, zu niedrige für einen etwas sehr sorglosen, leichtfertigen Vertreter gewertet werden. Es geht um die Einschätzung folgender Aussagen auf der Skala von 1 (Ablehnung) bis 6 (völlige Zustimmung):

- Ich bin für sehr hohe Sorgfalt und Präzision bei der Erledigung meiner Arbeitsaufgaben bekannt.

- Für mich gilt: erst die Arbeit, dann das Vergnügen.
- Arbeiten, die ein hohes Maß an Sorgfalt und Ausdauer benötigen, liegen mir.
- Ich bin ziemlich perfektionistisch veranlagt.

Einfallsreichtum (EF)
Finden Sie auf die Schnelle immer eine Lösung? Haben Sie den rettenden Einfall quasi in letzter Minute und wissen, was zu tun ist? Gelingt Ihnen der richtige Dreh – wenn es darauf ankommt, wenn es schnell gehen muss, wenn dringend eine gute, neue, aber vor allem hilfreiche Idee und Problemlösung gebraucht wird? Oder sind Sie in solchen Situationen eher blockiert, kommen nicht auf das eventuell Naheliegende, das Hilfreiche, die Lösung des Problems, können nicht schnell und kreativ neue Handlungsvorschläge entwickeln und anderen unterbreiten oder selbst nutzen? Wie schnell können Sie sich ziel- und ergebnisorientiert etwas ausdenken? Ja, Fantasie ist hilfreich, aber es geht nicht ums Träumen ... Wir unterscheiden uns in solchen Momenten; während die einen unter Druck eher langsam und ganz steif werden, drehen die anderen plötzlich richtig auf und sprühen nur so ... Das kann toll sein, aber zu viel davon ist auch nicht gut. Da läuft man fast schon Gefahr, ins Manische zu gleiten, überbordend zu werden, vor lauter Ideen nicht zum Handeln zu kommen.
- Die besten Einfälle kommen mir häufig dann, wenn die anderen aufgegeben haben oder schon schlafen gegangen sind.
- Wenn den anderen die Ideen oder Vorschläge ausgehen, habe ich immer noch etwas auf Lager.
- Egal, was das Problem ist, mir fällt schon etwas Brauchbares dazu ein.
- Bei einem Problem fällt mir auf Knopfdruck meist nichts Gescheites ein.
  (Ablehnung = Einfallsreichtum)

Und hier das vierte und letzte große SOAP-Thema, das abgefragt wird:

4. Einschätzungsfragen zu Ihrer psychischen Konstitution
Selbstbewusstsein (SB)
Sind Sie wirklich so, wie Sie sich geben? Und finden Sie das auch gut so? Machen Sie sich häufig Gedanken darüber, wie und was andere über Sie denken, wie man Sie einschätzt und was man von Ihnen hält? Sind Sie öfter in Sorge, weil Sie befürchten, andere würden Sie ablehnen, Sie nicht besonders mögen? Sie selbst wüssten auch nicht, warum man Sie gut leiden sollte, sind kein bisschen stolz auf sich und das, was Sie tun? Verbale Schlagfertigkeit ist nicht Ihre Stärke – und wenn es zu einer Meinungsverschiedenheit kommt, legen Sie so gut wie keinen Wert darauf, sich zu behaupten, geben eher um des lieben Friedens willen schnell nach? Vor versammelter Mannschaft etwas zu sagen, zu erklären oder vorzustellen, ist Ihnen verhasst? Sie mögen es nicht, wenn alle Augen auf Sie

gerichtet sind? Sie würden bei der Bejahung dieser Fragen nur einen geringen Punktwert erzielen und damit ein deutlich unterentwickeltes Selbstbewusstsein vermitteln. Andernfalls gilt für Sie eher: Sie glauben, alles gut im Griff zu haben, sind spontan und schlagfertig, wenn es notwendig ist, und kennen keine Hemmungen, sich mit Ihrer Meinung ordentlich Gehör zu verschaffen. Sie sind stolz auf Ihre Erfolge und können diese auch gut anderen vermitteln. Eine hohe Punktzahl dokumentiert dies, doch bei einem Extremwert folgert man, Sie seien eingebildet oder gar arrogant und vermutet dahinter aber eigentlich wieder nur Ängste ... Es geht um die (Selbst-)Einschätzung folgender Aussagen:
- Ich gebe mich meistens so, wie ich auch wirklich bin.
- Ich stehe eigentlich sehr ungern im Mittelpunkt. (Ablehnung = Selbstbewusstsein)
- Wenn andere mich nicht mögen, macht mich das ziemlich unsicher. (dito)
- Es ist mir ziemlich egal, was die Leute hinter meinem Rücken reden.

Emotionale Stabilität (ES)
Wie schnell wirft Sie etwas aus der Bahn? Ein niedriger Wert würde hier für häufige Stimmungsschwankungen, insbesondere Einbrüche in deutlich negativ gefärbte Stimmungslagen stehen. Mit Herausforderungen tun Sie sich schwer, Sie fühlen sich schnell überfordert oder gestresst. Wenn Dinge nicht so laufen wie geplant, verkraften Sie Misserfolge und Niederlagen nur sehr langsam. Sie sind leicht irritierbar (bei sehr niedrigem Punktwert: sehr leicht). Aber auch bei kleineren Anlässen reagieren Sie häufig nervös, stellen sich selbst sowie „alles und jedes" infrage und neigen zu Grübeleien, die Sie dann beinahe lähmen können. Ein höherer Punktwert lässt Sie als stabile Persönlichkeit dastehen, die gut mit Rückschlägen und Niederlagen klarkommt, persönliche Probleme kaum kennt und sich stets durch ein hohes Maß an Gelassenheit auszeichnet. Sie sehen optimistisch und positiv gestimmt in die Zukunft und kommen auch mit großen Herausforderungen gut klar. Es geht um die Einschätzung folgender Aussagen:
- Ich habe ziemlich gute Nerven.
- Ich grüble relativ häufig über persönliche Probleme. (Ablehnung = Stabilität)
- Ich kann zu Recht behaupten, dass ich ein ziemlich dickes Fell habe.
- Wenn mich Probleme richtig belasten, bin ich für andere ziemlich ungenießbar. (Ablehnung = Stabilität)

Belastbarkeit (BL)
Wie viel Stress, wie viel Arbeitsdruck können Sie vertragen? Kennen Sie die Grenzen Ihrer Leistungsfähigkeit? Reagieren Sie schnell mit Kopf-, Bauch- (Magen-) oder Rückenschmerzen – oder entwickeln Sie andere klassische (sogenannte psychosomatische) Symptome, wenn die Arbeitsbelastung, der Leistungs-

druck zunimmt? Fühlen Sie sich schnell überfordert, erschöpft und ausgelaugt (ein niedriger Punktwert), oder beschreiben Sie sich als bemerkenswert gesund und haben Reserven, aus denen Sie auch bei lang andauernden, starken Arbeitsanforderungen Ihre Kraft schöpfen? Oder geht Ihnen relativ schnell die Puste aus? Mit Ihrer Selbsteinschätzung bzw. -beschreibung geben Sie zu diesem Thema Auskunft. Es geht um die Einschätzung folgender Aussagen auf der Skala von 1 (Ablehnung) bis 6 (völlige Zustimmung):
- Mich haut so schnell nichts um.
- Auch wenn alles gleichzeitig auf mich einströmt, bleibe ich relativ ruhig.
- Auf längere Sicht würde mir eine hohe Arbeitsbelastung ziemlich zu schaffen machen. (Ablehnung = Belastbarkeit)
- Ich bleibe auch gelassen, wenn ich sehr hart arbeiten muss.

Sympathiemobilisierungspotenzial (SM)

Wissen Sie, wie man positive Aufmerksamkeit gewinnt? Oder wie man andere dazu bekommt, dass sie das tun, was man sich von ihnen wünscht, und dann auch noch, ohne groß bitten oder gar betteln zu müssen? Verfügen Sie über Charme und können Sie Menschen und deren Vertrauen leicht für sich gewinnen? Wer weiß, wie er positiv auf Menschen (ein)wirkt, wie er/sie andere Personen für sich einnehmen kann, ist klar im Vorteil. Im Privaten wie im Beruflichen. Menschen anleiten, motivieren oder gar einschwören zu können ist nicht einfach und den meisten nicht gegeben; einigen jedoch schon. Gehören Sie dazu? Dabei bildet aber genau diese Fähigkeit die Grundlage für alle Führungsaufgaben und jede größere Form der Verantwortungsübernahme. Wie stellt man es an, von vielen gemocht zu werden, ohne dabei sich selbst zu verleugnen, ohne sich selbst und seine eigenen Wertvorstellungen und Wünsche aufgeben zu müssen? Wer möchte nicht sympathisch wirken und von anderen gemocht werden? Und dann noch das erreichen, was er/sie sich vorgenommen hat. Manche machen es zu ihrem Beruf und werden Schauspieler und später sogar noch Politiker. Gut, wenn man zaubern kann, wenn man weiß, wie man mit anderen umgehen muss, um das von ihnen zu bekommen, was man will. Sicher, lächeln können gehört ebenso dazu wie diplomatisches Geschick, Komplimente machen, zuhören und sich einfühlen können. Gut im Small Talk sein und das richtige Maß an Humor ist bestimmt auch von Nutzen. Allerdings kann eine zu starke Konzentration auf die Sympathiebekundungen der anderen schnell peinlich werden, in Schleimerei abgleiten.
- Menschen fassen schnell Vertrauen zu mir.
- Ich habe einen gut entwickelten Humor, der mich allseits beliebt macht.
- Streit gehe ich nur selten aus dem Weg. (Ablehnung = Sympathiemobilisierung)
- Ich mag die meisten Menschen und die meisten mögen auch mich.

Test zu den vier großen Untersuchungsthemen

Testen Sie nun, ob Sie das System der kommenden Fragen verstehen. Tragen Sie den Wert ein, der Ihnen am ehesten entspricht. Von totaler Ablehnung (falsch, überhaupt gar nicht) bis zu völliger Zustimmung (richtig, sehr, sehr viel). Vereinfacht ausgedrückt zwischen Ablehnung (Minus-Zeichen) und Zustimmung (Plus-Zeichen), sich überhaupt nicht wiedererkennen bis sich voll und ganz wiederfinden. Addieren Sie dann Ihre Punktwerte für jedes Thema.

Fragenkomplex 1

		(−) Ablehnung ▶ Zustimmung (+)
1.	Ich übernehme gerne die Verantwortung für wichtige Entscheidungen.	1 2 3 4 5 6
2.	Für meine Überzeugung kämpfe ich, auch wenn ich Nachteile dafür hinnehmen muss.	1 2 3 4 5 6
3.	Ich wäre nicht unglücklich, wenn nicht alle meine Potenziale ausgeschöpft würden.	6 5 4 3 2 1
4.	Ich lasse mir so schnell nichts gefallen.	1 2 3 4 5 6
5.	Kollegen behaupten, ich strahle Autorität aus.	1 2 3 4 5 6
6.	Läuft etwas schief, kümmere ich mich darum, auch wenn ich nicht direkt betroffen bin.	1 2 3 4 5 6
7.	Ich bemühe mich immer, auch meine besten Stärken noch weiter auszubauen.	1 2 3 4 5 6
8.	Kollegen sagen von mir, ich würde häufig versuchen, meinen Kopf durchzusetzen.	1 2 3 4 5 6
9.	In einer Spezialistenrolle fühle ich mich wohler als in einer Führungsrolle.	6 5 4 3 2 1
10.	Wenn etwas Neues initiiert werden muss, bin ich immer als Erstes mit dabei.	1 2 3 4 5 6
11.	Ich wünschte mir, mein Verdienst wäre direkt an meine Leistungen geknüpft.	1 2 3 4 5 6
12.	Andere von etwas zu überzeugen fällt mir vergleichsweise schwer.	6 5 4 3 2 1

Worum ging es gerade? Bitte schätzen Sie einmal, welcher Bereich im ersten Fragenkomplex überprüft wurde. Die Auflösung erfahren Sie jedoch erst später. Bitte beantworten Sie als Nächstes den folgenden Fragenkomplex.

Fragenkomplex 2

		(−) Ablehnung ▶ Zustimmung (+)					
1.	Ich bin gut im Aufschieben von unangenehmen Dingen, die ich erledigen sollte.	6	5	4	3	2	1
2.	Wenn ich einmal einen Plan gefasst habe, weiche ich nur sehr ungern davon ab.	6	5	4	3	2	1
3.	Am liebsten plane ich alles im Voraus.	1	2	3	4	5	6
4.	Oft fehlt mir ein bisschen Fantasie.	6	5	4	3	2	1
5.	Vor lauter Aufgaben weiß ich manchmal gar nicht, wo ich anfangen soll.	6	5	4	3	2	1
6.	Wenn Arbeiten sich anders entwickeln als erwartet, komme ich nur schlecht damit klar.	6	5	4	3	2	1
7.	Ich bin alles andere, nur nicht perfektionistisch veranlagt.	6	5	4	3	2	1
8.	Wenn es darauf ankommt, fällt mir immer etwas zur Problemlösung ein.	1	2	3	4	5	6
9.	Wenn ich etwas entschieden habe, setze ich es meist auch sofort um.	1	2	3	4	5	6
10.	Ich kann mich ziemlich schnell auf neue Anforderungen einstellen.	1	2	3	4	5	6
11.	Meine Unterlagen sind meist nicht so ordentlich abgelegt, dass ich alles sofort finde.	6	5	4	3	2	1
12.	Ich verfüge über eine gute Portion Vorstellungskraft und Fantasie.	1	2	3	4	5	6

Bitte schätzen Sie erneut, welcher Bereich mit den Fragen überprüft wurde, und beantworten Sie anschließend den folgenden Fragenkomplex:

Fragenkomplex 3

		(–) Ablehnung ▶ Zustimmung (+)					
1.	Kollegen sagen von mir, ich sei der geborene Einzelkämpfer.	6	5	4	3	2	1
2.	Wenn ich mit Menschen zusammen bin, die ich nicht kenne, fühle ich mich angespannt.	6	5	4	3	2	1
3.	Im Umgang mit anderen bin ich eher rücksichtsvoll.	1	2	3	4	5	6
4.	Auf Veränderungen in der Gesprächsatmosphäre reagiere ich sensibel.	1	2	3	4	5	6
5.	Ich bin ein ziemlich geselliger Mensch.	1	2	3	4	5	6
6.	Kollegen halten mich häufig für ziemlich kühl und berechnend.	6	5	4	3	2	1
7.	Auch zu schwierigen Personen finde ich häufig einen guten Draht.	1	2	3	4	5	6
8.	In der Zusammenarbeit mit anderen kann ich meine Stärken noch besser entfalten.	1	2	3	4	5	6
9.	Ich verfüge über ein großes Netzwerk von beruflichen Kontakten.	1	2	3	4	5	6
10	Wenn mein Verhalten nicht gut ankommt, versuche ich mich besser anzupassen.	1	2	3	4	5	6
11.	Ich kann mich nicht so gut und schnell auf andere Menschen einstellen.	6	5	4	3	2	1
12.	Ich arbeite lieber Hand in Hand mit anderen als alleine vor mich hin.	1	2	3	4	5	6

Bitte überlegen Sie erneut, welcher Bereich mit den Fragen, die Sie gerade gelesen haben, überprüft wurde, und beantworten Sie anschließend den folgenden und letzten Fragenkomplex:

Fragenkomplex 4

		(−) Ablehnung ▶ Zustimmung (+)
1.	Starke Belastungen verkrafte ich besser als andere.	1 2 3 4 5 6
2.	Ich erlebe mich eigentlich fast nie mutlos.	1 2 3 4 5 6
3.	Wenn es Probleme mit Kollegen gibt, kann ich das relativ gut aushalten.	1 2 3 4 5 6
4.	Ich glaube, Humor ist nicht eine meiner Stärken.	6 5 4 3 2 1
5.	Auch mal ohne Pause durchzuarbeiten macht mir weniger aus als anderen.	1 2 3 4 5 6
6.	Wenn mir etwas mal nicht so richtig gelingt, macht mir das noch lange zu schaffen.	6 5 4 3 2 1
7.	Ich bin ziemlich selbstbewusst.	1 2 3 4 5 6
8.	Meistens bin ich eher ein fröhlicher und optimistischer Mensch.	1 2 3 4 5 6
9.	Wenn ich unter Druck gerate, reagiere ich schnell gereizt.	6 5 4 3 2 1
10.	Ängste kenne ich bei mir eigentlich nicht.	1 2 3 4 5 6
11.	Wenn ich vor einer größeren Gruppe von Personen reden muss, bin ich sehr nervös.	6 5 4 3 2 1
12.	Ich bin eher ein sehr ernster und etwas verschlossener Mensch.	6 5 4 3 2 1

Bitte schätzen Sie erneut ein, welcher Bereich mit diesen Fragen überprüft wurde. Im Anschluss erläutern wir Ihnen die Testauswertung:

▶ **TESTAUSWERTUNG**

Haben Sie die vier Hauptthemen den vier Fragekomplexen richtig zugeordnet?
Mit Fragenkomplex 1 wurde überprüft: **berufliche Zielorientierung**
Mit folgenden Unterthemen:
Führungsmotivation: 1., 5. und 9. Frage
Gestaltungsmotivation: 2., 6. und 10. Frage
Leistungsmotivation: 3., 7. und 11. Frage
Durchsetzungsfähigkeit: 4., 8. und 12. Frage

Mit Fragenkomplex 2 wurde überprüft: **Arbeitsverhalten**
Mit folgenden Unterthemen:
Handlungsorientierung: 1., 5. und 9. Frage
Flexibilität: 2., 6. und 10. Frage
Gewissenhaftigkeit: 3., 7. und 11. Frage
Einfallsreichtum: 4., 8. und 12. Frage

Mit Fragenkomplex 3 wurde überprüft: **soziale Kompetenz**
Mit folgenden Unterthemen:
Teamorientierung: 1., 8. und 12. Frage
Kontaktfähigkeit: 2., 5. und 9. Frage
Verträglichkeit: 3., 6. und 10. Frage
Einfühlungsvermögen: 4., 7. und 11. Frage

Mit Fragenkomplex 4 wurde überprüft: **psychische Stabilität**
Mit folgenden Unterthemen:
Belastbarkeit: 1., 5. und 9. Frage
emotionale Stabilität: 2., 6. und 10. Frage
Selbstbewusstsein: 3., 7. und 11. Frage
Sympathiemobilisierungspotenzial: 4., 8. und 12. Frage
Details zu den einzelnen Unterthemen finden Sie ab S. 261.
Für jeden der vier Themenbereiche gilt folgende Wertung:
unter 20 = sehr problematisch; 20–30 = noch gefährdet; um 35–45 = schon akzeptabel bis ganz ordentlich; 50–60 = alles prima; über 62 = verdächtig bis zu extrem

Biografische Fragebögen

„Wir haben hier noch einige Fragen an Sie. Bitte füllen Sie doch gleich mal unseren Personalfragebogen aus …" Wenn Sie als Kandidat eines Assessment Centers (s. S. 215 ff.) oder überhaupt eines Auswahlverfahrens dazu aufgefordert werden, freuen Sie sich bitte nicht zu früh. Denn das heißt noch lange nicht, dass Sie es geschafft haben. Was aussieht wie die letzten Formalitäten vor dem endgültigen Ausbildungsvertrag, ist nichts anderes als eine weitere Art von Persönlichkeitstest. Neben den persönlichen Daten (Name, Adresse, Alter, Schulab-

schlüsse, eventuell sogar die Schuhgröße) werden überwiegend Fragen aus folgenden Bereichen gestellt:
- Ursprungsfamilie (Größe, Ausbildung und Beruf der Eltern)
- Kindheit/Jugend (elterlicher Erziehungsstil, prägende Erfahrungen)
- schulischer Werdegang (geliebte/ungeliebte Fächer, Leistungen, Anpassung an Lehrer/Mitschüler)
- erste, evtl. schon vorhandene Berufserfahrungen
- Freizeitgestaltung/Interessen (Hobbys, soziales Engagement)
- Selbsteinschätzung (besondere Stärken und Schwächen, Gründe für Fehl- und Rückschläge, Entwicklungs- und Verbesserungschancen)
- Lebensziele (berufliche und persönliche Ziele, optimistische/pessimistische Zukunftseinschätzung)

Aber auch Fragen, die Sie freier beantworten können, z. B. in Form eines Kurzaufsatzes, können es in sich haben. Dazu drei Beispiele:
- Welche Menschen bewundern Sie am meisten (bitte Namen nennen)?
- Nennen Sie einige von Ihnen bevorzugte Bücher!
- Welchen Beruf würden Sie wählen, wenn Sie ohne Rücksicht auf Ausbildungsvoraussetzungen, Ihr Umfeld und die aktuelle Arbeitsmarktsituation entscheiden könnten?

Und wie würden Sie diese Frage beantworten? Welches sind die größten Missstände Ihrer Meinung nach:
a   in der Welt,
b   in unserem Land,
c   in der Stadt, in der Sie wohnen,
d   in der Schule, die sie besuchen?

Was so harmlos daherkommt, ist keinesfalls unproblematisch. Überlegen Sie genau, was Sie von sich preisgeben wollen. Versuchen Sie mal, Ihre Antworten wie ein Außenstehender zu lesen mit der Fragestellung: Wie wirkt diese Person?

Vorstellungsgespräche

Ein Vorstellungsgespräch zur Erlangung eines Ausbildungs- bzw. Arbeitsplatzes ist nichts anderes als eine mündliche Test- und Prüfungssituation und deshalb auch gut trainierbar. Sie können und sollten sich darauf so gut vorbereiten wie auf andere bereits von Ihnen absolvierte Prüfungen (Klassenarbeiten, Klausuren, Führerschein usw.). Der Zeitaufwand für die Vorbereitung darf nicht zu knapp bemessen sein. Sich dafür zwei, drei Tage Zeit zu nehmen ist durchaus angemessen und zahlt sich bestimmt aus! Natürlich brauchen Sie noch etwas mehr Zeit, wenn es Ihr erstes Vorstellungsgespräch ist.

Für welche Ausbildung, für welchen Beruf Sie sich auch entscheiden – Sie sollten über die Entstehung und Entwicklung Ihres künftigen Tätigkeitsfeldes möglichst genau Bescheid wissen, allgemein bekannte Berufsvertreterinnen und Berufsvertreter ebenso kennen wie die wichtigsten typischen Aufgaben und Tätigkeiten sowie Vor- und Nachteile des Berufsalltags und sogar relevante Gewerkschaften. Vor allem aber sollten Sie über Ihre potenzielle Ausbildungsorganisation gut informiert sein. Wenn Sie z. B. zum Bundesnachrichtendienst wollen, müssen Sie schon wissen, dass dieser derzeit seine Zentrale noch in Pullach im Isartal hat, aber schon mit dem Bau der neuen Zentrale in Berlin begonnen wurde. Zudem ist wichtig zu wissen, wer der Präsident ist.

Die wichtigsten Fragen im Vorstellungsgespräch

Mit den folgenden 30 Fragen müssen Sie sich auseinandergesetzt haben und wissen, was Sie hierzu sagen wollen, aber auch was Sie nicht sagen wollen. Dabei geht es nicht darum, die Antworten auswendig „runterzurattern", sondern darum, authentisch Stellung beziehen zu können.
- Erzählen Sie uns etwas über sich – was sollten wir über Sie wissen?
- Wie sind Sie auf diesen Beruf gekommen, und seit wann interessieren Sie sich dafür?
- Welche Vor- und Nachteile sehen Sie an/in diesem Beruf?
- Warum bewerben Sie sich um diesen Ausbildungsplatz?
- Warum bei unserer Organisation?
- Wo haben Sie sich noch beworben?
- Warum sind Sie für uns der/die richtige Kandidat/-in?
- In welchen Schulfächern haben Sie gute und in welchen schlechte Noten?
- Wie erklären Sie sich das?
- Wie sind Sie mit Lehrern/Lehrerinnen und Mitschülern/Mitschülerinnen ausgekommen?

- Haben Sie Vorbilder? Bitte benennen Sie uns Ihre Vorbilder und beschreiben Sie diese!
- Haben Sie bereits praktische Erfahrungen in dem von Ihnen angestrebten Berufsfeld?
- Was erwarten Sie für sich/von uns/der Ausbildung?
- Was sind Ihre persönlichen Stärken?
- Was Ihre Schwächen?
- Worauf sind Sie stolz?
- Womit sind Sie bei sich selbst unzufrieden?
- Was kann Sie so richtig „auf die Palme bringen", nerven?
- Sind Sie schon mal ungerecht behandelt worden? Erzählen Sie mal …!
- Gibt es etwas in Ihrem Leben, das Sie bereuen?
- Was möchten Sie in 3/5/10 Jahren erreicht haben?
- Wie sieht so ein ganz typischer Alltag bei Ihnen aus, was machen Sie von früh bis spät, schildern Sie uns mal z. B. was Sie gestern gemacht haben?
- Was machen Sie in Ihrer Freizeit?
- Wie und wo sind Sie im Internet unterwegs?
- Welche Fragen haben Sie an uns?
- Wie stehen Eltern/Geschwister/Freunde zu Ihren beruflichen Plänen?
- Was machen Sie, wenn Sie diesen Ausbildungsplatz nicht bekommen?
- Wissen Sie, was Sie bei uns verdienen?
- Welche Fragen haben Sie erwartet, die wir Ihnen noch nicht gestellt haben?
- Welche Fragen würden Sie sich selbst stellen, wenn Sie in unserer Position wären?

Ablauf eines Vorstellungsgesprächs

In der Regel durchläuft so ein Vorstellungsgespräch folgende Phasen:
1. Begrüßung und Einleitung des Gesprächs
2. Bewerbungs- und Berufswahl-Hintergründe
3. Schulausbildung und ggf. andere berufsnahe Tätigkeiten
4. Persönlicher, familiärer und sozialer Hintergrund
5. Gesundheitszustand
6. Test- und Prüfungsfragen zu Ihrem Wissensstand, meistens mit beruflichem Bezug
7. Informationen für den Bewerber/die Bewerberin
8. Fragen des Bewerbers/der Bewerberin
9. Abschluss des Gesprächs und Verabschiedung

Personalchefs und Ausbilder wollen im Vorstellungsgespräch neben äußeren Merkmalen wie Aussehen, Auftreten, Manieren, sprachliches Ausdrucksvermögen vor allem Folgendes testen:
- Ihre Persönlichkeit
- Ihre Leistungsbereitschaft (auch Lernmotivation)
- Ihre Eignung, Kompetenz (was Sie so draufhaben, im Kopf, aber auch körperlich ...)

Also auch hier sind wieder die drei Faktoren Kompetenz, Leistungsmotivation und Persönlichkeit (KLP) relevant. In diesen entscheidenden drei Bereichen muss eine Bewerberin/ein Bewerber überzeugen, damit die (Aus-)Wahl auf sie/ihn fällt und sie/er den Arbeits- oder Ausbildungsplatz erhält. Die drei Bereiche lassen sich gut veranschaulichen und auch leichter merken, wenn Sie sich ein Haus vorstellen: Die Kompetenz ist das Fundament (der Keller), die Leistung der Lebensbereich und die Persönlichkeit das Dach (oder „Dachstübchen").

Wir haben in der Aufzählung oben die Persönlichkeit ganz bewusst an erster Stelle genannt. Denn zum überwiegenden Teil entscheidet der Faktor Persönlichkeit, ob Sie den Ausbildungsplatz erhalten oder nicht. Bei der Erforschung Ihrer Persönlichkeit geht es vor allem darum, ob Sie sympathisch und vertrauenswürdig wirken, anpassungsfähig sind und zur Organisation sowie zum Team passen.

Leistungsbereitschaft wird getestet, indem man nach Ihrem Engagement, Ihrer Begeisterung, Ihren Interessen fragt. Außerdem wird geprüft, ob Sie lern- und arbeitswillig sind und sich mit der Arbeit und der Organisation, bei der Sie eingestellt werden, identifizieren können.

Ihre Eignung soll im Vorstellungsgespräch zusätzlich überprüft werden, indem man Sie nach berufsrelevanten Eigenschaften fragt, z. B. Kontaktfreude beim angehenden Sachbearbeiter im Bürgerservice der Verwaltung, Genauigkeit bei buchhalterischen Tätigkeiten usw. Auch Zuverlässigkeit, Ehrlichkeit, Pünktlichkeit und andere elementare Tugenden gelten immer noch als Indikatoren von Eignung.

Bewerber/-innen im Vergleich: Gruppenvorstellungsgespräche

Es gibt neben den üblichen Einzel-Vorstellungsgesprächen häufig auch Gruppenvorstellungsgespräche. Ihre Dauer ist unterschiedlich und schwankt (je nach Ausbildungsplatz und zu bewältigender Bewerberzahl bzw. Gesprächsteilnehmenden auf Arbeitgeberseite) in der Regel zwischen 20 und 45 Minuten.

Sollten Sie in einer Gruppe antreten müssen, bietet Ihnen das den Vorteil, von der Präsentationstechnik Ihrer Mitbewerber/-innen zu profitieren. Meist beginnt so ein Gruppenvorstellungsgespräch mit der freundlichen Bitte, sich zunächst einmal kurz vorzustellen. Manchmal wird an die Vorstellung eine zusätzliche Aufforderung geknüpft (z. B. „Stellen Sie sich bitte vor und erzählen Sie uns, mit welchen Gefühlen Sie heute hierhergekommen sind"). Hintergrund der Gruppenvorstellung ist der Wunsch, die Bewerber/-innen direkt miteinander vergleichen zu können, sie aber auch gleichzeitig in eine gewisse Konkurrenzsituation zu bringen. Wer hier den Anfang macht oder das Schlusslicht bildet, hat es deutlich schwerer als alle anderen. Positionen im ersten oder im letzten Drittel bieten bessere Chancen. Am Anfang ist die Aufnahme und Zuhörbereitschaft des Sie fragenden Auswahlgremiums deutlich höher. Wenn man ganz am Ende an der Reihe ist, fällt es sehr schwer, noch etwas wirklich Neues oder Originelles zu äußern, was nicht schon den anderen vor Ihnen eingefallen wäre. Unsere Empfehlung: Sprechen Sie das Problem der Anfangs- bzw. Endposition humorvoll an („Einer muss ja den Anfang machen; ich will mich nicht in den Vordergrund drängen, aber ..." – „Den Letzten beißen die Hunde, aber einer muss ja wohl das Schlusslicht sein ..."). Wenn es Ihnen gelingt, für einen Lacher zu sorgen, sammeln Sie bestimmt Sympathie- und damit Pluspunkte.

Den Interviewern geht es darum, die soziale Interaktion, den Umgang der Bewerber/-innen miteinander zu beobachten. Hieraus werden verschiedene Rückschlüsse gezogen, z. B. auf Teamfähigkeit, Durchsetzungsvermögen, Anpassungsfähigkeit usw. Bisweilen ergeht sogar die Aufforderung an die Bewerber/-innen, in dieser Gruppe ein Thema gemeinsam zu diskutieren. Überlassen Sie es ruhig den anderen, sich in den Vordergrund zu spielen. Besser ist es, eine gewisse Zurückhaltung zu zeigen, ohne allerdings in das andere Extrem des „stummen Fisches" zu verfallen. Und wenn notwendig thematisieren Sie ruhig, dass es Ihnen schwerfällt, zu Wort zu kommen, weil bestimmte Vielredner Ihnen und auch anderen Teilnehmenden kaum ein Chance lassen zu sprechen, Sie denen aber nicht ins Wort fallen möchten, weil das schließlich kein respektvoller, konstruktiver Umgang sei.

Tipps, Tricks und Taktiken

Zurück zum Einzel-Vorstellungsgespräch: Bestimmte Fragen sind einfach Standard. Die Wahrscheinlichkeit, dass diese im Vorstellungsgespräch gestellt werden, ist wirklich sehr hoch. Das bedeutet für Sie, dass Sie sich darauf unbedingt vorbereiten sollten. Um Ihre Motivation und Ihren Informationsstand zu ergründen, sind z. B. folgende Fragen typisch:

- Warum bewerben Sie sich für den Beruf der/des ...?
- Wie sind Sie auf diesen Beruf gekommen, und seit wann interessieren Sie sich dafür?
- Wie haben Sie sich informiert?
- Welche Vor- und Nachteile sehen Sie an diesem Beruf?

Sie sehen, wie wichtig es ist, gut vorbereitet in das Gespräch zu gehen (noch einmal das Stichwort Recherche). Ihre Antworten auf diese Fragen sollten Qualität haben. Sie können die Vor- und Nachteile des angestrebten Berufs durchaus subjektiv, also aus Ihrer ganz persönlichen Perspektive beschreiben. Das hat allerdings auch seine Grenzen, d. h., die Vor- und Nachteile müssen für den Gesprächspartner nachvollziehbar, die Argumentation muss angemessen sein.

Um Interessen/Neigungen auf den Grund zu gehen, werden meist folgende Fragen gestellt:
- In welchen Schulfächern haben Sie gute und in welchen schlechte Noten und warum?
- Wie sind Sie mit Lehrern/Lehrerinnen und Mitschülern/Mitschülerinnen ausgekommen?
- Wen bewundern Sie und warum (haben Sie Vorbilder?) und dann das Gegenteil (und wieder: warum?)?
- Haben Sie Praktika gemacht, schon einmal gearbeitet bzw. gejobbt? Gab es Aushilfstätigkeiten? Wie haben Sie die Arbeitswelt erlebt?

Schulnoten werden von Arbeitgeberseite häufig als Gradmesser für die Anpassungsfähigkeit und Leistungsmotivation gesehen. Deshalb sollten Sie Ihre letzten Zeugnisse und Noten „abrufbereit gespeichert" haben. Dabei kommt es auf Ihren Vortrag, auf die Art der Darstellung und die plausible Präsentation der Zusammenhänge an. Ein Beispiel: „Ich habe mich zwar im Fach Deutsch in den letzten Jahren nicht verbessern können, bin aber in Mathematik auf eine Zwei gekommen." Wenn es Ihnen dann noch gelingt, einen ausbildungsplatzbezogenen Aspekt einzuflechten, können Sie Pluspunkte sammeln. Bei der Antwort auf die Frage nach dem Auskommen mit den Lehrern/Lehrerinnen und Mitschülern/Mitschülerinnen sollten Sie nicht unnötig Zündstoff liefern. Schließlich wollen Sie ja, dass man Ihnen Kontakt- und Teamfähigkeit zuschreibt. Na klar, es gab mal kleinere Auseinandersetzungen, aber im Großen und Ganzen sind Sie immer gut mit anderen zurechtgekommen – es existierte immer ein sehr freundliches Miteinander.

Praktika und Jobs deuten auf Ihr Interesse an dem Beruf (oder wenigstens die Richtung) hin. Gut, wenn Sie in dem angestrebten Ausbildungs- und Arbeitsbereich vielleicht schon Erfahrungen gesammelt haben. Aber auch eine fremde Branche kann hilfreich sein. Wer vorher als Aushilfe im Gaststättenbereich gejobbt hat, kann durchaus auch bei einer Bewerbung als Verwaltungsbeamtin darauf verweisen. Immerhin haben Sie dabei schon einiges im Umgang mit Menschen gelernt und vielleicht in Bezug auf einen Antrag beim Ordnungsamt schon hautnah einen Einblick in ihren künftigen Tätigkeitsbereich bekommen.

Ihr soziales Umfeld möchte man wiederum erfragen, um Rückschlüsse auf Sie ziehen zu können. Folgende Fragen sind zu erwarten:
- Wie ist Ihr persönlicher, familiärer und sozialer Hintergrund?
- Fragen nach Beruf und Arbeitgeber der Eltern, nach Geschwistern und sogar Freunden
- Wie informieren Sie sich über das Tagesgeschehen?

Geben Sie grundsätzlich nichts von familiären Auseinandersetzungen preis. Das geht den Arbeitgeber nun wirklich nichts an. Plaudern Sie nett über die „geordneten Verhältnisse". Gut für Sie, wenn Eltern, Geschwister etc. schon in dem Beruf, den Sie anstreben, arbeiten.

Gesundheitliche Einschränkungen der Leistungsfähigkeit und Einsatzmöglichkeit sollen mit folgenden Fragen geprüft werden:
- Haben Sie eine chronische Erkrankung?
- Neigen Sie zu häufigen Erkältungen?
- Haben Sie eine Allergie?

Falls Sie einen Behindertenausweis mit Erwerbsminderung ab 50 Prozent haben, müssen Sie überlegen, ob Sie dies unaufgefordert sagen wollen. Da sich die Rechtsprechung zu diesem Punkt vor einiger Zeit stark geändert hat, haben wir zu diesem schwierigen Thema ein ganzes Buch geschrieben *(Bewerbung mit Handicap)*. Ansonsten sollten Sie Fragen zu gesundheitlichen Einschränkungen bereits mit Ihrem zuständigen Einstellungsberaterteam besprochen haben und sehen daher auch der kommenden Gesundheitsprüfung gelassen entgegen.

Mit folgenden Fragen möchte man Ihre Informiertheit, Ihr allgemeines und berufsbezogenes Wissen testen:
- Welches tagespolitische Ereignis beschäftigt Sie gerade?
- Welche Themen interessieren Sie überhaupt, welche nicht und warum?
- Wo sind Sie im Internet unterwegs und warum?
- Wie stehen Sie zum Problem des demografischen Wandels?

Selbst wenn Sie sich sonst wenig dafür interessieren, sollten Sie zumindest vor dem Vorstellungsgespräch auch einmal den politischen Teil einer seriösen Tageszeitung bzw. Wochenzeitschrift (z. B. *Spiegel/Die Zeit*) lesen und abends die „Tagesschau", „heute" oder andere TV-Nachrichten verfolgen. Dies können Sie natürlich heute auch im Internet.

Wichtig ist in jedem Fall, nicht wie eine oberflächliche Person zu wirken, die nur für das Interesse zeigt, was gerade bei ihrer Lieblings-TV-Serie passiert. Am besten spielen Sie ein Vorstellungsgespräch mit einem Freund/einer Freundin oder in der Schule einfach mal durch. Je öfter Sie eine solche Situation üben, desto besser bewältigen Sie das „echte" Vorstellungsgespräch.

Fragen, die es in sich haben

Manche Fragen klingen ganz nett und harmlos, doch tatsächlich steckt viel mehr dahinter. Beispiel: „Wir wollen Sie gern kennenlernen, erzählen Sie uns doch bitte etwas über sich." Tappen Sie bei dieser Frage – auch wenn sie noch so freundlich und harmlos vorgetragen wird – nicht in die Falle, d. h., reden Sie nicht zu lange und zu viel über sich. Wer hier bei seiner frühesten Kindheit anfängt, sich in Details verliert und vielleicht erst nach fünf Minuten bei der Gegenwart ankommt, um dann noch in aller Breite sein Privat- und Familienleben zu offenbaren, begeht eine Art „seelischen Striptease" mit oftmals verheerenden Auswirkungen. Fassen Sie sich besser kurz, und kommen Sie präzise auf den Punkt.

Kommen wir zu weiteren Fragen, auf die Sie wohlüberlegt antworten sollten, z. B. „Was sind Ihre Stärken, was sind Ihre Schwächen?" Hier wird getestet, wie Sie sich darstellen und wie glaubwürdig Sie dabei wirken. Lassen sich ungeahnte Schwächen entdecken? Stellen Sie ruhig Ihre positiven Seiten, aber auch wenige, harmlose (!) negative Seiten dar. Überlegen Sie sich genau, welche Offenheit Sie sich bei der Darstellung von Schwächen und Misserfolgen leisten können. So kann die Rechenschwäche im großen Einmaleins für angehende Polizeibeamte als zu vernachlässigendes Problem durchgehen, nicht jedoch, wenn Sie Öffentliche Betriebswirtschaft studieren wollen oder eine Ausbildung im Finanzamt anstreben. Ihnen fallen keine harmlosen Schwächen ein? Sie streben ja keinen Dolmetscher-Beruf an, könnten also z. B. angeben, dass Sie mit Ihren Spanischkenntnissen nicht zufrieden sind, obwohl Sie schon dreimal dort Urlaub gemacht haben. Wollen Sie diese vermeintliche Schwäche noch in eine Stärke verwandeln? Dann ergänzen Sie, dass Sie sich deshalb vorgenommen haben, als Nächstes einen Spanisch-Volkshochschulkurs zu besuchen. Die Schwäche wird so zur Stärke, weil Sie bereit sind, an sich zu arbeiten! Achtung: Sie sind nicht im

Beichtstuhl. Bei der Stärke/Schwäche-Fragestellung sollten Sie grundsätzlich nie vergessen, dass Ihr Gegenüber nicht Ihr Beichtvater oder Therapeut ist – es geht also für Sie nicht darum, Ihr Innerstes nach außen zu kehren, sondern darum, eine vorteilhafte und gleichzeitig glaubwürdige Selbstdarstellung zu liefern!

„Warum sollten wir gerade jemanden wie Sie einstellen?" oder „Was spricht gegen Sie als Bewerber/-in für diesen Ausbildungsplatz?". Gelassenheit ist hier die beste Methode, sich aus der Affäre zu ziehen. Heben Sie hervor, was für Sie spricht, und bieten Sie, falls Ihnen die zweite Frage gestellt wird, nach wohlkalkuliertem Zögern einen, maximal zwei Punkte an, die aber nicht wirklich überzeugend gegen Sie vorzubringen sind. Diese müssen Sie sich vorher genau überlegt haben, damit Sie in einer so kritischen Situation den bestmöglichen Eindruck machen. Sollte man weiter den Standpunkt vertreten, Sie seien nicht der richtige Kandidat, lassen Sie sich nicht provozieren, aber auch nicht zur Verzweiflung bringen! Warum hätte man Sie eingeladen, wenn man von vornherein gewusst hätte, dass Sie nicht der/die Richtige sind?

Bei folgender Frage kommt es darauf an, Ruhe, Nerven und Haltung zu bewahren: „Was würden Sie tun, wenn wir Ihnen den Ausbildungsplatz nicht anbieten?" – „Mensch, Sie können vielleicht Fragen stellen!" – das sagen Sie natürlich nicht, sondern denken es vielleicht. Ansonsten gilt hier: Sie sind weder völlig zerknirscht, am Boden zerstört, noch heilfroh und glücklich, dass Ihnen dieser Ausbildungsplatz erspart geblieben ist. Bringen Sie zum Ausdruck, dass Sie eine Entscheidung gegen sich bedauern, aber akzeptieren (was bleibt Ihnen sonst auch übrig?). Verdeutlichen Sie aber noch einmal, was der Institution ohne Sie verloren ginge und warum Sie sich für geeignet halten, aber auch was Sie an dem Beruf wirklich reizt.

Echte, richtig lange Stressinterviews sind eher selten, schwierige Fragen nicht! Hüten Sie sich aber auch davor, hinter jeder Frage eine Heimtücke zu vermuten. Schließlich möchte man Sie kennenlernen und Sie deshalb zu Ihrer Person befragen. Als Ausbildungsplatzsuchende/-r müssen Sie nicht unbedingt mit regelrechten Stressinterviews rechnen, in denen eine gehässige Frage die nächste jagt. Auch wenn Ihnen die Situation im Vorstellungsgespräch bisweilen so vorkommen mag, ein echtes Stressinterview gestaltet sich noch ganz anders – mit wirklich beleidigenden Fragen, extrem langen Schweigepausen etc. Aber, wie gesagt, davon dürften Sie als angehender Azubi sehr wahrscheinlich noch verschont bleiben. Wenn Ihnen eine Frage merkwürdig vorkommt, fragen Sie zurück, ob Sie sie richtig verstanden haben, und reagieren Sie mit Gelassenheit. Möglicherweise ist auch das nur ein Test, und man möchte herausfinden, wie leicht Sie sich provozieren lassen.

Ihre Fragen im Vorstellungsgespräch

Im Vorstellungsgespräch müssen Sie nicht nur die Rolle des Befragten einnehmen. Auch Sie können bzw. sollten sogar selbst Fragen stellen, die Sie interessieren. Damit unterstreichen Sie Ihr aktives Interesse. Außerdem ist das für Sie eine Möglichkeit, die Richtung des Gesprächs mitzubestimmen. Aber bitte fragen Sie nicht als Erstes nach dem Gehalt oder ab wann Sie wie viel Urlaub haben können. Sinnvolle Fragen, die Sie stellen könnten, wären z. B.:

- Wie ist die Ausbildung geplant und organisiert?
- An welchen Orten werde ich während meiner Ausbildung eingesetzt?
- Gibt es die Möglichkeit, auch interne Praktika zu machen?
- Wie viele Mitarbeiter/-innen hat die Institution (an meinem Ausbildungsort)?
- Welche Weiterbildungsmöglichkeiten werden angeboten?
- Wie sieht es mit der Übernahme nach gut bestandener Abschlussprüfung aus.

Drei bis fünf Fragen sollten Sie vorbereitet haben. Denn es ist möglich, dass im Laufe des Gesprächs die eine oder andere schon beantwortet wurde. Seien Sie während des Gesprächs aufmerksam, da es peinlich wäre, nach etwas zu fragen, das zuvor von Ihrem Gegenüber erläutert wurde. Zum Schluss sollten Sie eins nicht vergessen: Die Frage, wann Sie in etwa mit einer Entscheidung rechnen bzw. ob und wann Sie sich melden dürfen, um von dieser für Sie wichtigen Entscheidung schnellstmöglich zu erfahren.

Die 20 wichtigsten Tipps für Ihr Vorstellungsgespräch

1. Erstellen Sie in der Vorbereitung auf das Vorstellungsgespräch eine Liste von Fragen, die Sie im Vorstellungsgespräch fürchten, und versuchen Sie – wie auch bei allen anderen möglichen Fragen –, sich schon vorher Antwortmöglichkeiten zurechtzulegen.
2. Prüfen Sie, bevor Sie sich zum Vorstellungsgespräch bzw. zum Auswahlverfahren aufmachen, ob Sie alle Unterlagen/Kopien eingesteckt haben, die Sie mitbringen sollen und die Sie bereits verschickt haben.
3. Kommen Sie rechtzeitig und nicht abgehetzt und verschwitzt zum Termin. Planen Sie bei der Berechnung des Anfahrtswegs ein, dass es zu Staus, Umleitungen, Verspätungen im öffentlichen Nahverkehr etc. kommen kann. Seien Sie auf jeden Fall etwas früher da, um sich einstimmen und auch noch einmal auf der Toilette Ihr Outfit prüfen zu können.
4. Wenn Sie eine längere Anreise z. B. mit der Bahn vor sich haben, sollten Sie am besten noch nicht mit der Kleidung losfahren, die Sie auch im Vorstellungsgespräch tragen werden. Ist Ihnen das Umziehen z. B. auf der Bahn-

hofstoilette zu umständlich, sorgen Sie dafür, dass zumindest Ihr Hemd oder Ihre Bluse knitterfrei ankommt. Wenn Sie mit einer großen Tasche reisen, sollten Sie diese dann aber nicht mit ins Vorstellungsgespräch nehmen. Entweder deponieren Sie Ihr Gepäck im Schließfach; oder Sie bitten z. B. den Pförtner, die Tasche bei ihm abstellen zu dürfen.

5. Kommen Sie ausgeschlafen zum Vorstellungsgespräch. Sollten Sie an dem Tag des Gesprächs krank sein, z. B. schwer erkältet, ist es sinnvoller, anzurufen und um Verschiebung zu bitten, als mit allen sichtbaren und unsichtbaren Beeinträchtigungen einer schweren Erkältung anzutreten und sich nicht optimal präsentieren zu können. Das gilt natürlich auch für die Einladung zum Test.

6. Kleiden Sie sich angemessen, sauber und ordentlich. Schlichte Eleganz ist vielleicht die beste Empfehlung, nicht zu viel, aber auch nicht zu wenig! Verdeutlichen Sie sich, dass Sie auch mit Ihrer Kleidung eine Art Arbeitsprobe und Visitenkarte abgeben. Verzichten Sie deshalb auf Extravaganz wie übertriebene Schminke oder allzu grelle, buntgemusterte Bekleidung (zum Thema „Kleidung" s. auch S. 237).

7. Begrüßung: Schon hier findet die erste Überprüfung statt, der erste Eindruck bildet sich. Ein zu kräftiger Händedruck oder verschämte Laschheit „Marke Hasenpfote" erzeugen wenig Sympathie in den ersten wichtigen Sekunden dieser für Sie bedeutsamen Begegnung mit Ihrem potenziellen Ausbildungsplatzanbieter. Stellen Sie sich mit Vor- und Nachnamen vor. Begrüßen Sie Ihr Gegenüber freundlich lächelnd, und merken Sie sich möglichst seinen Namen.

8. Reden Sie Ihre/-n Gesprächspartner/-in gelegentlich mit Namen an.

9. Denken Sie an Ihre Körpersprache: Verschränken Sie nicht Ihre Arme und Beine. Das wirkt abwehrend und unsympathisch. Wer mit der Hand vor dem Mund spricht, kann sich nur schwer verständlich machen, und wer sich alle Augenblicke nervös durchs Haar fährt, überzeugt nicht. Einfachste, aber auch beste Regel: Hände weg vom Kopf!

10. Halten Sie mit dem Gegenüber Blickkontakt. Das heißt natürlich nicht, dass Sie ihn oder sie unentwegt anstarren sollen, sondern blicken Sie offen und freundlich.

11. Unterbrechen Sie Ihr Gegenüber nicht, sondern hören Sie geduldig und interessiert zu. Antworten Sie erst danach.

12. Es kommt – wie bereits erwähnt – im Vorstellungsgespräch nicht darauf an, dass Sie möglichst viel reden. Antworten Sie auf die Fragen überzeugend und relativ knapp, aber gut formuliert. Bis zu 80 Prozent der Zeit – so zeigen entsprechende Untersuchungen – verbringen Bewerber/-innen im Vorstel-

lungsgespräch mit Zuhören. Lassen Sie Ihr Gegenüber ruhig reden. Hören Sie aufmerksam zu und versuchen Sie zwischendurch, einige zustimmende, kurze Zwischenbemerkungen fallen zu lassen.
13. Reagieren Sie immer freundlich und höflich.
14. Sprechen Sie nie negativ über (ehemalige) Lehrer/-innen, Mitschüler/-innen, schon gar nicht über deren Ausbildungsplatzwünsche und Vorhaben.
15. Was immer man gegen Sie einwendet, es kommt darauf an, wie Sie damit umgehen.
16. Verdeutlichen Sie sich: Sie bestimmen den Verlauf des Vorstellungsgesprächs weitestgehend mit.
17. Als Bewerber/-in sollten Sie wissen, was und wie Sie etwas sagen wollen. Insbesondere muss Ihnen klar sein, was Sie nicht sagen wollen und wie Sie mit Worten schweigen.
18. Es gibt keine unangenehmen Fragen im Vorstellungsgespräch, wenn Sie die richtige Einstellung haben, gut vorbereitet sind und somit angemessen antworten können.
19. Auch ein angenehmer Abgang zum Schluss des Gesprächs ist von Bedeutung. Man wird sich bei Ihnen für Besuch, Bewerbung, Interesse an der Organisation bedanken. Wichtig: eine Klärung, wie es weitergeht, d. h., wann man Sie benachrichtigen wird. Ihre Frage sollte aber nicht drängend oder ungeduldig vorgetragen werden. Am besten so: „Was meinen Sie, wie sollten wir verbleiben? Soll ich anrufen oder melden Sie sich bei mir? Wissen Sie schon, wann in etwa das sein wird?"
20. Beim Rausgehen auch hinter der Bürotür die Fassung bewahren (man weiß nie, wie hellhörig es ist, wer Sie sonst noch beobachten kann etc.). Die Tür natürlich nicht zuknallen, nicht erleichtert aufatmen (und wenn, nur ganz leise), schon gar keine Flüche ausstoßen ...

www. Weitere Hinweise und Tipps finden Sie im Internet unter www.testtraining-forum.de.

Erfahrungsberichte

Erfahrungsberichte helfen Ihnen, sich auf das, was Sie in Eignungs- und Auswahlverfahren erwartet, zusätzlich und noch authentischer vorzubereiten. Diese Berichte leben von ihrer Aktualität, die wir Ihnen in einem Buch nur bedingt bieten können. Daher bitten wir Sie an dieser Stelle, unser Testtraining-Forum unter www.testtraining-forum.de im Internet zu besuchen und dort die Informationen **www.** einzuholen, die Sie aktuell benötigen. Nutzen Sie die Möglichkeit, auf Erfahrungsberichte anderer Bewerberinnen und Bewerber zu antworten, Fragen zu stellen, Antworten zu erhalten und eigene Berichte zu posten. Wir freuen uns dort auf Sie und Ihren Beitrag!

Anhang

Testwissen Mathematik kompakt

Potenzgesetze

$a^x \cdot a^y = a^{x+y}$
$\frac{1}{a} = a^{-1}$
$(a^x)^y = a^{xy}$
$\sqrt[n]{a} = a^{\frac{1}{n}}$
$a^x \, b^x = (ab)^x$

Irgendeine Zahl hoch 0 ist immer 1. Ausnahme: 0^0 ist nicht definiert.

kgV und ggT

Das kleinste gemeinsame Vielfache gegebener Zahlen ist die kleinste von Null verschiedene Zahl, die durch alle gegebenen Zahlen teilbar ist. Das kgV ermittelt man mithilfe einer Primfaktorzerlegung: Es ist das Produkt aller auftretenden Primfaktoren in ihrer höchsten Potenz.

Der größte gemeinsame Teiler gegebener Zahlen ist die größte Zahl, die alle gegebenen Zahlen teilt. Auch den ggT ermittelt man mithilfe der Primfaktorzerlegung: Der ggT ist das Produkt der Primfaktoren, die alle Zahlen gemeinsam haben, in ihrer niedrigsten Potenz.

Multiplikation und Division von Brüchen

Bruchzahlen werden multipliziert, indem man die Zähler und Nenner je miteinander multipliziert. Anschließend muss der Bruch gekürzt werden.

Zwei Brüche werden dividiert, indem man die erste Bruchzahl mit dem Kehrwert der zweiten Bruchzahl multipliziert. Auch hier wird der Bruch anschließend wieder gekürzt.

Volumen

Würfel:	$V = a^3$
Quader:	$V =$ Höhe · Breite · Länge
Quadratische Pyramide:	$V = \frac{1}{3} \cdot$ Grundfläche · Höhe
Zylinder:	$V = \pi \cdot$ Radius^2 · Höhe
Kegel:	$V = \frac{\pi}{3} \cdot$ Radius^2 · Höhe
Kugel:	$V = \frac{4}{3} \cdot \pi \cdot$ Radius^3

Flächeninhalte

Quadrat:	$A = a^2$
Rechteck:	$A =$ Länge · Breite
Parallelogramm:	$A =$ Grundseite · Höhe
Dreieck:	$A = \frac{1}{2} \cdot$ Grundseite · Höhe
Kreis:	$A = \pi \cdot$ Radius^2

Prozentrechnung

Berechnen Sie den Grundwert/Prozentwert/Prozentsatz:

$\frac{W}{P} = \frac{G}{100}$ (W – Prozentwert, G – Grundwert, P – Prozentsatz)

Berechnen Sie den vermehrten/verminderten Grundwert. Bei diesen Aufgaben soll auf den Grundwert ein bestimmter Prozentsatz des Grundwertes aufgeschlagen bzw. abgezogen werden. Zur Berechnung dient folgende Gleichung:

$g = G \cdot \left(\frac{100 \pm p}{100} \right)$

Zinsrechnung

Zum Lösen von Textaufgaben zur Zinsrechnung benötigt man einige Formeln, die fest vorgeschrieben sind. Dazu zur „Auffrischung" einige Grundbegriffe:
Z – Zinsen, K – Kapital, p – Zinssatz, t – Zeit in Tagen, m – Zeit in Monaten

Jahreszinsen	$Z = \frac{K \cdot p}{100}$
Monatszinsen	$Z = \frac{K \cdot p \cdot m}{100 \cdot 12}$
Tageszinsen	$Z = \frac{K \cdot p \cdot t}{100 \cdot 360}$

Beachte: Im deutschen Bankwesen gilt
1 Jahr = 360 Tage
1 Monat = 30 Tage

Satz des Pythagoras

In einem rechtwinkligen Dreieck gilt der Satz des Pythagoras: $a^2 + b^2 = c^2$ oder anders geschrieben:
(Kathete 1)^2 + (Kathete 2)^2 = (Hypotenuse)^2

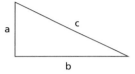

Weitere Hilfen

- Ein Parallelogramm ist ein Viereck mit jeweils zwei parallelen Seiten.
- Eine Raute ist ein Viereck mit vier gleich langen Seiten. Die Diagonalen der Raute schneiden sich immer rechtwinklig.
- Der Kreisumfang wird wie folgt berechnet: $U = 2 \cdot \pi \cdot r$ (r = Radius)
- Die Oberfläche einer Kugel wird wie folgt berechnet: $O = 4 \cdot \pi \cdot r^2$ (r = Radius)

Massen-, Dichte- und Volumenberechnung

Masse m = Dichte ρ · Volumen V

Berechnungen von Bewegungen

Bewegungen lassen sich physikalisch durch die folgenden Grundgleichungen beschreiben:

$s = v \cdot t \quad \Leftrightarrow \quad v = \frac{s}{t} \quad \Leftrightarrow \quad t = \frac{s}{v}$

$v = a \cdot t \quad \Leftrightarrow \quad a = \frac{v}{t} \quad \Leftrightarrow \quad t = \frac{v}{a}$

s – Weg, v – Geschwindigkeit, t – Zeit, a – Beschleunigung

Einheiten
Geschwindigkeit: $1 \frac{m}{s} = 3{,}6 \frac{km}{h}$

Weg: 1 m = 10 dm = 100 cm = 1 000 mm = 0,001 km
Zeit: 1 h = 60 min = 3 600 s
Beschleunigung: $1 \frac{m}{s^2}$

Testwissen Physik kompakt

Mechanik

Dichte $\quad \rho = \frac{m}{V}$ $\quad$ ρ Dichte ($kg/dm^3 = kg/\ell = g/cm^3$)
$\quad$ m Masse (kg)
$\quad$ V Volumen (ℓ, dm^3, cm^3)

Kraft $\quad F = m \cdot a$ $\quad$ F Kraft ($N = kg \cdot m/s^2$)
$\quad$ m Masse (kg)
$\quad$ a Beschleunigung (m/s^2)

Gewicht $\quad F_g = m \cdot g$ $\quad$ F_g Kraft ($N = kg \cdot m/s^2$)
$\quad$ m Masse (kg)
$\quad$ g Erdbeschleunigung (m/s^2)

Impuls $\quad p = m \cdot v$ $\quad$ p Impuls ($kg \cdot m/s$)
$\quad$ m Masse (kg)
$\quad$ v Geschwindigkeit (m/s)

Kinetische Energie $\quad E_{kin} = \frac{1}{2} m \cdot v^2$ $\quad$ E Energie ($J = Nm = kg \cdot m^2/s^2$)
$\quad$ m Masse (kg)
$\quad$ v Geschwindigkeit (m/s)

Lageenergie $\quad E_{pot} = m \cdot g \cdot h$ $\quad$ E Energie ($J = Nm = kg \cdot m^2/s^2$)
(potenzielle $\quad$ m Masse (kg)
Energie der Lage) $\quad$ g Erdbeschleunigung (m/s^2)
$\quad$ h Höhe (m)

Arbeit $\quad W = F \cdot s$ $\quad$ W Arbeit ($J = Nm = kg \cdot m^2/s^2$)
$\quad$ F Kraft ($N = kg \cdot m/s^2$)
$\quad$ s Strecke (m)

Leistung	$P = \frac{W}{t}$	P	Leistung (W = J/s = kg · m²/s³)
		W	Arbeit (J = Nm = kg · m²/s²)
		t	Zeit (s)
Druck	$p = \frac{F}{A}$	p	Druck (1 bar = 10^5 Pa = 10^5 N/m²)
		F	Kraft (N = kg · m/s²)
		A	Fläche (m²)
Weg-Zeit-Gesetz bei konstanter Geschwindigkeit	$s = v \cdot t$	s	Weg (m)
		v	Geschwindigkeit (m/s)
		t	Zeit (s)
Weg-Zeit-Gesetz bei konstanter Beschleunigung	$s = \frac{1}{2} a \cdot t^2$	s	Weg (m)
		a	Beschleunigung (m/s²)
		t	Zeit (s)

Kraft

... ist die Ursache dafür, dass ein Körper seinen Bewegungszustand ändert. Die Einheit wird in Newton angegeben: 1 N = 1 kg · m/s²
Wirkt auf einen Körper der Masse m eine Kraft F, so erfährt dieser Körper eine Beschleunigung. Es gilt dann die Grundregel der Mechanik:
$F = m \cdot a$
F = Kraft, m = Masse, a = Beschleunigung
Ein Körper übt aufgrund seiner Masse immer eine Kraft, die sogenannte Gewichtskraft, Richtung Erde aus (F_G). Diese lässt sich wie folgt berechnen:
$F_G = m \cdot g$
m = Masse, g = Ortsfaktor, Erde: Ø 9,81 N/kg = 9,81 m/s² (Erdbeschleunigung)

Impuls

Ein Impuls ist das Produkt aus Masse m und Geschwindigkeit v:
$P = m \cdot v$ (Einheit: kg · m/s)

Drehmoment

Produkt aus Kraftbetrag F und Hebelarm s:
  $M = F \cdot s$ (Einheit: Newtonmeter Nm)
An einem Hebel herrscht Gleichgewicht, wenn die Summe aller rechtsdrehenden Drehmomente gleich der Summe aller linksdrehenden Drehmomente ist.

Arbeit

Die mechanische Arbeit W ist das Produkt aus einer Kraft F und einem Weg s, in dessen Richtung die Kraft wirkt:

$W = F \cdot s$ (Einheit: Joule J = Nm)

Leistung

... drückt aus, wie schnell eine mechanische Arbeit verrichtet werden kann:

$P = \frac{\text{Arbeit W}}{\text{Zeit t}}$ (Einheit: Watt W)

Elektrische Regeln

Ohmsches Gesetz	$U = R \cdot I$	U	elektr. Spannung (V)
		R	ohmscher Widerstand (Ω)
		I	elektr. Stromstärke (A)
Elektrische Leistung	$P = U \cdot I$	P	elektr. Leistung (W = V · A)
		U	elektr. Spannung (V)
		I	elektr. Stromstärke (A)
Elektrische Arbeit	$W = U \cdot I \cdot t$	W	elektr. Arbeit (Einheit: Wattsekunde)
		U	elektr. Spannung (V)
		I	elektr. Stromstärke (A)
		t	Zeit
Seriell geschaltete Widerstände		R_{ges}	Gesamtwiderstand (Ω)
$R_{ges} = R_1 + R_2 + \ldots$		R_1, R_2	Widerstände (Ω)
Parallel geschaltete Widerstände		R_{ges}	Gesamtwiderstand (Ω)
$\frac{1}{R_{ges}} = \frac{1}{R_1} + \frac{1}{R_2} + \ldots$		R_1, R_2	Widerstände (Ω)
Wellenlänge	$\lambda = \frac{c}{f}$	λ	Wellenlänge (m)
		c	Ausbreitungsgeschwindigkeit ($\frac{m}{s}$)
		f	Frequenz (Hz = $\frac{1}{s}$)
Transformator	$\frac{U_p}{U_s} = \frac{N_p}{N_s}$	U_p	Primärspannung (V)
		U_s	Sekundärspannung (V)
		N_p	Anzahl d. Wicklungen Primärseite
		N_s	Anzahl d. Wicklungen Sekundärseite
	$U_p \cdot I_p = U_s \cdot I_s$	I_p	Stromstärke (A) Primärseite
		I_s	Stromstärke (A) Sekundärseite

Stromstärke I

...bezeichnet die Ladung Q, die in einer Zeit t durch einen elektrischen Leiter fließt:

$I = \frac{Q}{t}$ (Einheit: Ampere)

Spannung U

... ist die Potenzialdifferenz zwischen den beiden Polen eines Stromkreises. Sie gibt an, welche Arbeit nötig ist, um die Ladung Q von dem einen Kontaktpunkt zu dem anderen Kontaktpunkt zu transportieren. Sie ist die Ursache des elektrischen Stroms. U definiert sich als Quotient aus der Leistung P der Quelle, die zum Antreiben der Elektrizität nötig ist, und der Stromstärke I:

$U = \frac{P}{I} = \frac{W}{Q}$ (Einheit: Volt V)

Widerstand R

... gibt an, welche Spannung man beispielsweise an ein elektrisches Gerät legen muss, um einen Strom I durch das Gerät zu erhalten. R ist der Quotient aus Spannung U und Stromstärke I:

$R = \frac{U}{I}$ (Einheit: Ohm Ω)

Elektrische Leistung P

Die elektrische Leistung P eines elektrischen Verbrauchers ergibt sich aus der verrichteten elektrischen Arbeit pro Zeiteinheit. Nach den obigen Definitionen kann man Leistung als Produkt von Stromstärke und Spannung ausdrücken.

$P = \frac{W}{t} = \frac{Q \cdot U}{t} = \frac{I \cdot t \cdot U}{t} = U \cdot I$ (Einheit: Watt W)

Öffentlicher Dienst – Arbeitgeber im Porträt

Auf den folgenden Seiten stellen sich einige deutsche Städte sowie die Deutsche Rentenversicherung als Arbeitgeber vor. Anhand dieser Porträts können Sie sich ein genaueres Bild darüber machen, was Sie erwartet, wenn Sie eine Ausbildung im Öffentlichen Dienst, z. B. in der Stadtverwaltung, anstreben. Vielleicht ist Ihr Wunscharbeitgeber dabei? Dann finden Sie hier die Kontaktadressen Ihrer Ansprechpartner.

Stadt Erfurt 298

Stadt Essen 300

Stadt Hamburg 301

Stadt Ingolstadt 302

Hansestadt Lübeck 304

Stadt Magdeburg 305

Stadt Oldenburg 306

Stadt Wiesbaden 307

Stadt Wuppertal 308

Deutsche Rentenversicherung
Mitteldeutschland 309

Landeshauptstadt Erfurt

Auf der Suche nach einem passenden Ausbildungsplatz denkst du vermutlich zunächst nicht unbedingt an die Stadtverwaltung der Landeshauptstadt Erfurt. Völlig zu Unrecht, ist sie doch mit über 3 000 Beschäftigten einer der größten Arbeitgeber der Region Thüringens und bietet ein vielfältiges Ausbildungsangebot. In 27 verschiedenen Ausbildungs- und Studienrichtungen lernen hier Azubis, Studenten und Beamtenanwärter. Über 40 neue Auszubildende und Studenten finden pro Jahr ihren Weg in die Stadtverwaltung und ihre Eigenbetriebe, wie den Thüringer Zoopark oder den Erfurter Sportbetrieb, um ihre Ausbildung entweder im klassischen Verwaltungsbereich, im gewerblich-technischen oder im kaufmännischen Bereich zu starten.

Doch wie genau sieht eigentlich das Aufgabenspektrum der Landeshauptstadt aus? Alle Aspekte des städtischen Lebens und Arbeitens sind hier vereint. Das beginnt mit der Einhaltung der öffentlichen Sicherheit und Ordnung, reicht über die Gewährleistung eines breiten Bildungsangebotes bis hin zum großen Aufgabenfeld des sozialen Engagements, das Angebote und Leistungen für Jung und Alt umfasst. Darüber hinaus spielen das kulturelle Leben in der Stadt, ihr äußeres Erscheinungsbild sowie ihre Funktionalität, die durch Stadtplanung, -entwicklung und -pflege sowie die Instandhaltung von öffentlichen Straßen, Plätzen und Parkanlagen entsteht, eine herausragende Rolle. Um all diesen Aufgabenbereichen gerecht werden zu können, benötigt die Stadtverwaltung engagierte und motivierte Nachwuchskräfte, die sie zu einem Großteil in einer breiten Palette von Berufen selbst ausbildet.

Stadt Erfurt

Ein abwechslungsreicher Ausbildungsablauf und ein vielfältiges Aufgabenspektrum stehen dabei an erster Stelle. Durch den gezielten Einsatz in verschiedenen Ämtern kannst du als Azubi wichtige Erfahrungen sammeln, die Betreuung durch qualifizierte Ausbildungsbeauftragte sichert die Qualität deiner Ausbildung.

Ein besonderes Augenmerk legt die Stadtverwaltung Erfurt auf die Kommunikation zwischen allen Ausbildungsjahren und -berufen. Bei verschiedenen Events während des gesamten Kalenderjahres bekommst du die Möglichkeit, neue Kontakte zu knüpfen und die anderen Azubis besser kennenzulernen. Die Jugend- und Auszubildendenvertretung setzt sich zudem für deine Belange ein. Bei guten Leistungen und erfolgreichem Abschluss der Ausbildung, des Studiums bzw. des Vorbereitungsdienstes ist eine Übernahme beabsichtigt – die Übernahmequote von circa 95 Prozent lässt sich sehen! Nach deiner Ausbildung bieten sich dann vielseitige Einsatz- sowie gute Fortbildungs- und Weiterentwicklungsmöglichkeiten.

Interessiert?

Weitere Informationen erhältst du unter:

Telefon:	+49 361 655-2000
Telefax:	+49 361 655-2159
E-Mail:	ausbildung@erfurt.de
Internet:	www.erfurt.de/ausbildung

Stadt Essen

„Du für Deine Stadt!" Bei uns kannst du in abwechslungsreichen Tätigkeitsbereichen, bürgernah, sowohl selbstständig als auch im Team tätig werden.
Die Stadt Essen bietet als zukunftsorientierter und innovativer Arbeitgeber zahlreiche Ausbildungen und Studiengänge in verschiedenen Fachrichtungen an.
Bei all diesen Ausbildungs- und Studienplätzen steht die Qualität im Vordergrund, insbesondere was die Betreuung während der Ausbildungs- oder Studienzeit anbelangt.

Ob Bachelor of Laws, Bachelor of Engineering, Bachelor of Science ... – hier gibt es nichts, was es nicht gibt!

Kontakt
Stadt Essen
Organisation und Personalwirtschaft

Gisela Thier   0201 88 10222
Sandra Saager   0201 88 10225
Julia Kirstein   0201 88 10223

einstellung@orga-personal.essen.de

Weitere Informationen zum Bewerbungsverfahren unter:
www.essen.de/ausbildung

Stadt Hamburg

Hamburg. Ausbildung. Zukunft.

Sie besitzen ein Interesse für öffentliche Aufgaben und ein besonderes Verantwortungsgefühl gegenüber unserer Gesellschaft? Sie möchten sich gerne mit rechtlichen und wirtschaftlichen Fragen auseinandersetzen? Und Sie wünschen sich einen anspruchsvollen und vielseitigen Beruf – in und für Hamburg?

Die Allgemeine Verwaltung erbringt zahlreiche Dienstleistungen für rund 1,8 Mio. Bürgerinnen und Bürger. Vom Führerschein bis zum Personalausweis, von der Baugenehmigung bis zur Gaststättenerlaubnis, von der Ausbildungsförderung bis zum Wohngeld. Es geht um spannende Themen wie Wirtschaftsförderung und Stadtentwicklung, Familien- und Gesundheitsförderung, Soziale Hilfen und Integration, Personal und Organisation, Finanzen und Haushalt, Sport- und Kulturförderung.

Jährlich bieten wir 120 Ausbildungs- und Studienplätze – und die klare Perspektive einer anschließenden Beschäftigung:

- **Ausbildung zum 1. Oktober 2015**
  Verwaltungsfachangestellte/-angestellter (2 ½ Jahre)
  Regierungssekretär-Anwärterin/-Anwärter (2 Jahre)

- **Studium zum 1. September 2015**
  Regierungsinspektor-Anwärterin/-Anwärter im dualen Bachelor-Studiengang Public Management (3 Jahre)

Übrigens: Wir wollen, dass sich die kulturelle Vielfalt der Gesellschaft bei uns widerspiegelt. Interkulturelle Kompetenzen sind für uns von hohem Wert – im Kundenkontakt ebenso wie in der Entwicklung von Dienstleistungen. Und die deutsche Staatsangehörigkeit ist nicht zwingend erforderlich, um Beamtin bzw. Beamter der hamburgischen Verwaltung zu werden. Wir heißen Menschen aller Nationen willkommen.

Der Weg zu uns – gerne online:
Nutzen Sie für Ihre Berufsorientierung 'C!You – start-learning@hamburg', bloggen Sie mit unseren Auszubildenden, bewerben Sie sich online!

Jetzt bewerben!

 Mehr Infos, auch zu den Bewerbungsfristen, unter:
www.hamburg.de/ausbildung-verwaltung

 ZAF Hamburg
Kompetenz für Sie

Ausbildung bei der Stadt Ingolstadt

Stadt Ingolstadt

Ansprechpartnerinnen:
Kerstin Waldinger 0841 305-1070
Sandra Schäfers 0841 305-1227

Hansestadt Lübeck

Stadt Magdeburg

Die Landeshauptstadt Magdeburg bietet eine Vielzahl von attraktiven und zukunftssicheren Ausbildungsberufen.

Hast Du Interesse an einer Ausbildung im öffentlichen Dienst?
Was möchtest Du werden?

~ Stadtsekretär-Anwärter/in (Beamter/Beamtin)
~ Verwaltungsfachangestellte/r
~ Fachangestellte/r für Medien- und Informationsdienste in der Fachrichtung Bibliothek
~ Vermessungstechniker/in
~ Straßenwärter/in
~ Fachangestellte/r für Bäderbetriebe
~ Fachkraft für Kreislauf und Abfallwirtschaft
~ Gärtner/in in der Fachrichtung „Garten- und Landschaftsbau"
~ Tierpfleger/in

Nach Abschluss Deiner zwei- oder dreijährigen Ausbildung hast Du die Möglichkeit, in ein befristetes Arbeits- bzw. Dienstverhältnis übernommen zu werden.
Krisensicherer kann ein Ausbildungsplatz nicht sein!
Die Landeshauptstadt Magdeburg setzt sich für Chancengleichheit ein.

Egal woher Du kommst... Ergreife Deine Chance!
Informiere Dich! Tel.-Nr.: 0391/540 29 16 oder 540 26 47
Bewirb Dich!

otto **fördert** dich otto **hat** was otto **kann**

Bewerbungen im Zeitraum vom 01. August bis 31. Oktober an

Landeshauptstadt Magdeburg
- Der Oberbürgermeister-
Personal- und Organisationsservice
39090 Magdeburg

www.magdeburg.de

Stadt Oldenburg

53°8'N 8°13'0   WWW.OLDENBURG.DE

Stadt Oldenburg – Dein Job. Deine Zukunft.

Sie sind motiviert und auf der Suche nach einem vielfältigen Arbeitgeber, guten Zukunftschancen und einer freundlichen Arbeitsatmosphäre? Die Stadt Oldenburg kann Ihnen genau dies bieten. Hier gibt es zahlreiche Möglichkeiten an der positiven Entwicklung Oldenburgs teilzuhaben und die hohe Lebensqualität für alle Bürgerinnen und Bürger sicherzustellen.

Wer bei der Stadt Oldenburg arbeitet, arbeitet nicht für eine einzelne Firma oder Person, sondern für alle Bürgerinnen und Bürger. Hier werden die Rahmenbedingungen für eine lebenswerte und weltoffene Stadt mit hoher Lebensqualität geschaffen. Und Sie können daran mitarbeiten.

Talente haben bei uns exzellente Chancen. Mit einer Ausbildung oder einem dualen Studiengang bei der Stadt Oldenburg starten Sie in eine qualifizierte Ausbildung mit einer attraktiven beruflichen Zukunft. Die Möglichkeiten sind vielfältig. Wir bieten Ihnen nicht nur Ausbildungs- und Studienmöglichkeiten in den klassischen Verwaltungsberufen, sondern auch in verschiedenen gewerblich-technischen Berufen, wie zum Beispiel IT-Systemelektroniker/in, Bauzeichner/in, Gärtner/in im Garten- und Landschaftsbau oder Servicekraft für Dialogmarketing.
Wir freuen uns auf junge und motivierte Nachwuchskräfte, die uns durch neue Ideen bereichern, allem Neuen gegenüber aufgeschlossen sind und ihre berufliche Zukunft aktiv in die Hand nehmen. Wir garantieren eine qualifizierte, hochwertige und vielfältige Ausbildung durch erfahrene Ausbilderinnen und Ausbilder.

Interessiert? Dann informieren Sie sich online über die verschiedenen Ausbildungs- und Studienmöglichkeiten:
www.oldenburg.de/ausbildung

Wir freuen uns auf Ihre Bewerbung!

STADT OLDENBURG i.O.

Stadt Wiesbaden

Deutsche Rentenversicherung Mitteldeutschland

„Für die Rente ist es nie zu früh!"

Sie stehen kurz vor dem Schulabschluss? Sie suchen eine interessante und anspruchsvolle Ausbildung oder einen Studienplatz? Sie möchten nach der Ausbildung bzw. dem Studium beruflich durchstarten? Dann sind Sie bei uns richtig!

Die Deutsche Rentenversicherung Mitteldeutschland ist ein modernes und kundenorientiertes Dienstleistungsunternehmen. Engagierte Mitarbeiter beraten in allen Fragen rund um Rente, Versicherung, Rehabilitation und Altersvorsorge.

Zurzeit werden etwa 240 junge Menschen an unseren Standorten Leipzig, Dresden, Halle und Erfurt ausgebildet. Als einer der größten Ausbildungsbetriebe der Region bieten wir eine qualifizierte und bundesweit anerkannte Ausbildung. Nach erfolgreichem Abschluss können bei Bedarf Absolventen in ein unbefristetes Arbeitsverhältnis übernommen werden.

Als Auszubildender sind Sie bei uns von Anfang an mittendrin – Learning by Doing heißt die Devise. In Ausbildungsteams lernen Sie die Aufgaben der gesetzlichen Rentenversicherung kennen. Engagierte Ausbilder und eine attraktive Ausbildungsvergütung sind ein Plus für die Ausbildung bei uns.

Auch als Student haben Sie mit den dualen Bachelor-Studiengängen einen idealen Einstieg ins Berufsleben. Sie erleben eine intelligente Verbindung aus beruflicher Praxis und wissenschaftlichem Studium. Hierbei wird Ihnen eine hohe fachliche und soziale Kompetenz vermittelt. Die attraktive Ausbildungsvergütung und die Übernahme der Studiengebühren sind ein Plus für ein Studium bei uns.

Angebot an Ausbildungsberufen und dualen Studiengängen

Bachelor of Laws – Studiengang Sozialversicherung
Der Studiengang Sozialversicherung – Bachelor of Laws ist ein verwaltungsinternes Studium im gehobenen nichttechnischen Dienst der öffentlichen Verwaltung. Während des Studiums an der Fachhochschule Meißen werden unter anderem Kenntnisse in den Bereichen Rechtswissenschaften, Wirtschaftswissenschaften und in verschiedenen sozialwissenschaftlichen Fächern vermittelt.

Bachelor of Laws – Studiengang Management Soziale Sicherheit
Der Studiengang Bachelor of Laws – Management Soziale Sicherheit (B.A.) ist ein verwaltungsinternes Studium im gehobenen nichttechnischen Dienst der öffentlichen Verwaltung. Während des Studiums an der Fachhochschule Reinfeld werden unter anderem Kenntnisse in den Bereichen Rechtswissenschaften, Wirtschaftswissenschaften und in verschiedenen sozialwissenschaftlichen Fächern vermittelt.

Ausbildung: Sozialversicherungsfachangestellte
Die Tätigkeit der Sozialversicherungsfachangestellten in der Rentenversicherung umfasst ein breites Spektrum. Sie sind für Versicherte und Rentner kompetenter Ansprechpartner in allen Fragen rund um die gesetzliche Rente, Rehabilitation, Versicherung und Altersvorsorge. Ausbildungsorte sind Leipzig, Halle und Erfurt.

Ausbildung: Kaufleute für Büromanagement
Die Tätigkeit der Kaufleute für Büromanagement ist sehr vielfältig. Im Mittelpunkt stehen Organisations- und Koordinationsaufgaben sowie die Anwendung moderner Bürotechnik und Kommunikationsmittel. Ausbildungsorte sind Leipzig, Halle und Erfurt.

Ihren Ansprechpartner und weitere Informationen finden Sie unter:
www.deutsche-rentenversicherung-mitteldeutschland.de

Bildnachweis

Umschlagbild links: © sturti / iStockphoto
Umschlagbild rechts: laflor / E+
S. 166, Emil Koll, Vater, Frau Wepp: © Katy Otto
S. 167, Mutter, Mann: © Katy Otto
S. 167, Fräulein Luna: © Regine Peter
S. 167, Tochter: © Zen2000 | Dreamstime.com
S. 172, Bild 1: © Anke van Wyk | Dreamstime.com
S. 172, Bild 2: © Hongqi Zhang (aka Michael Zhang) | Dreamstime.com
S. 172, Bild 3: © Phartisan | Dreamstime.com
S. 172, Bild 4: © Valua Vitaly | Dreamstime.com
S. 172, Bild 5: © Skilleddesigner | Dreamstime.com
S. 172, Bild 6: © Romangorielov | Dreamstime.com
S. 172, Bild 7: © Aldo Murillo / www.istockphoto.com
S. 172, Bild 8: © Zen2000 | Dreamstime.com
S. 173, Bild 9, 10, 19, 20: © Regine Peter
S. 173, Bild 11, 12, 13, 14, 15, 16, 17, 18: © Katy Otto
S. 174, © Carsten Roelecke
S. 298/299, © Stadtverwaltung Erfurt
S. 300, © Stadt Essen
S. 303, © Gert Schmidbauer
S. 309/310, © Peter Teschner, Bildarchiv Deutsche Rentenversicherung Bund

Bewerbung Öffentlicher Dienst
Prüfungsbögen

**Prüfungsbögen
Nichttechnischer Dienst**
Hesse/Schrader

Bewerberinnen und Bewerber für den nicht-technischen Dienst erhalten mit dieser Mappe ihr maßgeschneidertes Übungspaket, um für den Einstellungstest zu trainieren.

▷ Orthografie, Grammatik, Text- und Sprachverständnis

▷ Wortanalogien, Sprichwörter

▷ Allgemeinwissen

▷ Mathe, Logik

▷ Merkfähigkeit, Kreativität

u.v.m.

208 Seiten, 21 x 30 cm, Mappe
Best.-Nr. E215PNT € 19,95

**Prüfungsbögen
Technischer Dienst**
Hesse/Schrader

Mit diesen Testbögen können sich Bewerberinnen und Bewerber auf die Einstellungstests für den technischen Dienst gezielt vorbereiten.

▷ Text- und Bildaufgaben zum technischen Verständnis

▷ Mathematik: Maße/Gewichte, Gleichungen, Flächen- und Raumberechnung

▷ Logik und Abstraktionsfähigkeit

▷ Allgemeinwissen

▷ Deutsch

u.v.m.

232 Seiten, 21 x 30 cm, Mappe
Best.-Nr. E215PT € 19,95

Bestellungen bitte direkt an:
STARK Verlag · Postfach 1852 · D-85318 Freising · info@berufundkarriere.de
Telefon 08167 9573-0 · Fax 0811 6000499-191 · www.berufundkarriere.de

STARK